KB275254

킹카교실

킹카교실

2009년 12월 17일 초판 인쇄
2009년 12월 22일 초판 발행

지 은 이 | 오 창 일
펴 낸 이 | 이 찬 규
펴 낸 곳 | 북코리아
등록번호 | 제03-01240호
주   소 | 서울시 마포구 공덕동 115-13
전   화 | 02) 704-7840
팩   스 | 02) 704-7848
이 메 일 | sunhaksa@korea.com
홈페이지 | www.sunhaksa.com
ISBN   978-89-6324-046-6 (93300)

값 15,000원

잘못된 책은 바꾸어 드립니다.
저자와의 협의에 의해 인지첩부를 생략합니다.

킹카교실

오창일 지음

북코리아

"21세기의 문맹자는 글을 읽을 줄 모르는 사람이 아니라, 학습하고, 교정하고, 재학습하는 능력이 없는 사람이다." _앨빈 토플러

　　기업이 강해지려면 우수한 인재와 인센티브와 학습조직의 3요소가 중요하다고 했다. 특히 프로 크리에이터들이 두뇌경쟁을 벌이는 광고현장에서 인재가 최상의 성과를 내도록 분위기를 조성해 줘야 한다. 성과에 대한 금전적 정신적 보상은 성취동기를 유발하는 데 필수일지도 모른다. 이제 학습조직이 과제다. '선천적 문맹'은 따로 없다. 공부하지 않으면 문맹이다. '디지털 문맹'은 '생각의 속도' 만큼 빠르게 진행된다.

　　데이터 스모그$^{data\ smog}$가 자욱한 현대 지식정보사회가 이제 창조사회^{創造社會}로 바뀌고 있다. 새로운 트렌드와 고객 심리가 급변하고 있다. 무엇을 배우고 무엇을 창작해야 소비자에게 다가갈 수 있을지는 학습하는 수밖에 없다.

　　예비 프로라고 할 수 있는 학생들에게는 무엇을 가르쳐야 할지, 얼마나 많이 가르쳐야 할지, 어떻게 가르쳐야 할지 가늠하기가 점점 어려워지고 있다. 그 핵심은 뭐니 뭐니 해도 기본으로 돌아가는 것이 '답'일 것이라고 본다. '이 생각대로 하면' 광고 크리에이티브의 기본은 카피

이고 카피발상부터 시작해서 비주얼로 끝내는 광고창작 방법론을 익히
도록 할 예정이다. 다양한 발상과 표현으로 생각의 감옥을 깨뜨리는 연
습을 하면 광고물은 좋아지리라 믿는다.

　　그래서 이 책은 창의적인 카피라이팅 교실creative copywriting class이
라는 제목 아래 크게 세 부문으로 기획되었다.

　　첫째, 카피란 카피라이터크리에이터의 사고과정의 산물이다. 그 핵
심은 카피의 개념이고 콘셉트 추출이다. 언제 어디서나 창작카피방법론
은 대동소이 할 것인즉, 다시 한 번 콘셉트를 재정리하고 현대 광고 자
료를 사례로 들어 이해하기 쉽게 했다. '콘셉트'에 집중하여 카피와 카피
라이팅을 새롭게 해석하려고 했다. 발상부터 기획과 실제 카피라이팅의
작법과 사례분석을 통한 사고훈련이 가능하리라 생각한다.

　　둘째, 경쟁 프리젠테이션의 실상을 잘 담은 TV 프로그램을 심층분
석하고, 내용과 형식을 객관적으로 설명하여 광고창작 세계를 이해하는
데 도움을 주고자 했다. 프리젠테이션은 광고인의 능력과 광고회사의
역량이 총집결되는 경연장이다. 특히 카피라이터는 경쟁 프리젠테이션
의 프리젠터 역할도 수행해야 함을 강조하여 카피라이터의 역량을 높이
는 기회로 삼도록 유도했다. 카피라이터가 무엇을 어떻게 왜 수행하는
지 파악하여 프로 광고인 양성에 자료로 활용할 수 있길 기대한다.

　　셋째, 하이마트 캠페인 광고의 분석이다. 특히 하이마트 광고는 한국 광고사에 형식과 내용 면에서 혁신이라고 할 정도로 완성도가 높은 광고물이며, 성공사례로 평가할 만하다고 하겠다. 특히 카피의 역할과 카피라이팅의 중요성을 잘 표현하여 카피작법과 함께 분석하려고 했다. 광고 카피는 직접 손으로 써보는hand writing 실습을 통해 우수 카피를 벤치마킹 할 수 있어야 하기 때문이다.

　　그리고 잡지에 게재했던 원고 중 관련 내용을 1학기 강좌에 맞춰 추가 수록했다.

　　카피라이터는 팀장인 크리에이티브 디렉터Creative Director 아래에서 실무 카피라이팅을 맡아 보좌한다. 특히 그가 캠페인 디렉터로서 원만한 임무를 수행할 수 있도록 각종 제작회의와 전략방향을 선도하고, 3PPlanning, Presentation, Producing를 담당해야 한다. 이 가운데 PT의 프리젠터로서도 책임을 다해야 한다. 사실 3P 업무 수행은 직종을 가리지 않아야 한다. 프로젝트 중심으로 최고의 성과를 내야 하는 프로의 세계이기 때문이다. 이것도 하나의 인재의 융합이라고 할 수 있을 것이다.

　　앞으로도 계속 광고자료를 최신화할 것이고, 생생한 트렌드와 고객 심리를 반영하는 살아있는 카피라이팅 책이 되도록 노력하고자 한다.

참여 개방 공유의 웹 2.0 정신이 투영되도록 할 것이다.

　　이 책을 내는 데 자료 수집을 도와준 오현경과 임성균에게 고마움을 전하며, 이 책을 출간해 주신 북코리아 이찬규 사장님께 감사드린다. 또한 이 책은 '2009년 서울예술대학 학술연구비^{교재개괄비} 신청도서'임을 밝혀 둔다.

2009. 12.
서울예술대학 광고창작과 교수
오 창 일

차 례

제1강
광고 발상 원리와 카피

미국광고협회American Advertising Association에 의하면, 소비자는 하루 5,000개의 브랜드 커뮤니케이션에 노출되고 그 가운데 2% 미만에 주목하며, 0.1% 미만이 인식할 수 있는 임팩트를 가진다고 한다. 한국은 약 2,000여 편에 노출된다고 추정하고 있다.

지식정보화 사회가 일반화되었고, 이제 창의 사회라 일컬어진다. 정보의 홍수 속에서 창의력이 권력과 부富의 원천인 메가트렌드 속에서 광고 크리에이티브creative의 중요성뿐만 아니라 효과성effective도 중요한 과제가 되고 있다. 또한 2005년부터 매월 한국CM전략연구소가 분석한 결과, 응답자가 자발적으로 상기해서 응답하는 '가장 좋아하는 광고' 숫자는 평균 2.9편이다. 이는 일본 CM 종합연구소가 1989년부터 광고 호감도 조사를 실시한 평균값인 3.1편과 유사하다. 매월 500여 편의 CM이 방송됨으로 한 사람의 마음속에 남기 위해서는 평균 167 대 1의 경쟁률이다. 광고 집행량과 광고비가 많은 CM이 소비자 인지도를 높이는 데 유리하지만, 꼭 정비례하지는 않는다고 한다. 광고 노출량GRP은 광고호감도의 약 42% 정도를 설명하고 있다. TV광고에 대한 호감반응어는 소비자의 관심과 광고물 자체의 크리에이티브나 제품과 브랜드에 대한 태도 등 다양한 요소가 영향을 미치고 있음을 확인할 수 있다. 이런 치열한 광고전쟁에서 살아남기 위해 크리에이터^{카피라이터}는 발상의 고뇌를 거듭하고 있다.

인간이 아이디어를 발상하는 방법은 크게 두 가지라고 한다.

첫째, **수직적 사고**^{垂直的 思考, vertical thinking}이다. 학습하고 경험한 결과를 가지고 논리적이고 수직적인 발상을 한다. 어떤 문제나 사건이 생기면 인과관계를 먼저 따지고 선형적^{線形的}으로 해결하려는 1차 사고다. '1+1=2'라는 공식에 따른 하나의 정답을 찾아가는 산술형 사고이다. 지식을 동원하여 전후 상황이 참조되고 서로 영향을 미치는지를 봐서 합리적이며 기계적 사고를 한다.

그래서 **분석적 사고**가 되기 쉽다. 안정되고 조화로운 방법론으로 풀기 때문에 코스모스^{cosmos}형 사고다. 모양 좋고 색깔 좋고, 주위 다른 요소와 어울리게 해주는 대안을 찾는다는 뜻이다. 과거 전통적인 방법을 준수하고 높은 확률^{high probability}이 담보될 때 실행하려는 사고다. 불확실성이 없는 완벽한 **로직**^{logic}을 구사하려고 한다. 단계별로 확실한 근거를 가지고 있어야만 건축물이 가능한 수직선 사고다. 사고의 각 요소들은 상호 주종관계를 형성하는 지배구조를 갖는다. 99%의 가능성이 있어야 채택되는 사고방식이다. 수직계열화 하는 '세로본능'이다.

둘째, **수평적 사고**^{水平的 思考, lateral thinking}이다. 감각적이고 새로운 결과를 만들려는 발상이다. 어떤 문제나 사건이 생기면 비약과 자유연상을 통해 비선형적^{非線形的}으로 해결하려는 2차 사고다. '1+1=10'이 될 수 있어 비약적이고, 복수 정답이 가능한 제곱형 사고다. 직관과 정서적 반응을 통해 생물학적 사고를 하므로 비논리적이다. 이런 시각과 저런 관점을 종합하여 새것을 찾으려고 한다. 자유본능에 충실하고 새로운 각도에서 사건과 문제를 조명하므로 카오스^{chaos}형 사고다. 카오스는 무질서를 말하는 게 아니다. 이 무질서 속에서 보이지 않는 질서를 찾기에 낮은 확률low probability로 실행될 수밖에 없다. 기존의 사고방식을 타파하고 창의적인 대안을 선호하기에 불확실성이 강하지만 **매직**magic을 구사하려고 한다. 다양성과 심리적 거리를 갖는 대안을 선호하기에 수평선 사고다. 360° 회전이 가능하고 모든 아이디어가 동등한 민주주의적 사고다. 1%의 확률만 있어도 채택되는 사고방식이다. 수평다각화 하는 '가로본능'이다.

생활 속의 문제를 해결하기 위해서는 **창의적 사고**創意的 思考, creative thinking가 필요하다. 상품을 팔기 위해서 만드는 광고 크리에이티브는 두 가지 사고방식을 넘나드는 양서류兩棲類가 되어야 한다. 양서류의 생존방식이다. 상품의 특징을 이성적으로 설명하고 광고정보를 잘 설득해서 구매하도록 만들어야 하기에 광고인은 소비자 앞에서 '쇼show'를 해야 한다. 이것도 '와우wow'로 그쳐서는 안 된다. '올레olleh'가 되어야 한다. 광고인은 이심원二心圓의 세계를 산다고 한다. 전혀 다른 중심을 갖고 있는 수직세계와 수평세계를 전후좌우로 왔다 갔다 하는 가역반응可逆反應을 즐길 줄 알아야 한다. **광고화를 말할 때** '로직logic에서 매직magic으로'라는 표현을 쓰는데 이런 발상의 차이를 강조한 정의이다. 이 로직은 논리요 이성이요 과학이요 객관성이다. 매직은 비논리요 감성이요 예술이요 주관성이다. '지상에서 창공으로' 비상飛翔하는 비행기가 되어야 광고화라는 말을 쓸 수 있다.

최근 인사이트Insight를 말하기도 한다. 통찰洞察로 번역하면서 전문가의 현상타파 기술로 강조하고 있다. 균질화되고 있는 대중사회에서 차별화하고 경쟁사를 압도하는 탁월한 자질로 부각되고 있다. 마치 인사이트는 개인의 타고난 재능처럼 오인되기도 한다. 그러나 결코 인사이트는 천재의 직관이 아니다. 인사이트야말로 광고 크리에이티브 제작과정을 거의 답습한 결과와 분석 뒤에 나오는 해결책이라고 할 수 있다. 다만, 인사이트^{Insight}의 '인^{In}'에 있는 '4 In'을 제대로 미리 볼 수 있어야 한다고 생각한다.

- In^人 : 사람목표고객을 알아야 한다. 개인 프로파일을 정해야 한다.
- In^{안, 내부, 심층} : 표면구조가 아니라 심층구조와 심리를 보아야 한다.
- In^{Information} : 정보^{benefit, 생활자 편익}를 담고 있어야 한다.
- In^{Interest} : 관심을 가질 만한 재미^{fun}있는 콘텐츠가 되어야 한다.

베스트셀러 작가 말콤 글래드웰은 《블링크》에서 무의식 영역의 순간적 판단이 분석적 판단보다 훌륭할 수 있다고 주장했다. 의사결정에 있어서 직관의 힘을 강조했다. 가치판단에서 핵심적 역할을 하는 통찰의 중요성을 역설한 셈이다. 첫 2초에 성패가 갈리는 초고속 시대에 블링크가 필요하듯, 무한경쟁 시대에 승리하기 위해서는 문제의 본질을 파악하고 약점을 강점으로 역전시키는 통찰의 힘이 필요하다는 생각이다. 기업광고의 카피가 향하는 곳이기도 하다.

우리는 누군가의 박카스다. _박카스

사람을 향합니다. _SK 텔레콤

통찰은 본능적이고 순간적인 직관과는 다르다고 할 수 있다. 기본 요건은 비슷하다. 비즈니스를 성공으로 이끈 비범한 통찰은 천재적 능력이나 우연한 행운의 결과가 결코 아니었다. 지식과 경험을 바탕으로 창의적 사고가 더해져 **문제의 본질을 재해석하고 재구성한 결과다.** 끊임없는 개선의지와 문제제기로 정체된 현상은 캐즘^{chasm}을 돌파하게 된

우리는 누군가의 박카스다. _박카스

사람을 향합니다. _SK 텔레콤

다. 포스트잇 한 장조차도 집요한 탐구력의 소산인 통찰에 빚지고 있다. 분석과 종합의 융합으로 이 시대가 요구하는 탁월한 문제해결과 성공을 창출할 수 있다는 의미가 있다. 그래서 SK브로드밴드는 선견지명을 가지고 '보이지 않는 것을 보는 능력See the Unseen'을 슬로건으로 사용하여 미래 경영의 선두주자임을 과시하고 있는지도 모른다.

　　광고인은 아이디어를 위한 아이디어가 아니라, 문제해결형 아이디어를 찾아내야 한다. 더불어 이 세상에서 하나밖에 없는 독창성獨創性을 가져야 한다. 상품판매에 기여하려면 관련성關聯性도 주어야 한다. 광고 시간대에 방송되는 30개 내외의 TV CM과 다른 장르의 광고까지 생각하고 잡음雜音요소를 염두에 두면 충격효과衝擊效果도 있어야 한다.

광고 크리에이터카피라이터는 브랜드 자산brand equity을 만드는 사람이라고 하겠다. 그러므로 참신한 카피와 영상으로 표현되어 기억에 오래 남을 수 있는 크리에이티브카피의 조건을 알고 있어야 한다. 브랜드자산은 이름과 상표와 포장과 가격과 광고스타일 등이 상호 작용하여 고객에게 남기는 **총체적 순인상**total net impression이다. 이 순인상이 강할수록 인지도와 선호도를 제고하여 판매 증대에 기여할 수 있고 광고상도 수상할 수 있는 고득점score을 얻을 수 있다. 그 '**SCORE**'는 크리에이**티브의 다섯 가지 요건**이다.

첫째, **단순성**Simplicity이다. 'Simple Is Best'는 크리에이터가 기억해야 할 최상의 영어다. 광고가 담고 있는 메시지와 아트가 복잡하지 않고 단순 명쾌해야 한다. 광고의 ABC이다. 둘째, **신뢰성**Credibility이다. 카피 내용을 알지 못하면 광고가 전달될 수 없다. 모방·허위·과장 광고가 주는 역효과는 심각할 수 있다. 상품과 기업의 존폐가 달려 있을 수 있다. 셋째, **독창성**Originality이다. 어디서 본 듯한 사이비 크리에이티브가 뜻밖에 많다. 전혀 새로운 발상이 어렵다면 직설적으로 생활정보만이라도 정확하게 보내는 광고를 만들어야 한다. 넷째, **관련성**Relevance이다. 광고는 기억하는데 상품과 브랜드를 기억하지 못하는 관련성 실종의 경우도 많다. 크리에이티브에 실패한 광고는 용서할 수 있지만, 관련성에 실패한 광고는 용서할 수 없다. 다섯째, **감정이입**Empathy이다. 오감만족으로 고객의 마음을 움직여야 한다. 마치 상품을 사용한 것처럼 착각하게 만들고 카피 메시지에 공감하도록 만들어야 한다. 직접 체험해 보고 싶게 만들어 구매행동을 촉구해야 한다.

카피라이터의 크리에이티브 발상 원리

여기서 말하는 카피라이터는 직종으로서의 카피담당자가 아니다. 카피 메시지를 창작해 내는 크리에이터를 말한다. 크리에이티브 메시지를 창안해 내는 사람이 카피라이터인 셈이다. 이렇게 카피와 아트를 아우르는 표현기획을 맡은 크리에이터로서 카피라이터는 전방위 멀티 플레이어가 되어야 한다. 적어도 그런 의식을 가져야 한다. 복잡화 체계를 갖춘 현대 창조사회일수록 멀티 플레이어로 사고해야 전략적 발상이 가능할 것이다. 의도적인 복합화 인간이 되어야 광고 크리에이티브의 주인공이 될 수 있다.

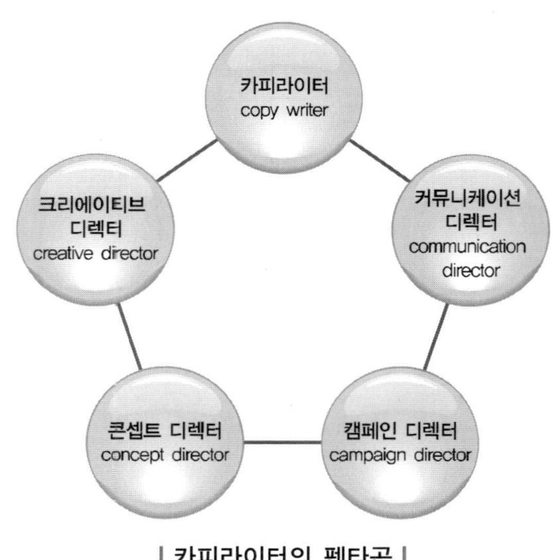

| 카피라이터의 펜타곤 |

기본 접근법은 카피에서 출발하여 비주얼로 안착하는 '카피 발發, 비주얼 착着' 사고이다. 카피라이터만이 경쟁력 있는 콘셉트를 계발하고 캠페인을 전개할 수 있다. 이런 프로젝트 매니지먼트 성향을 가지고 일할 때, 향후 고객과 광고주와 커뮤니케이션하면서 광고 전반의 크리에이티브를 디렉팅기획, 프리젠터, 관리하는 CD 역할을 하게 될 것이다.

카피라이터는 모든 크리에이티브 관련 정보와 전략을 집결시키는 크리에이티브 문지기Gate Keeper가 되어야 한다. 표현 전략회의를 주도하고, 콘셉트를 추출하며, 프리젠테이션과 판매효과를 지향하는 광고의 본질에 가장 밀착해 있기 때문이다. 자료를 분석하고 메시지를 창작해 내는 임무를 부여받은 카피라이터이다. 크리에이티브 디렉터CD의 시각과 광고주와 고객과 광고회사의 세 동심원의 한가운데에 있는 크리에이티브를 주도하는 크리에이티브 디렉터는 다음과 같은 정립鼎立의 핵심역량을 수행한다. 크리에이티브의 백본back bone이 카피임을 전제로 한다. 메시지가 광고를 좌우한다. 그래서 개인 카피라이터가 직종 카피라이터의 자질을 갖고 역할을 수행해야 한다.

첫째, 콘셉트를 추출하고 전략을 짜는 콘셉트 디렉터 기능이다. 주로 내부 스태프들과 회의하고 아이디어를 정리하여 정확한 방향성을 제시하고 핵심 키워드와 비주얼을 개발하여 프리젠테이션하기 전까지의 업무라고 하겠다. 치밀한 기획planning을 바탕으로 이루어진다.

둘째, 이런 전략안을 광고주에게 설득하고, 메시지를 생활자인 고객들에게 알리는 커뮤니케이션 디렉터 역할도 수행해야 한다. 프리젠테이션을 책임지고 관장하며 직접 프리젠터로 나서야 한다. 대 광고주 관계 섭외와 고객 관계 개선이라고 하겠다. 기본적으로 설득persuasion 업무이다.

셋째, 구체적인 전략을 집행하는 단계인 캠페인 디렉터 역할을 맡아야 한다. 예산과 매체와 계획을 차질 없이 완수해야 하는 것이다. 촬영 현장에서의 돌발 사건에 대해서도 해결사가 되어야 한다. 현장 점검과 집행 내역의 확인과 피드백 요소를 발굴하여 광고효과를 최대한 높이려는 노력이다. 말하자면 경영관리management 기능이다.

그러므로 크리에이티브 디렉터는 또 다른 PPM인 기획planning, 설득persuasion, 관리management를 책임지고 주도해야 할 것이다. 카피라이터의 경쟁력이요 목표이다.

책임의식이 필요한 이유다. 이것을 펜타곤Pentagon으로 이름 짓고 앞의 그림과 같이 도형화할 수 있다.

Better 정신 : 아이디어의 산에는 정상이 없다

● 카피라이터가 발상을 잘하거나 카피를 잘 쓰는 '만인의 왕도'는 없

다. '자기만의 길my way'을 가야 한다. 필히 혼자 서라는 필독서必讀書다. 독창성을 확보하는 최선의 길이다. 자신의 존재이유가 여기에 있다. 누구를 따라하지 말아야 한다.

- '당신은 프로다, 프로는 아름답다'는 말을 잊지 말아야 한다. 프로로서 항상 더 좋은 것이 있다는 생각을 가져야 한다. 최소의 비용으로 최대의 성과를 창출해야 한다.

- 소비자의 문제나 제품의 문제를 너무 빨리 정의 내려서는 안 된다.

- 생활 속에서 문제에 직면해 핵심을 찾아내려고 해야 한다.

My Better Life _디오스

- 광고에서 타협은 실패의 지름길이다. 무엇이든 철저히 하라.

- 발상과 카피를 잘 쓰는 최선의 방법이 있다면, 제품을 완전히 파악하는 것이다. 제품 속에는 드라마가 있다. 제품을 만든 연구원의 땀과 피와 눈물이 있다. 그 역사와 애정과 숨결을 읽어 내면 된다. 광고하려는 제품을 속속들이 파악해야 한다.

- 가능하면 유사제품의 광고도 읽어 봐야 한다. 모든 광고가 카피라이터의 살아 있는 스승이다. 광고에서 광고를 배운다.

- '여자라서 행복해요'에서 '내일을 사는 여자'를 거친 LG전자의 냉장고 디오스 카피이다. SKT의 'T' 캠페인도 말한다.

좋은 것도 더 좋아질 수 있다. 꿈꾸는 자의 특권 _SKT 'T'

My Better Life _디오스

좋은 것도 더 좋아질 수 있다.
꿈꾸는 자의 특권 _SKT 'T'

호기심 천국 : 생각의 감옥에 가두어져서는 안 된다

- 호기심 천국의 동심童心으로 돌아가야 한다. 동심의 세계와 유아기적 발상을 자극한다.

- 광고를 만들려고 할 때 너무 이성적이 되어서는 안 된다. 광고 이해 수준은 중학교 2학년의 학력이면 충분하다. 단순해야 시선을 잡고 한번만 봐도 기억할 수 있다. 알기 쉽게, 읽기 쉽게, 보기 쉽게, 쓰기 쉽게 만들어야 좋은 카피다.

- 당신의 무의식 세계를 충분히 활용해야 한다.

- 생각나는 대로 써야 한다. 가끔 엉뚱한 생각이 크리에이티브라고 생각하면 된다. 다만, 비주얼과 카피와 어조와 삽화가 브랜드를 연상시켜야 한다는 걸 잊지 않으면 된다.

- 절대로 카피 발상을 할 때는 **생각의 감옥**에 가두어져서는 안 된다는 걸 명심해야 한다. 크리에이티브에는 **자유방임주의**가 필요하다.

- 모험하라. 넌센스 같은 색다른 광고가 성공사례를 만든다. 상투적인 것보다는 광고를 만들지 않는 게 낫다. 도전만큼 소중한 가치는 없다.

리스크가 커야 리턴이 크다^{high risk, high return}는 것을 직시해야 한다.

관점의 전환 : 해결책이 있다. 역발상을 말한다

광고의 위대성을 어디에서 찾을 것인가. 카피라이터는 예술사조에서 배워야 할 덕목을 찾아야 한다. 특히 입체파^{cubism}의 종합력은 코페르니쿠스적인 대전환에서 비롯되었음을 알아야 한다.

예술의 위대성은 이런 관점의 역전^{逆轉}이다. 토다스 쿤^{Thomas Kuhn}의 과학혁명도 정상(normal)의 단절을 통해 이루어진 진화이다.

반병이 남아 있는 위스키를 보고 말한다. "아직도 반이나 남았나, 벌써 반이나 먹었나." 위스키 시바스 리갈의 광고 카피이다. 맛있게 마시는 사람은 벌써 반을 마셨겠고, 술 맛도 없고 분위기도 마음에 들지 않으면 아직도 반이나 남았을 것이다. 보는 관점에 따라 차이가 크다. 정반대의 결과가 나오기도 한다. 북극에서도 냉장고를 팔 수 있어야 한다. 스님에게도 빗을 팔 수 있어야 한다. 아프리카인들의 신발시장 조사를 나갔는데 두 가지 보고가 나왔다. A는 아무도 신발을 신고 다니지 않기에 '무한대의 신발시장 개척 가능'이라고 했다. B는 아무도 신발을 신고 다니지 않기에 '신발시장 개척 전혀 불가능'이라고 했다. 광고발상의 전환이 필요하다.

모든 문제에는 반드시 해결책이 있다. 흔히 역발상을 말한다. '거꾸로 생각하기'이다. 'No'를 거꾸로 말하면 'On'이다. '자살'을 거꾸로 말하면 '살자'이다, 변화^{change}에서 'g'를 'c'로 바꾸면 기회^{chance}가 된다. 개선은 어려워도 혁신은 쉽다고 했다. 관습타파를 위해 끊임없이 생각하고 방법을 찾아내야 한다. 성인의 관점을 벗어나 동심의 관점에서 말하

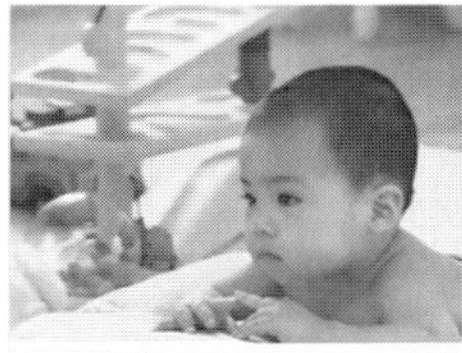
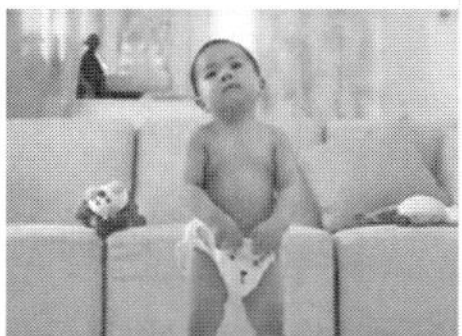
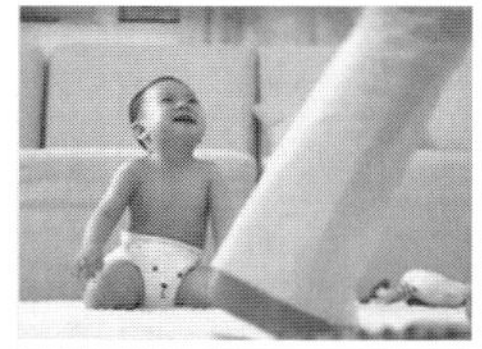

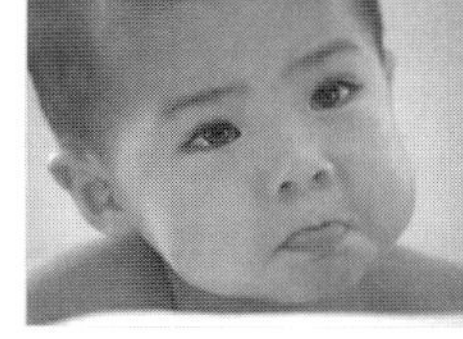

아기 : 1살의 쇼. / 아기 : 엄만 더 이상 나한테 관심이 없어. 이대론 안 돼. 뭔가 새로운 게 필요해. 그래 이거야 자. 날 봐! / 부인 : 어머 여보!! 얘 좀 봐봐!! / 남편 : 섰다!!! / 자막 : 인생은 무한도전 / 아기 : 내일은 뛰어 볼까? _KTF QOOK

면 그 자체가 광고 크리에이티브다. 낯선 관점이면서 때 묻지 않은 순박한 역발상이 되기 때문이다.

아기 : 1살의 쇼.

아기 : 엄만 더 이상 나한테 관심이 없어. 이대론 안 돼. 뭔가 새로운 게 필요해. 그래 이거야. 자, 날 봐!

부인 : 어머 여보!! 얘 좀 봐봐!!

남편 : 섰다!!!

자막 : 인생은 무한도전

아기 : 내일은 뛰어 볼까? _KTF QOOK

발상의 사슬 : 카피의 시작은 '중단 없는 발상'의 순환버스다

발상의 사슬을 생활화하라. 제품의 용도와 이익을 비주얼과 카피로 메모하라. 세상 모든 것과 관련성을 주면서 연결^{link}시켜라. 색깔, 모양, 가격, 유통, 고객 등 '360° **회전사고**^{回轉思考}**의 특권**'을 활용하여 연상하면 길이 보인다.

부정적 접근방법을 피하지 말라. 부정적인 접근도 관련된 연상이 될 수 있다는 생각이 필요하다. 긍정보다 더 재미있고 드라마틱할 수 있다. 긍정 속에도 아이디어의 집이 있다. 언제나 180° 역발상을 한다면 새로운 시도가 가능하다. 또한 크리에이티브 마인드는 동사형^{動詞形}이다. 무엇이든지 자유연상을 바탕으로 '플러스 사고', '마이너스 사고', '스캔들

^{scandal} 사고', '대체 사고', '교환 사고', '반전^{反轉} 사고' 등을 해봐야 한다. **'중단 없는 발상'의 순환버스다.** 근원을 찾아가는 불교식 근원 사고가 요구된다. 지하철 타고 다니면서 거리와 가게에서 시대정신과 구매심리를 읽는 훈련을 스스로 해봐야 한다. 아니 즐겨야 한다. 잡지와 영화에서 발상의 소스를 잡아야 한다.

구매 이유 : '왜 샀냐?'고 물으면 어떻게 대답할 것인가

그리고 그 제품에 관해, 하고 싶은 말을 짧은 문장으로 써봐야 한다. **선언적인 문체로 소비자에게 무슨 이익을 주는가를 생각하고,** 당신이나 다른 사람이 그 제품을 사용했던 때를 상상해 봐야 한다. 그들은 누구였으며, 과연 그들은 그 제품에서 무엇을 얻었나를 생각하면 구매 이유를 알게 된다. 어떤 상황에서 사용하였으며, 그때 어떤 일이 생겼나, 친구에게 권할 때 무슨 말을 할 것인가를 생각해 봐야 한다. 친구의 주의를 끌려면 무슨 유머를 사용해야 하는지를 생각해야 한다. 만약 그 제품을 사용하지 않았다면 무슨 일이 일어났을까를 생각하면 더 강한 크리에이티브가 나올 수 있다. 현상타파^{break through}의 도전의식을 가진 크리에이터는 재미없는 제품이라 할지라도, 그 제품의 스토리텔링과 구매 이유와 화젯거리를 만들 줄 안다.

　　구매 이유를 알려면 소비자 행동과 심리를 알아야 한다. 먼저 경쟁 상황을 알아야 한다. SM 5를 팔려면 쏘나타를 타는 사람의 속마음을 읽어 내야 한다. 그 제품을 사용해 본 사람들에게 직접 인터뷰하면서 물어 봐야 한다. 중국 속담에 '그 사람을 알려면 그 말을 들어라'고 했다. 사회의식도 알아야 한다. **'아름다운 가게'와 '착한 가격'과 '공정무역^{fair trade}'**이

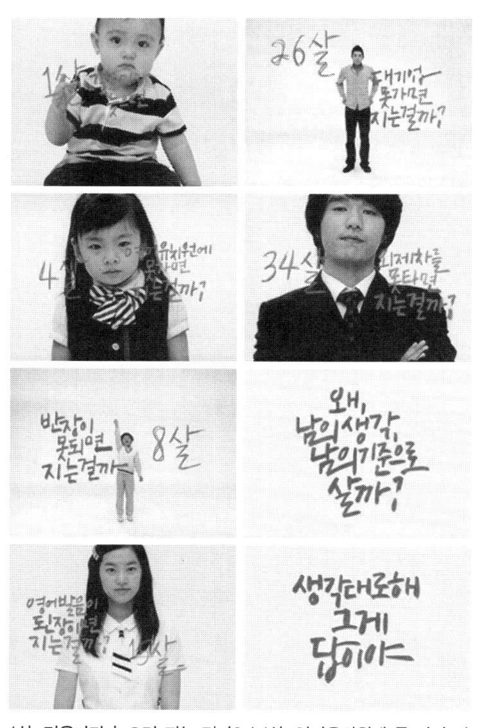

1살, 걸음마가 늦으면 지는 걸까? / 4살, 영어유치원에 못 가면 지는 걸까? / 8살, 반장이 못 되면 지는 걸까? / 15살, 영어발음이 된장이면 지는 걸까? / 26살, 대기업 못 가면 지는 걸가? / 34살, 외제차를 못 타면 지는 걸까? / 왜 남의 생각, 남의 기준으로 살까? / 생각대로 해, 그게 답이야. _SKT 'T'

왜 확산되는지 그 이유를 꿰뚫고 있어야 한다. 건전한 소비의식과 환경의식과 공동체 윤리의식이 사회 구석구석에 스며들고 있다는 반증이다. 도서실에서 **소비자 조사 자료**를 찾아보는 것도 방법이지만, 비판적인 시각을 갖고 보면 거시적인 구매 이유를 명확히 할 수 있다.

광고연구는 많이 하면서 **인간연구**는 게을리하는 광고 크리에이터가 많다. 광고는 '인간에 의한, 인간을 위한, 인간의' 크리에이티브다. 훌륭한 크리에이터는 훌륭한 변호사와 같다. 있는 사실 그대로를 최대한 활용하여 소송을 승리로 이끈다. **왜 남의 생각을, 소비자의 기준을 모를까?**

1살, 걸음마가 늦으면 지는 걸까?
4살, 영어유치원에 못 가면 지는 걸까?

8살, 반장이 못 되면 지는 걸까?
15살, 영어발음이 된장이면 지는 걸까?
26살, 대기업 못 가면 지는 걸가?
34살, 외제차를 못 타면 지는 걸까?
왜 남의 생각, 남의 기준으로 살까?
생각대로 해, 그게 답이야. _SKT 'T'

미디어가 메시지다 : 올드미디어는 핫^{hot}, 뉴미디어는 쿨^{cool}

맥루한이 말했다. 매체의 특성에 따라 메시지 전달 방법과 내용이 달라지기 때문이다. 쿨 미디어는 이성적이고 수용자의 참여도가 높다. 신문과 라디오의 경우다. 반면에 TV는 감각적이고 참여를 제한하는 미디어다. 핫^{hot} 미디어이다. 디지털 시대에 미디어 환경이 급변하고 있다. 그렇다면 뉴미디어는 쿨인가, 핫인가. 인터넷 시대의 네티즌의 참여는 과잉일 정도다. 당연히 쿨^{cool}인가. 익명성으로 금방 참여했다가 무책임하게 사라지는 경향은 어떤 것인가. 번개팅과 플래시 몹^{flash mob}의 형태는 핫인가 쿨인가. 미니 홈피의 유행은 어떤가를 천착해야 할 필요가 있다. 세컨드라이프^{second life}나 유투브^{youtube}나 트위터^{twitter}가 널리 확산되고 있는데, 어떤 매체 특성을 갖는지 고민해야 한다. IP TV와 모바일 통신과 홈쇼핑은 어떤 매체 특성을 갖는지 다각도의 성찰이 필요하다. 최근에 국내외 이동통신 시장에서 온라인 인맥구축 서비스^{SNS} 기능이 제공되고 있다. SNS^{Social Network Service}는 우리나라의 싸이월드처럼 페이스북^{facebook}, 마이 스페이스^{My space} 등 사이버 공간에서 실제 현실사회처럼 인간관계를 맺고 사회활동을 할 수 있는 서비스다. 이런 매체와 디지털 모바일 기기의 환경변화에 어떤 광고 크리에이티브가 적절한지 검토하지 않을 수 없다. 커뮤니케이션의 길이고 소통수단인 미디어를 깊이 있게 연구해야 한다. 광고 크리에이티브의 전진기지다. 카피의 속성을 좌우하게 된다.

제2강
디지털 시대의 카피의 의의

디지털 시대에 카피란 그냥 말과 글자로 이루어진 문장文章이 아니다. 그렇다고 해서 단순한 문안文案이 아니다. 아이디어나 정보가 담긴 문장이라는 뜻에서 한 발짝 더 앞으로 나가야 한다. 카피란 전략을 담고 있는 콘셉트이기에 사회 트렌드social trend와 소비자 심리와 기업혹은 상품의 정보를 통찰하고 있어야 하는 고부가가치 문화 커뮤니케이션임을 알아야 한다. 카피가 전략적 개념이란 것은 무엇인가? 전략적이란 경쟁구도를 생각하고 포지셔닝을 고려하여 판매수익을 낼 수 있는 개념을 개발할 때 얻을 수 있는 것이다. 전략적 카피란 문안이라는 의미를 포함하여 마케팅 커뮤니케이션의 종합 설계grand design 속에서 써져야 한다. 이런 면에서 카피는 넓은 의미로 쓰이고 유연한 개념으로 확장되어야 한다. 디지털 시대에 카피와 카피라이팅이 경쟁력을 갖기 위한 필수요건과 함의를 집중 분석하면 다음과 같다.

카피의 협의狹義

카피의 좁은 의미는 무엇일까? 그것은 광고회사에서 흔히 들을 수 있는 '최 카피님, 카피 빨리 주세요?'라는 말에서 찾을 수 있다. 그러나 이 말은 무엇을 가리키는지는 상황context에 따라 아주 다르다. 먼저 '최 카피'는 개인 '카피라이터 최현우 씨'를 뜻한다. 카피문안를 담당하고 있는 카피라이터이니까 줄여서 쓰는 호칭이다. '강 카피'나 '오 카피'가 있는 것이다. 선후배 사이에 한 가족 같은 팀워크와 파트너십을 나눠야 하고 서로 친근감을 전하는 뜻을 담고 있으며, 바쁜 업무 때문에 존칭도 묵시적으로 생략할 수 있기 때문이다. 카피라이터의 축약어로서 '카피'라는 말 속에는 직종별A.E, A.P, 마케터, 디자이너, CMP 등 전문성을 인정하고 상호 동반자로서의 협력관계를 강조하는 의미도 담겨 있다.

또한 카피는 광고 제작과정의 어느 단계에서 쓰느냐에 따라 함축 의미가 조금씩 차이가 난다. 왜냐하면 카피는 다음과 같이 세 가지 뜻으로 쓰일 수 있기 때문이다.

첫째, 카피와 비주얼이 있는 광고물 그 자체advertising, a COPY로서 광고물을 구성하는 모든 것을 뜻한다. 광고 자체를 의미하거나 광고물 1부를 지시하기도 한다.

둘째, 광고에서 읽히는 말과 문자로 된 모든 언어로서의 카피 language COPY를 뜻한다. 헤드라인은 물론 보디 카피와 캡션caption과 슬로건과 캐치프레이즈와 브랜드 네임까지 모든 문자 메시지를 말한다.

셋째, 보디 카피body COPY이다. 설득과 설명을 위한 본문이다. 헤드라인과 슬로건 같은 비중 있는 언어 메시지를 제외하고 순수하게 본문 카피를 말할 때 쓰인다. 때와 장소에 따라 적합한 의미로 사용하면 큰 문제는 없을 것이다. 어쨌든 카피라이터는 이 세 가지 의미의 카피를 모두 담당하고 있다는 것이다.

그러나 카피라이터는 이렇게 **물리적인 카피의 의미**에 머물러서는 안 된다. 카피의 내포적인 의미와 역할에 대한 깊은 이해가 있어야 할 것이다. 광고에서 카피의 중요성과 핵심 기능을 서로 공유할 때 광고 크리에이티브의 품질과 제작회의의 효율성이 좋아지기 때문이다. 그래서 카피는 카피라이터가 쓴다는 생각을 떨쳐버려야 한다. 카피라이터는 집단창작으로 진행되는 광고 회사에서 카피를 전문적으로 담당할 뿐이다. 주 업무영역이 카피일 뿐이다. 카피라이터는 카피를 쓰는데 조금 더 유리한 전공이나 경험을 가지고 있을 뿐이다. 광고회사에서는 전공불문이다. 나이불문이다.

이런 카피를 쓰기 위해서는 **핵심적인 카피 용어**를 알아야 한다. 그 용어가 품고 있는 심층의미와 구조를 알아야 한다. 그냥 반짝하는 아이디어와 단어 하나 던지는 카피라이터가 되어서는 안 된다. 전략적인 카피라이터가 되라는 말을 많이 한다. 그러기 위해서는 각종 소비자 조사와 트렌드 분석과 기본 카피 구조를 이해해야 한다. 광고 표현이 일관성을 가져야 하고 광고효과를 누적시키기 위해서는 정해진 패턴이 있어야 하기 때문이다. 광고 크리에이티브의 내용과 형식을 갖춰야 한다.

카피 플랫폼copy platform

카피를 무엇을 누구에게 어떻게 써야 하는지를 분명히 하기 위한 것으로 자료수집, 딜러 면접, 경쟁사 탐방을 통해 간결하게 핵심을 정리해야 한다. 카피라이터가 카피 작성 시 고려해야 할 중요정보를 정리한 카피 지침서이다. 과학적이고 합리적인 카피를 만들기 위하 제품에 관한 특징적 제안점, 소비자 환경, 경쟁적 환경을 포함하여 그 광고의 포지셔닝, 광고목적, 표현전략 등 카피작성 시 필요한 제반 정보를 일람표 형식으로 정리한 것이다. 광고주 입장에서 주장하고 싶은 **상품정보**를 소비자 편익의 관점에서 해석한 **생활정보**와 대비해서 작성해야 한다. 트렌드와 상품과 소비자에 관한 정보를 망라하고, 생활 속에서 일어나는 문제점을 찾아내야 한다. 카피라이터가 통찰력 있는 관점을 존중해야 색다른 시각을 찾을 수 있게 된다. 다음과 같은 구성요소를 나열하고, 이 상품정보를 생활정보로 재해석해서 편익과 가치와 의미를 병기해야 한다. 그래야 콘셉트와 카피 개발에 활용할 수 있게 된다.

- 제품에 관한 특징과 정보 : 성분, 제조기술, 가격, 유통, 제품명, 원산지, 차별점 등
- 소비자에 관한 정보 : 인구통계학적 특징, 사회심리학적 특징, 라이프스타일, 태도 등
- 경쟁 상황에 관한 중요 정보 : 경쟁제품의 특징, 우수성 등
- 사회흐름에 관한 이슈와 정보 : 유행, 신조어, 인기 드라마와 영화, 인터넷 게임과 기기 등
- 광고 표현콘셉트의 요약 : 광고목표, 포지셔닝, 표현전술, 카피 콘셉

| 카피 플랫폼 예시 |

상 품	상품정보	생활정보
쏘나타	아트 오브 테크놀로지	실키 드라이빙
베스킨라빈스	31가지 아이스크림	골라 먹는 재미
삼성 블루 미러 디카	LCD가 2개	쉽게 찍는 셀카
바르는 모기약	강력한 모기 퇴치	편안한 수면
하우젠 냉장고	우수한 냉각기능	오랜 보관
헤라	세포력 강화 엡셀 LX 함유	젊은(20대) 피부
굿모닝	숙취 해소성분 강화	상쾌한 아침

트, 카피 테마, 카피 포인트, 매체별 빈도, 인지도, 시장점유율, 광고
비, 제작비, 유통경로 등

카피 포맷^{copy format}

캠페인이나 장기 표현 전술에 일정한 구조와 흐름을 정해 둔 틀이다.
이 틀을 잘 지켜야 광고효과가 쌓이게 된다. 언제 어디서 그 광고를 보
더라도 이미지가 떠오르게 하는 장치다. 흔히 디자인 폴리시^{design policy}
라고도 한다. 광고 연관성과 인지도와 주목률 제고를 위한 형식적 요소
를 설정한다. KT와 KTF의 통합 캠페인이 '와우^{WOW}와 올레^{OLLEH}'의 대
비효과를 살리고 있는 것이 카피 포맷의
사례이다. 카피 포맷이 시리즈로 일관성
을 가지면 카피폴리시가 된다.

〈KT olleh 백설공주 편〉

여 1 : wow!

Na : 생각을 뒤집다.

여 2 : olleh!

Na : 최고의 감탄사 olleh.

남 : olleh kt.

자막 : 가입문의는 국번 없이 100번으로 전화
하세요.

〈KT olleh 화상회의 편〉

자막 : 탄소발생 어떻게 줄이지?

남 1 : wow!

자막 : olleh kt, 화상회의로 탄소발생 약

여 1 : wow! / Na : 생각을 뒤집다. / 여 2 : olleh! / Na : 최고의
감탄사 olleh. / 남 : olleh kt. / 자막 : 가입문의는 국번 없이 100번
으로 전화하세요. _KT olleh 백설공주 편

자막 : 탄소발생 어떻게 줄이지? / 남 1 : wow! / 자막 : olleh kt, 화상회의로 탄소발생 약 6,000톤 감축 유도. / Na : olleh kt, 화상회의로 탄소발생 감축. / 남 2 : olleh! / Na : 최고의 감탄사, olleh. / 남 3 : olleh kt. / 자막 : 가입문의는 국번 없이 100번으로 전화하세요. _KT olleh 화상회의 편

남 1 : wow! / 자막 : hello olleh, 생각을 뒤집다. / Na : 생각을 뒤집다. / 여 : olleh! / Na : 최고의 감탄사, olleh! / 남 2 : olleh KT! _KT olleh 한석봉 편

6,000톤 감축 유도.

Na : olleh kt, 화상회의로 탄소발생 감축.

남 2 : olleh!

Na : 최고의 감탄사, olleh.

남 3 : olleh kt.

자막 : 가입문의는 국번 없이 100번으로 전화하세요.

〈KT olleh 한석봉 편〉

남 1 : wow!

자막 : *hello olleh, 생각을 뒤집다.*

Na : 생각을 뒤집다.

여 : *olleh!*

Na : 최고의 감탄사, *olleh!*

남 2 : *olleh KT!*

카피 폴리시^{copy policy}

콘셉트 라이팅과 콘셉트 테스트를 거친 후, 카피 슬로건과 캐치프레이즈를 정하고 일관되게 지켜야 할 디자인 폴리시까지 정한다. 이때 카피 폴리시는 아트와 카피는 물론 기본 컬러와 레이아웃 정책까지 아우르는 개념이 되어야 한다. '내 차니까', '새 차니까', '헌 차니까'의 SK에너지의 캠페인이 좋은 사례다. 보통 시리즈 광고가 지키는 일관된 카피나 디자인의 정책^{policy}이다. 원신 원컷^{one scene one cut}도 이런 폴리시에서 발전된 것이다. 최근 삼성그룹은 삼성전자의 첨단상품을 연계하고 그룹의 미래지향성을 주제로 광고하면서 카피 폴리시를 지키고 있다.

자연을 닮은 빛으로 대한민국을 밝히는 그날을 위해, 삼성이 준비합니다.
친환경 초절전 LED, 두근두근 Tomorrow SAMSUNG

눈부신 태양이 대한민국을 충전하는 그날을 위

자연을 닮은 빛으로 대한민국을 밝히는 그날을 위해, 삼성이 준비합니다. 친환경 초절전 LED, 두근두근 Tomorrow SAMSUNG

눈부신 태양이 대한민국을 충전하는 그날을 위해 삼성이 준비합니다. 세계 최초의 태양광 휴대폰, 두근두근 Tomorrow SAMSUNG

친환경 에너지로 대한민국의 하늘이 맑아지는 그날을 위해 삼성이 준비합니다. 지구를 살리는 리튬이온 2차 전지, 두근두근 Tomorrow SAMSUNG

해 삼성이 준비합니다.

세계 최초의 태양광 휴대폰, 두근두근 Tomorrow SAMSUNG

친환경 에너지로 대한민국의 하늘이 맑아지는 그날을 위해 삼성이 준비합니다.

지구를 살리는 리튬이온 2차 전지, 두근두근 Tomorrow SAMSUNG

카피^{COPY}는 '아트와 카피의 행복한 결혼'이 광고라고 할 때의 단어와 문안이다. 문안이 카피가 되기 위해서는 상품 패키지에 적혀 있는 설명문이 아니고 설득할 수 있는 심리와 사고의 전환이 되어야 한다.

그래서 수사학의 다양한 방법론이 사용된다. 남다른 관점이 들어가게 된다. 카피로 설득하려면 소비자의 편익이 담겨 있어야 한다. 문안의 의미가 상품정보가 아니라 생활정보를 담고 있어서 하나의 메시지로 받아들여져야 한다. 메시지로 받아들여지려면 고객의 생활 문제를 해결해 주는 역할을 해야 한다. 이런 의미사슬meaning chain을 이어갈 수 있을 때 비로소 카피는 완성되는 것이다. 이렇게 광의의 카피를 이해해야 카피라이팅의 기본이 탄탄해진다.

카피의 광의廣義

개념적인 카피의 의미는 전략이고 방향성이다. 모든 팀원들이 집중해야 할 첫 번째 과제가 전략적인 크리에이티브의 카피라고 할 수 있다. 카피는 고객이 갖고 있는 생활 속의 문제를 해결하기 위한 편익benefit이라고 생각해야 한다. 그래서 카피라이터를 콘셉트를 추출하는 사람이라는 뜻으로 **콘셉트 디렉터**나 콘셉트 아티스트라 부른다. 콘셉추얼리스트conceptualist라고도 한다.

사실상 전 광고인과 크리에이터의 카피라이터화가 필요하다. 모든 광고인은 제작 마인드가 강한 크리에이터화되어야 한다고 했던 때가 있었다. 이 말은 예나 지금이나 유효하다. 변화와 혁신의 시대에 살고 디지털시대를 선도하기 위해서는 아마도 영원히 필요한 사고방식일 것이다. 나아가서 모든 크리에이터는 **카피 발상에 강한 크리에이터**가 되어야 한다. 디자이너가 써도 좋고 CMP가 써도 좋고 A.E가 써도 좋다. 어느 스태프staff가 써도 관계없다. 아니 모든 스태프가 카피라이터가 되어야 한다. 비유하자면 흑묘백묘黑猫白猫론이다. 쥐를 잡는다면 검은 고양이든 하얀 고양이든 관계없다는 이념이다. 중국 사회의 정치경제 체질을 강하게 만들려면 자본주의든 사회주의든 관계없다는 등소평의 개방정책이었다. 크리에이티브라는 목표취를 잡을 수 있다면 검은 고양이든 하얀 고양이든 누가AE, AP, CMP, Designer 등 카피를 써도 좋다는 개방형 사고방식open mind을 가져야 한다.

디지털 시대의 카피는 넓은 의미로 '6C'의 개념과 내포의미를 갖고 있어야 한다.

첫째, **카피는 클라이언트client이다.** 카피는 광고주가 있어야 쓸 수 있다. 광고주가 없으면 카피가 아니고 문학이 된다. 문학은 개인이 혼자 창작하면서 독자적인 예술세계를 만들어 가는 것이다. 그러나 카피는 개인 예술이 아니다. 광고주클라이언트가 제시하고 요구하는 판매 소구점과 메시지를 잘 담아내야 한다. 광고 카피작업은 수주受注작업이다. 의뢰인client이 있기에 수행되는 비즈니스의 일종이다. 광고주가 막대한 광고비를 부담한다는 사실을 잊지 말아야 한다. 카피는 광고주가 요구하고 그 요구가 카피라이팅에 어떻게 반영되어야 하는가를 모색해야 한다. 컨설팅 회사 맥킨지McKinsey에서는 클라이언트의 첫 글자 'C'를 항상 대문자로 쓴다. 대문자 사용은 하나밖에 없는 고유명사나 신神에게만 바치는 외경심의 발로다. 신神은 광고주님이요, 우리를 먹여 살리는 사람기업에 대한 존경심의 표시라고 한다.

카피는 **기관차**처럼 기업의 원초적 성장동력이 되어야 한다. 손님처럼 타고 있으면 떠나는 객차가 아니다. 언제나 기업 경영과 마케팅에서 주인의식ownership을 가지고 스스로 발동기를 돌려야 하는 직업이다. 기관차가 잘 달리려면 항상 닦고 조이고 기름을 쳐야 하듯이 늘 카피작법 계발에 손을 놓아서는 안 된다. 그리고 제작회의 할 때 주재자는 카피다. 자료준비와 의제 설정agenda setting과 표현 방향에 대한 책임 진행자^{MC}다.

둘째, **카피는 커뮤니케이션**^{communication}**이다.** 커뮤니케이션은 소통疏通이다. 소통은 막힌 것이 트이고 꿰뚫어서 통하게 하는 것이다. 광고주와 소비자^{생활자}가 서로 무관심한 상대였다가 카피라는 연결고리^{hook}로 하여 통하는 것이다. 무엇으로 통하는가? 쌍방이 교환하는 메시지와 베니피트이다. 커뮤니케이션은 상호소통이라는 과정이기에 '발신자'와 '수신자'라는 두 주체의 교류^{bridge}가 전제되어야 한다. 카피라이터는 커뮤니케이션 모델을 알아야 하는 당위성이 생긴다. 어떤 경로를 통해 어떻게 소통해야 효과적인가를 공부해야 한다. 카피는 **숨은 설득자**^{hidden persuader}다. 카피엔 상품을 파는 기술이 있어야 한다. 소비자가 지갑을 열도록 설득하는 전략과 심리학이 있어야 한다. 드러내 놓고 사라고 하면 사지 않는다. 숨어 있어야 한다. 잠재해 있는 구매욕구를 자극시켜 소비자 스스로가 자발적으로 사게 만드는 카피가 좋다.

다음은 가장 널리 알려지고 고전화된 커뮤니케이션 과정 모델^{Shannon & Weaver} 가운데 하나다. 이 모델을 광고에 응용해 본다.

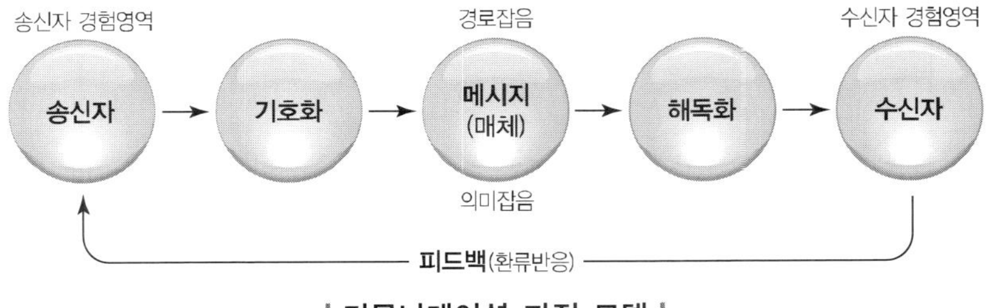

| 커뮤니케이션 과정 모델 |

우리나라에서 권위 있는 광고상을 받은 최우수 광고물이 국제광고제에서 호평을 얻지 못하는 이유는 문화차이가 가장 큰 요인이다. 우리 정서와 공감대가 다르기 때문에 광고의 주제와 카피내용을 정확히

알 수가 없을 것이다. 광고는 같은 문화권 내에서 같은 생활권 내에서 이루어지는 커뮤니케이션이기 때문이다. 역사와 의례와 전통을 공유하는 동일문화권 내에서 소통하는 커뮤니케이션이다. 문화 충격culture shock이 생기면 광고평가와 효과는 달라진다. 한국형 정서를 대표하는 경동보일러 광고 '아버님 댁에 보일러 놔 드려야 겠어요'가 '**깐느의 저주**'를 받고 입선하지 못한 이유다. 광고효과를 높이기 위해서는 이런 커뮤니케이션 과정에 대한 이해가 필요하다. 특히 카피 메시지를 전달하고 설득하기 위해서는 어떻게 생활정보가 코드화되고 해석되는지가 중요하다. 소비자의 학력과 경험과 관심사와 가치관에 따라 광고 메시지를 받아들이는 능력과 태도가 다르기 때문이다. 이 모델의 각 단계별 주체의 특징에 대해 알아보자.

● **송신자**source : 수용자에게 정보를 전달하는 발신자communicator이다. 광고주나 광고회사의 CD카피라이터이다.

● **기호화**encoding : 전달하고자 하는 내용을 기호로 변환하는 과정으로, 메시지의 제작과정이다. CD카피라이터의 가치관과 광고관이 크게 좌우한다.

● **메시지**message : 전달되는 내용으로서 기호sign나 상징symbol의 형식을 갖는다. 생활정보가 표현 콘셉트를 거치고 광고화된 키워드나 키비주얼로 나타난다. 대중 매체에 실려 방송되고 인쇄되며 뉴미디어와 인터넷을 통해 확산된다.

● **잡음**noise : 메시지나 정보의 전달과정에서 내용을 왜곡시키는 방해요인이다. 소비자가 수용자로서 메시지를 받아들이는 데 방해가 되기도 한다. 먼저 **경로잡음**channel noise이 있다. 다른 송신자경쟁상품이나 다른 상품과 장르의 광고 때문에 생긴다. **의미잡음**semantic noise도 있다. 송

신자와 수신자 사이의 경험영역의 차이에서 오는 의미오차이다. 서로 다른 문화배경을 갖고 있기에 소비자가 메시지를 다른 의미로 해석할 수 있기 때문에 생긴다.

- 해독화^{decoding} : 기호의 형태로 전해진 메시지를 원래의 의미로 이해하는 것이다. 송신자가 보낸 기호대로 받아들이면 최고의 커뮤니케이션 효과를 거둔 것이다. 그러나 소비자는 메시지 해독에 차이를 보인다. **수용해독**이다. 원래 메시지를 정확하게 해석하는 것이다. 선호된 의미해독이다. 100% 커뮤니케이션이 되었다고 보면 된다. **대립해독**도 있다. 원래 메시지를 반대로 받아들이거나 전혀 엉뚱한 내용으로 받아들이는 경우다. 변형된 의미해독이다. 0% 커뮤니케이션이라고 보면 된다. **조화해독**이다. 원래 메시지를 자기의 경험에 따라 수정해서 받아들인다는 것이다. 협상된 의미해독이다. 50% 커뮤니케이션이라고 보면 된다.

- 수신자^{receiver} : 수용자^{소비자}로서 메시지를 받아들인다. 수신자의 능력과 관심에 따라 메시지가 정확하게 전달되지 않는 경우가 많다. 목표고객의 라이프스타일과 가치관을 고려해서 메시지를 개발해야 하는 이유가 된다.

- 피드백^{feedback} : 반응^{response}이 즉각적으로 환류되는 과정이다. 수신자에게 생기는 기억 판단 확신 선호 행동을 말한다. 송신자 의도와 일치하면 효과가 크다. 잠재해 있거나 나타나지 않을 경우는 조사나 분석을 통해 의도하는 반응이 무엇인지 알아야 한다. 다음 광고를 제작할 때 참고해야 한다.

광고는 대중 커뮤니케이션^{mass communication}이다. 하나의 메시지가 복제^{copy}되어 불특정 다수의 수신자에게 동시에 전달되는 간접 커뮤니케이션이다. TV, 신문, 라디오, 잡지, 영화 등 복제매체^{copy media}에 의한 대량의 사회 커뮤니케이션^{social communication}이다. 2인 간 혹은 대인 커뮤니케이션과 다른 점은 '피드백이 직접적이지 않고, 즉각적이지도 않은' 것이다. 소위 구전口傳을 통한 **2단계 정보유통설**이 적용되기도 한다. 그래서 여러 유형의 사람으로 구성된 고객 세분화 전략과 포지셔닝 전략이 필요하게 된다.

셋째, **카피는 고객^{customer}이다.** 고객 가운데 목표고객을 선정해야 한다. 지역별로 나누든, 인구통계학적으로 나누든, 분류하고 군집으로 묶어서 집단화^{grouping}해야 한다. 최소한의 구매예상자를 파악해야 하기 때문이다. 이때 목표고객의 대표 프로파일^{profile}을 작성하고, 마치 특정한 사람과 일대일로 대화하듯 카피를 써야 한다. 고객은 트렌드를 읽고 그대로 따라 하기도 하지만, 자기 뜻대로 행동하거나 구매하는 주체적인 생활자이다. 하루에도 몇 번씩 변하는 고객의 마음을 사로잡으려면 고객을 잘 분석해야 한다. 소비자인 고객의 마음속엔 두 가지 상반된 힘이 작동하고 있다. 첫째, 믿고 싶지 않은 욕구, 둘째, 믿고 싶은 욕구이다. 그들에게 광고 메시지가 진실이라는 증거를 보임으로써, 믿고 싶은 욕구를 증대시켜야 한다^{John Caples}.

현대인들은 단순한 쇼핑으로 끝내지 않는다. 복합쇼핑공간에서 여가와 약속과 대화와 식사를 동시에 즐기는 **몰링^{malling} 문화**의 매력에 **빠진다. 종합 엔터테인먼트의 관점**에서 쇼핑하기에 구매의 대상과 목적이 달라졌다.

또한, 불만을 가진 고객의 4%만이 실제로 불만을 제기한다고 한다. 나머지 96%는 화를 속으로 삭인다는 뜻이다. 그 불만을 가진 고객 가운데 56~70%는 불만이 해소되면 다시 찾아온다고 한다. 불만이 있는 고객은 그것을 평균 9~10명에게 퍼뜨린다고 한다. 불만이 해소된

고객은 5~6명에게 말한다고 한다. 고객은 소통의 연장선상에서 수신자로서 발신자의뢰인에게 소비자 불만이나 댓글로 환류feedback하는 문제도 잘 규명해야 한다. '신화가 된 전설적인 서비스'를 만들어 내는 데 카피가 기여해야 한다. 소비자는 저능아가 아니다. 당신의 아내이다. 그리고 그는 냉정한 어른이다. 오길비의 말을 잘 기억해야 한다. 키움증권이 말한다. '고객은 귀신'임을 알아 차려야 한다.

Na : 고객은 귀신? 그 흔한 지점 하나 없어도, 증권 방송도 보고 투자 과외도 받고 그야말로 키움을 아주 쏙쏙 활용하십니다. 고객은 귀신입니다. 귀신처럼 1위를 알아봅니다.
자막 : 4년 연속 주식시장 점유율 1위.
Na : 키움증권.

Na : 고객은 귀신? 그 흔한 지점 하나 없어도, 증권 방송도 보고 투자 과외도 받고 그야말로 키움을 아주 쏙쏙 활용합니다. 고객은 귀신입니다. 귀신처럼 1위를 알아봅니다. / 자막 : 4년 연속 주식시장 점유율 1위. / Na : 키움증권.

　　서울대 생활과학연구소가 최근 내놓은 '트렌드 코리아 2009' 보고서에 따르면, 불황 속에서도 만만찮은 비용이 추가로 들어가지만 기꺼이 지갑을 열고 있는 '스마트슈머smartsumer'들이 신新소비계층으로 부상하고 있다. 이들은 단순히 절약하거나 저가의 대체용품립스틱 효과에 만족하지 않는다. 쓸 것은 쓰되 이를 통한 문화생활, 건강, 인테리어 등 부수적 효과까지 누리려는 일명 '똑똑한 소비자'들이다. 오페라나 발레와 같은

자막 : 걷다, create. 낙서하다, create. 입다, create. 타다, create.
/ Na : 금융은 누가 크리에이트할 것인가? create with you, 삼성증권.

'고급문화'를 일상 속에서는 즐기는 일종의 '캐주얼 클래식' 다이어트 열풍은 그 동안 보여 주기 위한 '명품' 소비에서 한 단계 진보한 자기만족형 소비 형태로 정의된다. 겉으로 드러나지는 않지만 고급문화에 대한 소비를 통해 상대적인 우월감을 갖거나 자기계발에 대한 욕구를 충족하기 때문이다. '캐주얼하게 클래식 문화생활도 즐기고 다이어트나 자세 교정 효과도 함께 누릴 수 있어 만족스럽다'는 반응을 보인다. 이런 고객들의 사고방식은 'Think Casual'의 '처음처럼'의 표현 콘셉트에도 나타난다. 1등 브랜드 삼성증권도 고객^{당신}과 함께 창조하겠다고 다짐하고 있다.

넷째, **카피는 콘텐츠^{contents}다.** 카피는 시대정신이다. 사회 트렌드를 잘 타야 카피는 경쟁력을 갖게 된다. 광고는 사회의 반영이요 시대의 얼굴이다. 사회적 이슈를 재빨리 자기 것으로 선점하고, 시청률이 높은 드라마를 패러디하는 순발력을 가져야 한다. 광고가 디지털 시대에 영상문화의 한 축을 이룬다고 한다. 광고 크리에이티브의 기법과 카피^{문안}가 화젯거리가 되고 인구에 회자되는 과정을 보면 알 수 있다. 광고 스토리보드를 작성한다고 할 때 카피는 TV CM의 스토리텔링storytelling에서 중추역할을 수행하게 된다. 카피는 스토리가 있어야 하고 그 속에는 구조가 있어 조직적이고 치밀한 설득의 메커니즘을 담아 낸다. 소위 경쟁력 있는 카피와 장기 시리즈가 가능한 캠페인을 집행하려면 스토리 구조를 지지支持하는 기능을 갖춰야 하는데 그 역할을 카피가 담당한다. 카피는 생선회처럼 항상 신선도를 유지하도록 노력해야 한다. 카피는 첨단 유행을 3~6개월 정도 앞서가야 한다고 한다. 싱싱하여 살아 움직이는 카피가 되어야 맛과 영양이 풍부하다고 생각한다. 소비자가 움직이는 이유는 메시지에 담긴 동시대인의 공감이 크게 작용한다.

자막 : 2008.4.30. 우리에게 천사가 오다. / 여 : 우리에게 천사가 오다. / 남 : 진짜? 하…. 진짜? / 자막 : 엄마가 마신 물, 태아에게 가는 시간 5분! / Na : 생명이 마십니다, 그래서 깐깐합니다. / 자막 : RO멤브레인필터로 0.0001마이크로미터 크기까지 걸러냅니다. 내 몸이 되는 깐깐한 물, Coway. / Na : 웅진코웨이. / 자막 : creative 웅진, woongjin 웅진코웨이.

자막 : 2008.4.30. 우리에게 천사가 오다.

여 : 우리에게 천사가 오다.

남 : 진짜? 하…. 진짜?

자막 : 엄마가 마신 물, 태아에게 가는 시간 5분!

Na : 생명이 마십니다, 그래서 깐깐합니다.

자막 : RO멤브레인필터로 0.0001마이크로미터 크기까지 걸러냅니다. 내 몸이 되는 깐깐한 물, Coway.

Na : 웅진코웨이.

2008년도 올해의 광고 모델상을 수상한 **KTF의 '꼬마 아기' 편**과 2009년도 한국광고대상 수상작인 **웅진 코웨이의 '생명의 물' 시후 편**은 한국 사회의 기록영상^{documentary} 문화의 유행을 배경으로 하고 있다. 이런 영상광고 콘텐츠가 가능한 이유는 디카의 열풍에서 시작하여 '차마고도' 같은 TV의 기록영상 프로그램의 시청률 고공행진과 이어져 있다고 봐야 한다. 개인 취미생활로 자리 잡았지만, 사진과 기록문화는 급속한 경제 발전에 대한 반성으로 한순간 한순간을 채집하며 사색하는 시간을 갖겠다는 자기반성에서 나왔다고 본다. 인간이 주인인 사회와 미래를 향한 성찰을 기본으로 슬로푸드 지향의 라이프스타일을 추구하는 트렌드와도 잘 맞는다고 본다. 광고를 영상 콘텐츠의 하나로 본다면 동시대의 호흡과 시대상을 압축 파일^{15초}로 기록한 결과라고 하겠다.

다섯째, **카피는 크리에이티브^{creative}다.** 카피는 '관점의 전환'이다. 카피는 단순히 글이 아니다. 카피는 발상의 전환이다. 독창성과 새로운 관점을 획득해야 한다. 관행을 따르면 카피가 아니다. 의도적으로 파격을 시도해야 한다. 다양한 발상법으로 무장하는 것도 중요하지만 '역발상의 대 반전^{反轉}'을 창출할 수 있어야 한다. 독창성을 확보할 수 있는 최상의 길이며 크리에이터의 만족도가 최고로 올라가는 기법이다. 사물을 보는 관점을 달리 했을 때 나오는 신기함이라는 크리에이티브다. 예술 사조의 변화에서 추측할 수 있듯이 이 세상에 하나밖에 없는 독창성을 가지기 위해 시선을 바꾸고 발상을 바꾸는 것이 필요하다. 카피는 집단창작일지언정 이 세상에 하나뿐인 독창성을 가져야 한다. 모방은 절대금물이다. 광고의 존재이유이면서 커뮤니케이션 효과를 극대화할 수 있는 장치이기 때문이다. 소비자^{수용자}는 새로운 것을 좋아한다. 독특한 발상일 때 설득효과는 커진다. 광고주가 광고비를 줄일 수 있는 방법은 강력한 크리에이티브일 때 가능하다. 광고회사는 광고주 신뢰를 얻을 수 있는 기회가 되고, 신규 광고주를 개발하는 데 활용할 수 있다. 사회문화적으로는 광고문화를 통해 '**창의적인 사회**creative society'를 만드는 데도 기여할 수 있다.

카피는 **화룡점정**畵龍點精이다. 광고를 살아 숨 쉬게 하는 힘이다. 카피는 다양한 의미를 가지고 있는 비주얼에 의미를 정착시키는anchor 기능이 있다. 캡션caption처럼 비주얼을 단일 의미를 확정해 주는 기능이다. 이 **앵커 기능**은 그 순간 그림을 살아 움직이게 하여 승천하게 만든다. 정사진으로 고정되고 동사진에 인화된 그림이 실생활에 튀어나오는 것 같은 사실감을 준다. 크리에이티브가 가지는 마술magic이다. 카피크리에이티브의 생명창조 기능이다.

카피는 **마술**magic**이다**. 영상시대이므로 이미지를 중시해야 하고, 제품 관련성이 있는 메시지를 연결시켜야 하고, 다른 예술 장르와 경쟁해야 하므로 재미를 넣어야 한다. 집행되는 광고 가운데는 영화 개봉광고도 끼어 있다. 할리우드 블록버스터 영화를 무시하면 카피는 도태되고 만다. 경쟁하기 위해서는 재미가 있어야 한다. 재미는 관심의 증폭이고 참여유도이다. 결국 '이미지＋메시지＋엔터테인먼트＝신기법' 창출의 공식formula이 가능하다. 카피는 기획에서 제작까지의 종합 개념인 것을 알 수 있다.

카피는 의역意譯이다. 직역直譯이 아니다. 의역은 간접화법이고 직역은 직접화법이다. 카피는 상품정보를 그대로 나열하는 게 아니다. 설득할 수 있는 메시지로 번역되어야 한다. 비유하고 가공하고 코팅하여 예쁘고 맛있게 보여야 한다. 생활 속의 문제를 해결하는 드라마를 연출해 줘야 한다. **의역은 광고화**advertising translation와 같은 말이다. 물론 정

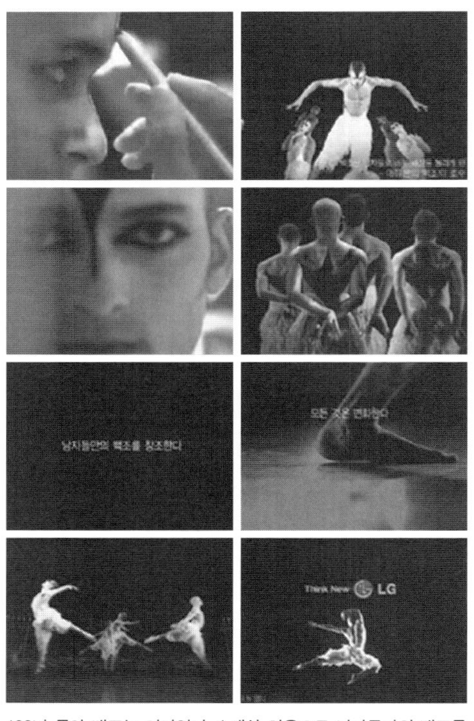

130년 동안 백조는 여자였다. / 세상 처음으로 남자들만의 백조를 창조한다. / 모든 것은 변화한다. / Think New, LG

직한 메시지와 직접적인 사실과 정보와 증언이 좋은 카피가 되는 사례가 많다. 그래서 적절한 **수사학**rhetoric이 필요하다. 카피크리에이티브는 **발상력**이다. 전략적 사고를 담고 있는 표현이다. 진부하고 상투적인 발상을 고집하지 마라. 자신을 버리고 타인의 주장에 귀 기울여라. 그리고 스태프의 발언과 토론을 속기록으로 남겨라. 그 속기록을 펼쳐서 관련성이 있는 단어를 채집하라. 그러면 최소한 80점짜리 카피는 완성된다. 그 다음은 카피라이터의 몫이다. LG그룹 광고 TV CM백조의 호수 편은 혁신사고를 다음과 같이 말하고 있다.

130년 동안 백조는 여자였다.
세상 처음으로 남자들만의 백조를 창조한다.
모든 것은 변화한다.
Think New, LG

여섯째, **카피는 콘셉트**concept**이다.** 카피는 전략적 사고의 산물이라고 했다. 전략의 핵심은 STPSegmentation, Targeting, Positioning 전략이다. 카피 속에는 시장세분화와 목표고객과 포지셔닝이 명쾌하게 나타나야 한다. 전략적 카피라이터가 되는 필요조건이다. 오뚜기 진라면은 결코 2등을 말하고 싶지 않을 것이다. 그러나 '이렇게 맛있는데, 언제가 1등할 만하죠'라고 자신 있게 카피를 썼다. 광고의 백본^{back bone}이요 광고창작의 하이라이트이다. 어떤 메시지를 가지고 어떻게 소비자에게 쉽게 다가갈 수 있을까를 고민한 끝에 나오는 핵심 개념이다. 이 개념이 광고의 일관성^{identity}을 지키는 가이드라인이고 광고효과를 평가하는 기준이 된다. 소비자가 기억하는 핵심 내용은 대부분 이 콘셉트다. 물론 콘셉트 중에서도 표현 콘셉트다. 결국 광고는 브랜드 자산이 될 그림^{visual}과 소리^{copy}를 하나의 메시지^{single minded proposition}로 소비자에게 남기려는 전략이다. 광고는 하나의 메시지를 남기는 것이라고 할 때의 개념이 콘셉트이다. 다음에 따로 집중 설명할 것이다.

이제 카피는 상품만의 것이 아니다. 광고주만의 것도 아니다. 더욱이 고객만의 것도 아니다. 이제는 어떤 스토리텔링^{storytelling}과 문화 코드를 담아내느냐가 브랜드의 부가가치를 창출하는 관건이 되고 있다. 브랜드 자산의 한 중심으로 카피 메시지를 작동시켜야 할 것이다. 브랜드 자산^{equity}인 '**인지도, 신뢰, 품질, 연상, 충성고객**'에 카피 메시지를 더해야 된다. 상품의 의미와 가치를 카피에 담고, 카피라이터의 성숙한 제련법으로 사회문화 속에 연결시켜야 할 것이다. '카피의 중심'은 이해당사자 모두가 어울려 있는 공동체^{community} 속의 '성찰'이라는 개념이 되어야 한다.

카피는 콘셉트이고 콘텐츠고 커뮤니케이션이다. 단순히 상업적인 판매나 마케팅적인 매출이나 카피라이터 개인의 시각에서 탈출해야 할 것이다. '창작의 연쇄 사슬'에서 창조적 긴장을 낳는 카피가 되어야 할 것이다. 우리 사회의 급격한 변화와 혁신의 일상화 속에서 광고 카피는 무엇을 지향해야 하고 무엇을 말해야 하는가는 자명하다. '**문화적 진화**'와 **크리에이티브 사회**^{creative society}를 이끌어내는 데 일조할 필요가 있다. '**성우**^{聖牛}**는 죽이고 청우**^{靑牛}**는 살리는 혁신 사고**^{think innovation}'와

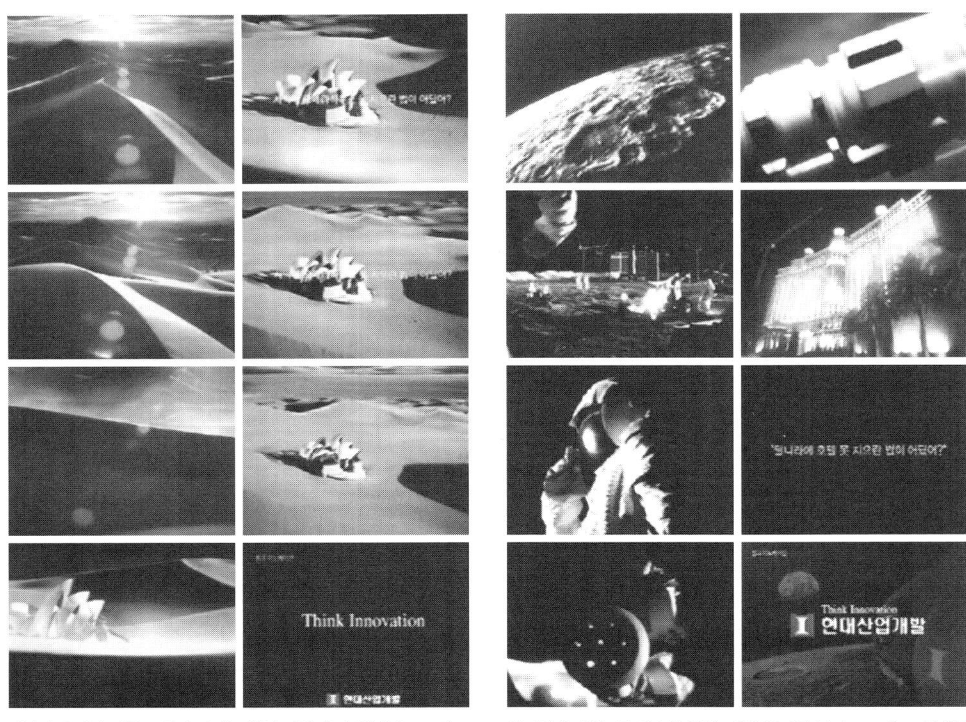

사막에 오페라 하우스 짓지 말라는 법이 어딨어? / Think Innovation 현대산업개발

달나라에 호텔 못 지으란 법이 어딨어? / Think Innovation 현대산업개발

도전의식이 필요하다. 성우는 고정관념이요 억압이다. 청우는 보랏빛 소요, 창의력이다.

사막에 오페라 하우스 짓지 말라는 법이 어딨어?
Think Innovation 현대산업개발

달나라에 호텔 못 지으란 법이 어딨어?
Think Innovation 현대산업개발

그리고 어떻게 표현해야 하는가는 크리에이터카피라이터가 더욱 더

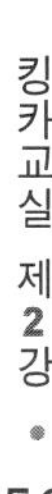

많은 사람과 대화와 공유를 통해서 가능하다는 것을 인정해야 할 것이다. 인터넷 시대에는 첨단 디지털 기술의 진보와 수용자^{소비자}의 태도변화에 따라 커뮤니케이션의 원론과 방법론과 수단들이 대변신을 거듭하고 있다. 이런 불확실성 사회와 예측불가능 시대에는 깊은 성찰과 토론만이 광고 크리에이터^{카피라이터}의 새 지평을 열 것이다.

또한 카피^{copy}는 역설적으로 말하면 복사^{複寫}요 100% 재현^{再現}이다. 그래서 **카피**는 사회의 반영이라고 하는지 모른다. 거울에 비춰 보면 숨길 곳이 없다. 현업 크리에이터 사이에 통속적으로 쓰이는 화법이다. 실용적인 직업관이 배어 있다. 이런 광고는 독창성을 가져야 하지만, 그 독창성은 전혀 새로운 개인의 창작관이 아니다. 세상에 돌아다니는 이야기나 생각이나 마음을 **새로운 관점**^{perspective}**으로 보여 주는 재현**이다. 가능한 한 많은 소비자가 공감해줄 수 있도록 객관적인 타인의 시선을 존중하고, 소비자의 관점을 따라야 한다. 카피는 소비자와 트렌드에 편승하고 반영하는 작업이다. '진하게 즐겨라, 맥심 T.O.P'이다. 언제나 너를 보면 맥심 T.O.P가 생각난다고 말한다. 맥심이 진하듯 사랑을 진하게 표현하는 방법은 키스이다. 젊음의 감성을 반영하고 있다고 본다.

자막 : 리얼에스프레소에 관하여 #2
신민아 : 참 그냥 커피 같은 가을이다.
원빈 : TOP 같은 가을은 뭔데?
신민아 : 정말 몰라?
Na : 진하게 즐겨라, 맥심 TOP.
원빈 : TOP만 보면 네 생각이 난다.

그래서 카피는 **재현**^{representation}의 수사학이다.

자막 : 리얼에스프레소에 관하여 #2 / 신민아 : 참 그냥 커피 같은 가을이다. / 원빈 : TOP 같은 가을은 뭔데? / 신민아 : 정말 몰라? / Na : 진하게 즐겨라, 맥심 TOP. / 원빈 : TOP만 보면 네 생각이 난다.

첫째, 광고주^{제품}가 원하는 바를 정확하게 읽어야 한다는 의미에서 100% 재현^{再現}이다. 마케팅 목표와 제품 특장점과 상품의 편익^{benefit}을 잘 이해해야 한다.

둘째, 동료직원^{AE, Art, Marketer}의 의견을 비판적으로 수용한다는 의미에서 100% 재현이다. 다양한 의견을 단순히 종합해서는 안 된다. 편승하고 보강해야 한다. 브레인스토밍을 해야 한다는 것이다. 가장 충격적인 콘셉트와 아이디어로 발전시켜서 하나를 선택하고 집중해야 한다.

셋째, 소비자^{생활자}의 속마음을 읽어야 한다는 의미에서 100% 재현이다. 소비자 조사나 질문을 해보면 대답과 실제상황이 다른 경우가 많다. 속 다르고 겉 다른 고객이 원하는 편익과 그림과 카피가 무엇인지 리뷰해 보면서 카피를 작성해야 할 것이다. 이렇게 100% 재현을 잘하면 훌륭한 카피를 쓸 수 있다. 복잡하고 떠들썩한 세상에서 제 자리를 조용히 지키고 묵묵히 일하는 사람들을 대변하는 포스코는 '소리 없이 세상을 움직인다'고 말하면서 세상 사람의 속마음과 바람을 재현하여 보여 주고 있다. 카피도 소리 없이 광고를 움직인다.

따뜻한 정이 건너가면 더 따뜻한 마음이 돌아
  옵니다.
세상을 함께 움직이는 것입니다.
소리 없이 세상을 움직인다.
POSCO

제3강

카피의 속성

2008년 9월 미국의 서브 프라임 모기지 금융부실로 인한 도산사태 이후, 최악의 불경기 속에서도 취미활동 시장이 각광받았다는 것은 통찰을 요구하는 기호학적記號學的 현상이라고 하겠다. 국민소득 2만 불 시대까지 지탱해 온 양적 성장시대와 고별하고 삶과 소비의 패러다임이 바뀌기 시작하는 변곡점에 와 있다고 봐야 할 것이다. 변화하는 소비자들의 욕구의 임계치를 다시 설정해야 할 정도다. 경제사회 변화의 척도가 되는 광고와 메시지를 담아내는 카피가 무엇이 되어야 하는 가를 생각하게 한다.

카피는 트렌드 리더trend reader이다

트렌드 워처trend watcher가 아니다. 한 단계 더 깊이 있게 관조하고 분석해야 한다. 더구나 트렌드 관망이나 편승이 아니다. 보기watching나 따라하기는 피상적인 관찰에서 나온다. 한가하게 텔레비전을 볼 때를 생각해

보라. 가만히 앉아 있으면 된다. 각종 드라마나 뉴스가 쉬지 않고 나온다. 소극적으로 피동적으로 보고 있으면 된다. 그러나 겉만 보고 속은 알 수 없다. 카피는 일시적인 유행을 타거나 인기 드라마의 패러디로 승부해서는 안 된다. 세상 읽기^{reading}는 사회의 심층구조를 파악하고 그 의미와 심리를 내용적으로 도출해 낸다. 영화보기를 생각해 보라. 주인공이 무엇을 하는지, 암시가 무엇인지, 구조가 무엇인지, 최후에 반전은 무엇인지를 하나하나 따져보게 된다. 능동적 수용자의 자세를 갖게 된다.

적어도 세계 컬러협회의 색상 트렌드를 읽어야 한다. 파리 프레타포르테 패션쇼와 독일 프랑크푸르트의 자동차 박람회의 흐름을 직접 도입하는 기민성을 가져야 한다. 트렌드는 3~5년 지속적으로 사회에 전파되어 거대한 물결을 이룬다는 사실을 알아야 메시지와 이미지를 선도할 수 있게 된다. 패드^{fad}는 일시적 유행이다. 붐^{boom}과 신드롬^{syndrome}과 패션^{fashion}에 머물지 않고 지속가능한 사회흐름인지를 잘 파악해야 한다. 잘 리드^{read}해야 리드^{lead}할 수 있다.

〈때문에 도넛 편〉

자막 : 1847년 대서양 연안

Na : 어느 날 태풍이 불었기

CM송 : 때문에~

Na : 배 키를 놓을 수 없었기

CM송 : 때문에~

Na : 너무나 배고파도 먹을 수 없었기

CM송 : 때문에, 때문에~

자막 : 도넛을 만들어졌다.

Na : 혁신은 뭐 때문에?

자막 : 때문에, 때문이다.

자막 : 1847년 대서양 연안 / Na : 어느 날 태풍이 불었기 / CM송 : 때문에~ / Na : 대 키를 놓을 수 없었기 / CM송 : 때문에~ / Na : 너무나 배고파도 먹을 수 없었기 / CM송 : 때문에, 때문에~ / 자막 : 도넛은 만들어졌다. / Na : 혁신은 뭐 때문에? / 자막 : 때문에, 때문이다. / Na : 쇼 때문이다. SHOW

자막 : 15세기 프랑스 왕궁 / Na : 왕궁에 화장실이 없었기 / CM송 : 때문에~ / Na : 배설물이 마구 널렸기 / CM송 : 때문에~ / Na : 널려진 배설물을 밟기 싫었기 / CM송 : 때문에, 때문에~ / 자막 : 하이힐은 태어났다. / Na : 혁신은 뭐 때문에? / 자막 : 때문에, 때문이다. / Na : 쇼 때문이다. SHOW

Na : 쇼 때문이다. SHOW

〈때문에 하이힐 편〉

자막 : 15세기 프랑스 왕궁

Na : 왕궁에 화장실이 없었기

CM송 : 때문에~

Na : 배설물이 마구 널렸기

CM송 : 때문에~

Na : 널려진 배설물을 밟기 싫었기

하이마트가 뮤지컬 형식으로 CM송commercial message song을 거의 10여 년을 일관되게 쓰고 있다. 통합 KT의 '쇼'가 '때문에'를 백뮤직과 징글송으로 활용하고 있다. 최근 뮤지컬 시장이 대중화되면서 관람객이 늘어난 사회흐름과 깊은 연관성이 있다고 봐야 한다.

취미생활에서 프로급 전문가 이상의 실력을 갖추었지만, 아마추어 정신에 만족하는 '프로추어Proteur : professional+amateur', UCC보다 한 수 위 완성도를 보여 주는 동영상 PCCProfessional Created Contents, 스포츠 활동에 적극적인 매니아 소비자인 '스포슈머Sposumer : sports+consumer', 1~2년 일해 돈을 모으고, 여행이나 취미활동을 즐기려고 휴직했다가, 자금이 떨어지면 다시 취업하는 '프리커Freeker : free-worker' 등 새로운 생산과 소비의 동시족同時族인 프로슈머가 보여 주는 라이프스타일은 한국인의 가치관이 역동적인 성취동기에서 체험형의 행복추구로 바뀌고 있다는 점을 잘 보여준다.

이에 영화 '벤자민 버튼의 시계는 거꾸로 간다'가 잔잔한 호응을 얻었다. 슬로푸드와 슬로라이프의 확산과 자동차 문화의 속도감보다는 걷기 운동 같은 친환경 생태문화 운동이 연계되어

트렌드를 파악해야 한다. 디지털 시대의 새로운 **광고 신화**^{神話}를 쓰기 위해서 광고 크리에이티브가 카피라이팅으로 할 수 있는 것은 **카피 신화**^{新話}의 창조임을 알 수 있다. 뉴 스토리텔링의 트렌드를 선도하는 길이다.

카피는 전략^{戰略}이다

전술^{戰術}이 아니다. 카피는 일단 기업과 소비자와 사회의 이슈를 고려하여 상품^{서비스}과 연계시켜야 한다. 그리고 전략이 되려면 첫째, 장기적인 정체성^{identity}을 지향하는 명확한 브랜드 자산에 관한 설계^{grand design}가 있어야 한다. 둘째, 생활 속에서 목표고객이 누구이고, 소비자로서 인간이 어떻게 규정되어야 하는가에 대한 천착이 있어야 한다. 셋째, 차별화를 생각해서 자기만의 영역을 구축하려는 의지가 있어야 한다. 콘셉트가 명확해야 한다는 것과 같다. 넷째, 경쟁 구도에서는 어떤 포지셔닝이 가능한지를 분석하고, 경쟁력이 있는 테마까지를 찾아야 한다. 다섯째, 판매 증대효과가 있고 수익창출에 기여할 수 있는가를 고려해야 한다. '중위험^{middle risk}, 고수익^{high return}' 정도가 되면 과감하게 모험과 도전정신으로 불확정성을 이겨낼 수 있어야 한다.

전략은 캠페인으로 구체화된다. 광고 캠페인의 조건은 다음과 같다.

● 광고목적 : 목적^{objective}은 목표^{goal}와는 다르다. 목적은 캠페인을 하는 대의와 명분을 말한다. 사회의식의 고양이나 기업의 이익을 사회 환원하거나 특별한 고객만족 경영의 실천 같은 것이다. 기업이 사회 공동체의 하나로서 존재이유를 대내외에 알리는 의미이다. 그러므로 추상적이고 철학적일 수 있다. 장기적으로 기업^{상품}의 비전과 미션으

로 구체화되기도 한다.

- **광고목표** : 목표^{goal}는 목적^{objective}과 다르다. 판매액을 올리거나 인지도를 높이거나 고객 방문수를 올리려는 계량적인 달성치를 목표라고 한다. 그러므로 구체적이고 숫자화되어 있다. 캠페인 후에 조사나 매출액을 통해서나 확인할 수 있어야 하는 개념이다. 평가지표에 의해 성공여부를 판가름할 수 있다.

- **목표고객** : 캠페인은 확인된 표적 고객$^{target\ audience}$이 있어야 한다. 누구에게 알리고 판매하며 충성도를 올리려고 하는가를 메시지 수용자를 분명히 해야 한다. 태도변화를 유도할 대상이 누구인지를 객관화해야만 표현^{creative}이 명확해진다. 특히 대표 고객을 정하고 개인 프로파일을 설정하여 일대일로 대면 판매하는 것처럼 전개해야 효과적이다.

- **상품**^{서비스} : 캠페인을 하는 상품과 서비스가 있어야 한다. 아니면 기업의 철학과 이념이 있어야 한다. 기업의 존재이유를 알려서 상품 판매에 우산효과를 주려는 의도도 좋다. 상품과 서비스의 디자인이든 품질이든 구매고객의 품격이든 캠페인으로 효과를 보려는 대상이 있어야 한다.

- **기간** : 캠페인은 한정된 기업자산을 효율적으로 재분배하여 수익을 최고도로 올리려는 과정으로 봐야 한다. 캠페인은 다양한 기업활동 가운데 하나이기에 무기한으로 전개할 수는 없다. 장단기의 일정한 기간을 정해놓고 집중해서 활동한다. **일정표**$^{road\ map}$를 확정해서 단계별 성과를 점검해야 한다.

- **예산** : 캠페인 예산도 전체 기업경영 자원의 통제를 받아야 한다. 가장 효율성을 올리고 적은 예산으로 집행할 수 있는 전략을 구사해야 한다. 투자 대비 효과$^{return\ on\ investment}$를 최대화하는 생산성을 예

전략은 완벽하게 프로답게 최상의 진행과 최선의 결과를 도출해야 하는 빅 프로젝트다. 스마트[SMART]는 머리가 좋고 가슴이 따뜻하고 세련된 사람처럼, 경쟁력이 있는 전략을 세우는 조건을 말한다. 다섯 가지를 정리하면 다음과 같다. 글자 그대로 성과가 스마트하게 실현되어야 한다. 한정된 자원을 사용하는 방법에 관한 가이드라인이라 하겠다.

- 구체성[Specific] : 누구나 알 수 있는 실용적인 목표가 되어야 한다. 인지율과 선호도 같은 양적 기준이나 달성지표나 지수 등의 숫자상으로 표시할 수 있어야 한다.
- 측정가능성[Measurable] : 소비자 통계 조사나 매출전표나 도구 등으로 확인할 수 있어야 한다. 객관적인 제3기관이 보증할 수 있어야 한다.
- 성취가능성[Achievable] : 자신이나 기업이 이룰 수 있는 능력과 자원과 기술 안에서 수행되게 해야 한다. 무리한 의욕치는 기회비용을 발생시키기 때문에 삼가야 한다.
- 결과지향성[Result-oriented] : 캠페인 과정도 중요하지만, 결과가 실현되도록 해야 한다. 투입 대비 성과를 최대한 도출하도록 해야 한다.
- 시간제한성[Time-bound] : 장단기의 시간제한이 있다는 것을 명심해야 한다. 시즌별이나 기념행사별 등으로 분리해서 진행할 수도 있다.

측하고 경제성을 우선시해야 한다. 특히 매체전략과 예산에 대한 분석이 필요하다. 또한 전략경영 목표에 자원이 집중되었는지를 파악하고 기업 역량을 발휘하고 최적화하는 경제원칙이 지켜져야 한다는 것이다.

- 액션 플랜 : 일정기간에 일정한 예산으로 행동에 옮길 구체적인 실천계획[action plan]을 수립해야 한다. 수많은 스태프와 협력업체를 관리할 계획까지 짜야 한다. 단계별 예산별 인력별 시간별 매체별 구체적인 지침이 있어야 한다. 프로젝트 관리[project management]가 될 수 있게 실용적으로 짜져야 한다.
- 평가지표 : 캠페인 전개 후 결과를 피드백하고 다음 캠페인을 성공적

으로 수행하기 위한 보완사항을 찾기 위해 평가지표를 만들어야 한다. DAGMAR^{Defining Advertising Goal for Measured Advertising Result} 모형에 입각한 인지도와 선호도 등의 평가지수를 캠페인을 전개하기 전에 객관적으로 합의하고 계량적으로 기술해 놓아야 한다.

카피는 무엇을 말해 줄 것인가^{what to tell}이다

어떻게 말해 줄 것인가^{how to tell}가 아니다. 어떻게 말할까^{how to say}도 듣는 소비자를 배려하지 않고 있다. 광고주 입장에서 일방적^{one way}으로 던지는 메시지라고 할 수 있다. 카피를 어떻게 잘 쓸 수 있을까를 생각하지 마라. 무엇을 쓸 것인가를 먼저 생각하라는 뜻이다. 소비자 편익과 관련된 메시지를 먼저 정해야 한다. 소비자가 생활 속에서 어떤 문제를 갖고 있는가를 생각해야 한다. 카피는 그 문제를 아이디어로 담아 구매를 설득하는 말과 글이다. 이제 디지털 시대의 카피는 '무엇을 말해 줄까', '무슨 이야기^{story}를 해줄까'를 써야 한다. 스토리텔링과 OSMU^{One Source, Multi Use}를 고민해야 한다. 카피는 결코 미사여구를 쓰지 않는다. 쌍방향 커뮤니케이션으로 소비자의 욕구를 환류^{feedback}받고 수정해서 재발신하는 능동성을 가져야 한다.

프로 야구단의 인기몰이는 암시하는 바 크다. 하나의 신호^{signal}로서 트렌드의 가능성을 보여준다. 골프, 등산, 자전거, 인라인 스케이트 등 아웃도어 스포츠 시장이 급속하게 커졌다. 색소폰 연주와 오빠밴드나 합창단에 가입하거나 소규모 살롱 음악회를 조직하는 등 예술활동에 대한 관심도 높아졌다. 인터넷에는 요리나 댄스, 게임, 바투^{변형된 바둑}, 요가, 고전 독서, 그림 등 거의 모든 취미 영역에 수많은 동호회가 활동하고 있다. 생활문화의 사회경제학을 눈여겨볼 일이다.

그래서 **카피는 생활정보**生活情報**다. 상품정보**商品情報**가 아니다.** 상품
정보는 제품의 성분이거나 기술과 기능이다. 카피가 상품정보이면 일방
적이다. 광고주가 일방적으로 보내는 상품정보에 소비자는 별로 관심이
없다고 생각해야 한다. 그 상품정보가 생활 속에서 해결할 수 있는 생활
정보로 바뀌어야 한다. 생활정보는 소비자 편익이고 기대반응expected
response이다. 주름개선제는 젊음으로, 작은 돈은 작은 꿈으로 바꾸는 게
생활정보다. 1차 성분기술보다는 2차 구매심리를 자극해야 한다.

카피는 '숨은 그림 찾기'이다

카피는 상품의 '내적 드라마'를 찾아내는 것과 같다. 내재적 드라마는
레오 버넷의 의견이다. 제품의 드라마를 발견하여 신뢰와 다정함을 창
출한다. 제품을 의인화하고 역사를 추적하여 크리에이티브 소재를 발굴
하는 제품지향 광고다. 상품이 시장에 나오기까지는 연구원과 영업사원
과 경영진 등이 수많은 에피소드를 갖고 있다. 카피는 상품의 전후방
산업에 걸쳐 있는 재미와 정보를 부각시키는 촉매가 되어야 한다. 시장
조사를 통해 소비자의 목소리를 반영할 부분이 많다. 밖에서 의미부여
를 하는 경우도 있지만, 안에서 상품과 연결된 다양한 스토리를 찾아내
어 드라마화하거나 스토리텔링storytelling하는 작업이다. 분명히 숨어 있
는 그림을 찾아내 고객과 세상과 연계성을 부여하면 된다.

어떤 상품의 '숨은 그림'은 잘 보이지 않기도 하고, 너무 많은 그림
이 보여 골라내는 일이 힘들 때도 있다. 그때는 똑똑한 대표 메시지를
정해 시리즈로 풀면 된다. 해찬들의 기업 슬로건 '정직한 사람들이 만듭

CM송 : 못 보던 세상 이제 시작이야. / SEE THE UNSEEN 브로드 밴드. / 약간의 TV, 약간의 인터넷, / 전화 약간 합치면 못 보던 세상. / 이젠 내딛자, 뛰어들자, 들어가 보자. / SEE THE UNSEEN SK broadband~

니다'는 태양초 고추장을 만드는 모든 종업원의 **인터뷰**에서 얻은 결론이었다. 재료에서부터 가공까지 관련자의 순박함과 오랜 숙성을 기다리는 정성을 듣고 난 뒤에 쓴 카피였다. 아무도 알아주지 않았지만 기업의 역사와 상품에 숨어 있는 사실그림을 찾아낸 것이었다. 그래서 카피라이터에겐 상품과의 숨바꼭질술래잡기에서 'See the Unseen'이 필요하다.

카피는 '다른 그림 찾기'이다

경쟁을 의식해서 차별화되는 특장점이 무엇인지를 밝혀 내는 작업이다. 경쟁상품과 어떻게 다른가, 고객은 왜 경쟁상품을 사용하는가, 경쟁상품과 다른 차이점을 찾아 콘셉트화하면 카피전략은 완성되는 것이다. 상품이 태어날 때부터 별다른 특징이 없다면 광고 콘셉트를 다르게 만들면 된다. TV는 소구점이 화질이냐 디자인이냐 가격이냐에 따라 달라진다. 무엇이라도 시장성이 있다면 다른 점을 찾아내야 한다. 절대로 남이

하는 걸 따라 해서는 안 된다. 포지셔닝 맵이나 이미지 맵을 활용하여 독자적인 위치잡기를 해야 한다. 페덱스 신문광고는 경쟁사와 차이점을 부각시키고 있다. LG 생활건강의 기초화장품 라끄베르 TV CM은 웰빙 화장품으로 자연성을 강조하며 새로운 라이프스타일을 제안하는 메시지를 보낸다.

적은 비용으로도 한결 같이 믿을 수 있는 국제 특송 서비스 페덱스 International Economy 서비스라면 가능합니다. Door-to-door 서비스, 은라인 화물 추적, 운임 환불 등 페덱스의 대표 특송 서비스인 International Priority와 동일한 혜택을 고스란히 누릴 수 있기 때문이죠. 그것도 23%나 저렴한 비용으로 말이죠. 단 한가지 차이점은 배송 기간이 하루 이틀 더 소요된다는 것뿐입니다. 지금 바로 페덱스 고객서비스팀으로 해외 발송을 주문하세요. 한결 같이 믿을 수 있는 서비스를 더욱 저렴하게 이용하실 수 있습니다. 여러분이 느낄 차이점은 딱 하나뿐입니다. 페덱스라면 가능합니다.

적은 비용으로도 한결 같이 믿을 수 있는 국제 특송 서비스

페덱스 International Economy 서비스라면 가능합니다. Door-to- door 서비스, 온라인 화물 추적, 운임 환불 등 페덱스의 대표 특송 서비스인 International Priority와 동일한 혜택을 고스란히 누릴 수 있기 때문이죠. 그것도 23%나 저렴한 비용으로 말이죠. 단 한가지 차이점은 배송 기간이 하루 이틀 더 소요된다는 것뿐입니다. 지금 바로 페덱스 고객서비스팀으로 해외 발송을 주문하세요. 한결 같이 믿을 수 있는 서비스를 더욱 저렴하게 이용하실 수 있습니다. 여러분이 느낄 차이점은 딱 하나뿐입니다.

페덱스라면 가능합니다.

모든 화이트닝이 거짓말을 하는 건 아니었어.

라끄베르 화이트 파워 세럼-

차이를 만드세요. 라끄베르

현대인에게 우상偶像은 신화myth의 부산물이다. 기호가치와 교환가

모든 화이트닝이 거짓말을 하는 건 아니었어, 라끄베르 화이트 파워, 세럼 – 차이를 만드세요. 라끄베르

치가 지배하고 있는 사회에서는 사용가치가 실종되기 쉽다. 본질이 훼손된 현대사회의 거짓 가치이고 기만적 가치이다. 우상은 교환가치가 힘쓰는 사회에서 삶의 대체물이고 승자독식과 지배논리가 압도하는 조직에서 불평 없이 따라해야 하는 상징이라고 볼 수 있다. 사실 베이컨은 진실의 꽃을 피우기 위해 그리고 인간이 갖고 있는 오류를 정화하기 위해 우상론을 펼쳤다고 한다. 카피라이터나 크리에이터는 인간 사유의 유형과 인간성의 이해 차원에서 이 이론을 받아들이면 될 것이다. 우상은 곧 편견이요 선입견인데, 이 고정관념을 바꾸는 것이 다른 그림 찾기의 길이라고 하겠다. 서양 근세철학[F. Bacon]은 우상을 네 가지로 나누었다.

- **종족의 우상**[Idols of the Tribe] : 사물의 본질을 규명하는 대신 인간의 입장과 정서로 사물을 이해하고 해석하는 편견이다.
- **동굴의 우상**[Idols of the Cave] : 개인의 습관과 특수성으로 세계를 파악함으로써 생기는 편견이다.
- **시장의 우상**[Idols of the Market place] : 인간 상호간의 접촉이나 교제가 이루어지는 시장에서 잘못된 언어를 사용함으로써 생기는 편견이다.
- **극장의 우상**[Idols of the Theater] : 권위나 전통과 학설을 맹목적으로 순종하고 의지하는 데서 오는 편견이다.

이 우상을 깨라고 애플은 외친다. 우상 IBM을 타도하고 새로운 컴퓨터 매킨토시의 세계를 열겠다는 선언이다.

오늘 우리는 영광스런 정보순회 지도 1주년을 맞는다. 우리는 인류 역사상 처음으로 순수 사상의 정원을 만들었다. 모든 노동자들은 혼돈스런 진리의 해충으로부터 안전하게 꽃을 피울 수 있게 되었다. 우리의 사상 통일은 지상 어느 함대나 군대보다도 더 강력한 무기다. 우리는 한겨레다. 뜻도 하나, 주의도 하나, 우리의 적은 자멸할 것이다. 그리고 우리는 그들의 혼란으로 그들을 매장할 것이다. 우리는 이길 것이다! 1월 24일, 애플 컴퓨터는 매킨토시를 내놓는다. 그리고 여러분은 1984가 왜 '1984' 처럼 되지 않는지를 알게 될 것이다.

On January 24th, Apple Computer will introduce Macintosh. And you'll see why 1984 won't be like "1984."

카피는 학제적 interdisciplinary 기술이다

카피는 복잡한 사회현상을 반영하고, 고객의 심리를 츠적해야만 설득할 수 있다. 이런 광고 크리에이티브의 핵심을 간파하려면 다양한 인접학

여자의 마음엔 천 개의 내가 있다. _올리비아 로렌

문의 연구 성과를 활용해야 한다. 디지털 시대의 카피는 융합기술融合記述을 할 줄 알아야 한다. 특히 사회학과 심리학과 인류학의 업적을 이용하고 경영학의 이론을 적용하여야 카피는 비로소 설득력을 갖게 된다. 사람이면 보편타당하게 가지고 있는 '인간학'을 바탕으로 해야 '힘 좋고 오래 가는' 크리에이티브를 만들 수 있다. 고객의 복합심리를 건드릴 때 지속가능하고 장기 캠페인이 가능해진다. **카피에게도 '사람이 희망'이다.** 두산중공업은 **'사람이 미래다'**라고 한다.

카피는 심리학이다. 심리학 마인드가 강한 사람은 팔리는 카피를 쓸 가능성이 많다. 고객의 숨겨진 심리를 디테일하게 끄집어내면 마치 '몰래 카메라'에 찍힌 것처럼 당혹스러울 때가 있다. 프로이드가 말한 인간의 심리는 본능^{id}, 자아^{ego}, 초자아$^{super\ ego}$이다. 특히 본능이 섬세하게 잡히면 무의식이 노출된 것 같아 어색할 것 같지만, 그 미묘함을 발견해 카피라이터에게 찬사를 보낸다. 원초적 본능과 억압이 풀린 것 같아 반향이 커진다. 올리비아 로렌이 그렇고, BC 탑 포인트가 노린 소비자 심리와 문제 제기가 그렇다.

여자의 마음엔 천 개의 내가 있다. _올리비아 로렌

적립을 많이 해준다 하자, 눈을 움직였다.
적립 해주는 곳이 많다 하자, 고개를 돌렸다.

적립을 많이 해준다 하자, 눈을 움직였다. / 적립 해주는 곳이 많다 하자, 고개를 돌렸다. / 현금처럼 쓸 수 있다고 하자, 마음까지 돌아섰다. _BC 탑 포인트

그이 승진했을 때, 사준 거예요. / 왠지 늘 이 옷만 찾아요. / 깨끗하게 오래 오래 입으라고 꼭 트롬으로 세탁합니다. / 오래오래 입고 싶어서─ _트롬

현금처럼 쓸 수 있다고 하자, 마음까지 돌아섰다. _BC 탑 포인트

카피는 **사회학**이다. 광고는 자본주의 꽃이다. 카피는 대중문화의 거울이다. 사회생활에서 화젯거리가 되고 공감하는 카피일 경우 놀라운 전파력으로 다른 문화장르에서 모방하기도 한다. 카피는 패러디parody 되기도 한다. 다른 채널이나 장르의 커뮤니케이션을 위한 인용문이 되기도 한다.

그이 승진했을 때, 사준 거예요.

사람들은 새로움만 찾는다. / 익숙해지면 버림받는다. / 하지만 그 긴장이 날 키웠다. / (머릿결을 새롭게 하는 모발 생명 에센스 함유) / 보라! 모발 생명 에센스로 새로워진 나를— _엘라스틴

카피는 **문화인류학이다.** 사회의 집단무의식을 활용하면 강력한 카피를 생산해낼 수 있다. 인간의 원형archetype은 디지털 시대가 오더라도 변하지 않는다. 사회 저변에 흐르고 인간 내면에 뿌리를 내린 메시지는 소비자에게 인류 역사의 대서사시大敍事詩를 깨우쳐 준다. 그만큼 사회적 공감이 커질 수밖에 없다. 카피는 '원초적 본능'과 '이기적 유전자'를 알고 써질 때 카피 파워가 길러진다. 엘라스틴 TV CM이다.

이런 카피의 속성은 결국에는 의사소통이다. 생각과 주장을 서로 주고받는 대화이다. 대화는 상대가 있는 **커뮤니케이션**communication이다. 그것도 발신자광고주와 수신자소비자가 서로 교류feedback하는 쌍방향two way 커뮤니케이션이다. 이 대화가 부드럽게 이어지고 재미있게 펼쳐지고 의미 있게 교환되도록 표현하는 게 **크리에이티브**creative다. 매체에 실려 전달되는데 효율성이 높고 경제성이 높은 전달방법론으로서 카피copy를 생각할 수 있다. 기본적으로 이 카피는 목표고객을 설득하는 메시지다. 설득이기에 숨어 있는 메시지에는 의도된 연출이 있기 마련이다. 또한 공감을 얻을 수 있어야 한다. 이 공감은 고객이 기대하는 편익을 주어야 한다. '이 상품을 사면 고객님의 문제가 해결됩니다'라는 **판매 소구점**sales talks이 담겨 있어야 한다.

이 소구점을 잘 전달하기 위해서는 조건이 있다. 먼저 시선 잡기 eye catching를 해야 한다. 시선을 잘 잡으려면 다른 광고와 차별화되고 카피와 비주얼이 독창성을 가져야 한다. 한 번만 봐도 기억되는 강력한 임팩트를 주면 광고효과는 그만큼 더 커질 것이다. 그 방법론으로 콘셉트concept를 잘 찾아야 하고, 키워드key word를 잘 만들어야 할 것이다. 이런 연속된 크리에이티브 과정이 카피의 속성이 되어야 한다. 카피만 떨어져 있어서는 크리에이티브가 될 수 없다. 일관되고 연속된 전략과 표현의 시스템사고가 카피이다. 광고제작팀원은 물론 기획과 리서처, 마케터, 매체인, SP인까지 모든 광고인은 광고 크리에이터가 되어야 하는 이유이다. 그 기반에는 카피의 개념에 대한 공감과 이해가 필수적이다. 광고의 핵심이요 표현의 꽃이기 때문이다.

그래서 광고계에 직종이 많지만 광고인은 크게 두 직종으로 분류된다. 카피라이터와 크리에이터이다. 앞으로 직종 간 경계가 파괴되고 직종별 전문성을 외주 제작 시스템으로 전환하면 광고회사에 남을 마지막 직종은 C.W카피라이터와 C.D크리에이티브 디렉터 두 직종뿐일 것이다. 이두 직종에서 일할 수 있는 사람은 디자이너도 되고 CMP도 되고 A.P도될 수 있다. 중요한 것은 카피와 크리에이티브 디렉팅이라는 것이다. 적어도 **카피 마인드**와 **크리에이티브 마인드**가 광고회사의 존재의미가 될 것이다. 기업이나 소비자가 겪는 불편함과 불만과 생활문제를 크리에이티브라는 실행키^{enter}로 열어야 한다. 크리에이티브 능력이 광고회사의 핵심역량이 될 것이다. 그래서 제일기획도 커뮤니케이션 회사에서 크리에이티브 인텔리전스^{intelligence} 회사로 바꾼 것으로 봐야 할 것이다. 그 실천방법으로 '아이디어를 위한 열정^{passion for idea}을 정했다. 고부가가치를 창출하고 구성원의 연봉이 높은 선진 광고회사일수록 크리에이티브 파워가 크고 1인당 취급고^{billing}가 높다는 사실로 증명하고 있다. 20년 전만 하더라도 개인 빌링이 1억 원이었지만 지금은 20억 원이다. 광고회사의 구성원 1인당 부가가치가 20배로 성장했다는 것이다. 앞으로도 가장 가벼운 조직에 고도의 전문성과 핵심역량을 갖춘 크리에이터만으로 구성될 것이 확실하다. 이런 미래를 위해 광고인 모두가 '**준비된 광고 크리에이터**'가 되어야 할 것이다. 카피라이터가 그 중심축에 있다고 자부해도 좋을 것이다.

제4강
카피라이팅의 특질

카피라이팅은 기본적으로 '**카피**＝**전략**'이라는 개념을 잊어서는 안 될 것이다. 카피가 경쟁력이 있는 에지competitive edge를 가지려면 기획방향을 잘 소화해야 한다. 광고 기획자인 AP Acount Planner의 의견을 그대로 따르는 게 아니라, 방법적 회의方法的 懷疑를 통해 표현전략을 짜야 한다. 누구를 경쟁상대로 상정하며 무엇을 전달할 것인가를 명확히 해야 한다. 초창기의 네이버 카페 iN 광고는 경쟁사인 이메일 부문에서 1등인 다음 Daum을 의식한 광고전략이었음을 생각하면 될 것이다.

카피라이팅의 경쟁력

'옥션 두고, 괜한 낭비 그만'이라는 헤드라인이 도발적이다. 그런데 다른 경쟁사나 제품을 겨냥한 카피가 아니다. 유통 카테고리라는 측면에서는 경쟁이지만, 온·오프라인으로 분류하면 전혀 다르다고 볼 수 있는 오픈마켓 옥션이 이마트를 의식한 카피다. '마트 대신, 옥션'이라고 주장한다. 이마트가 시간낭비, 돈 낭비, 힘 낭비의 3종 경기라고 폄하한다. 누구를 경쟁상대로 정하느냐 하는 전략적 접근을 잘 하고 있다.

여 1 : 고추장 뭐 쓰냐고? 그거 알아서 뭐 하려고 그래? 떡볶이 집 차리려 그래? 다른 고추장은 써 본적이 없어. 고추장 비밀은 며느리도 몰라, 아무도 몰라~ / 여 2 : 태양초 고추장 맛 보셨어요? 착한 사람들이 만듭니다. / Na : 해찬들 태양초 고추장

여 1 : 고추장 뭐 쓰냐고? 그거 알아서 뭐 하려고 그래? 떡볶이 집 차리려 그래? 다른 고추장을 써 본적이 없어. 고추장 비밀은 며느리도 몰라, 아무도 몰라~

여 2 : 태양초 고추장 맛 보셨어요? 착한 사람들이 만듭니다.

Na : 해찬들 태양초 고추장

태양초 고추장은 시장점유율에서는 2등 브랜드이지만 선호도에서는 1등이라고 자부했었다. '고추장 뭐 쓰냐고?, 그거 알아서 뭐하려고?, 고추장 비밀은 며느리도 몰라, 아무도 몰라' 마복림 할머니의 육성이 당당하다. 전통 있고 정직하게 고추장을 만드는 데 무엇이 두려울 것인가.

인터뷰에 '대한민국 1% 렉스턴'의 카피는 머리로 쓴 카피가 아니다. 판촉행사와 활동시승 권유 전화걸기에서 얻어진 최상류층 주요인사Very Very Important Person마케팅 전략이었다. 사회 지도층 인사로 분류되면서 선민의식選民意識을 자극하는 효과이다. 자동차 구매 예상고객이 영업점에 와서 시승 체험을 하게 되면 구매결정에 큰 영향을 미치기 때문이다. 백화점의 시식試食 코너처럼 일단 체험해보면 구매의향률이 가파르게 올

라간다고 한다.

시장의 넘버원No. 1과 그 추종자는 광고의 목표도 내용도 달라야 한다. 1등은 메시지나 이미지를 선점하는 전략을 구사한다. 2등은 도전정신과 정직성을 사용한다. AVIS 렌터카는 '더 열심히 일하겠다2등 포지셔닝 전략'라고 말하면서, 2등을 인정하고 소비자들의 응원을 얻고자 하는 호소전략呼訴戰略이다. 일반적으로 2등이 가지는 도전의식과 성취동기를 알고 있기 때문이다.

소주시장 넘버원No. 1 브랜드인 참이슬은 '**소주가 좋다**'라고 말하면 자신의

제품광고가 되고 소주의 일반명사로서의 참이슬 광고가 된다. 카테고리 킬러category killer로서 소주시장 자체를 크게 하는 **확대전략**이다. 추종자인 산▥ 소주는 '**산이 참이슬보다 더 좋다**'라고 말해야 한다. 산▥도 똑같이 '소주가 좋다'라고 말하면 1등 브랜드인 참이슬만 도와주는 광고가 된다. 구매고려군에 속하지 않은 산 소주의 노림수는 1등을 겨냥함으로써 대비효과를 얻고, 세상에는 두 브랜드만 있다고 착시효과를 만들어내는 **경쟁전략**이다.

삼양라면의 브랜드 부활 캠페인에서도 '라면 먹고 싶다, 삼양라면'이라는 카피가 크리에이티브에서는 성공했다. 광고 혁신refresh 전략으로 브랜드의 **진부화**陳腐化를 극복하려는 프로모션 전략은 성과를 거두었고 화제작으로 부각되는 효과를 얻었다. 하지만 그 만한 개출증대 효과를 올리지 못해 시장점유율은 회복하지 못했다고 본다. 1등 브랜드의 카피

M송 : 랄랄라 친구라면 보글보글, 삼양라면 보글보글, 랄랄라 삼양라면은 영원한 내 친구~ / 함께 : 친구라면, / CM송 : 삼양라면. / 자막 : Sincerely Yours 삼양

이기 때문이다. '라면 먹고 싶을 때 떠오르는 top of mind 브랜드'는 역시 60% 이상의 점유율을 가진 농심이기 때문이다. 소비자의 뇌리에 각인된 1등 브랜드인 농심의 선점효과를 쉽게 무너뜨리지 못하고 있기 때문이다.

CM송 : 랄랄라 친구라면 보글보글, 삼양라면 보글보글, 랄랄라 삼양라면은 영원한 내 친구~
함께 : 친구라면,
CM송 : 삼양라면.
자막 : Sincerely Yours 삼양.

2009년 말엔 인기 가수그룹 '소녀시대'를 기용하여 '내 맘 알면, 삼양라면', '라면 하면, 삼양라면'이라는 1등주의자의 카피로 이미지 변신을 시도하고 있다. 삼양라면은 오랜 역사가 오히려 라면의 원조 이미지를 각인시켜 젊은 라면으로서 포지셔닝하는 데 장애가 되고 있기 때문이다. 사실 라면의 맛과 영양이라는 핵심역량으로서는 차별성을 인정받기 힘들다. 인식의 장을 바꿔 아예 패션라면이라는 '임의 차별성'을 가지고 재포지셔닝하고 있는 셈이다. 성공여부가 궁금하다.

LG생활건강의 라끄베르는 신상품시장 진입 시에 과감하게 1등 전략을 구사했다. 기업 규모와 타 자매 브랜드의 지원을 받을 수 있기 때문이다. 삼양라면과는 다른 것이다.

　　레스토닉 침대의 USP는 '허리를
받쳐주는 매트리스가 딱딱한 침대'였다.
따라서 약점을 강점으로 인식 전환시키
고자 했다. '**나는 딱딱하다**'보다 '**나는 에
이스와 다르다**'라고 말해야 했다. 1등을
비교상대로 두면 자신은 비록 3위일지라
도 2등이 되는 대립구도를 만들 수 있다.
구매고려 상품군^{consideration set}에도 들지
못하는 상품이 1등 브랜드와 나란히 놓

환한 피부만을 위한다면 자외선 없는 깜깜한 곳으로 가세요. / 그
럴 수 없다면, 르-끄베르 화이트 파워ㅡ / 피부야 웃자, 라끄베르ㅡ
/ 환한 피부도, 라끄베르와 상의 하세요.

여 있으면 2등처럼 보이는 법이다. 병렬 인지구도를 만들기 위해 레스토
닉 침대는 이렇게 말한다.

침대가 침대에게 묻습니다.
스프링만 가지고도 10년 동안 허리를 받쳐줄 수 있습니까?

　　소비자가 생각한다. 세상에는 침대가 두 브랜드 밖에 없는 것처럼
착각한다. 앞의 침대는 레스토닉이고, 뒤의 침대는 에이스다. 브랜드 인
지도의 대칭전략^{對稱戰略}이기도 하다. 다만 광고 선호도와 문제제기 인식

을 넘어 구매의향률의 제고로 상품선호도와 브랜드 태도 변화가 일어날 수 있는 후속 메시지 개발이 절실하다. 허리 이야기에서 발전하여 건강 침대의 대명사로 진화해야 할 것이다.

디지털 카메라 시장의 선두경쟁도 1등 전쟁이다. 캐논은 카메라 시장의 선도기업으로서 자부심을 강조하고 있다. 전문가용 고급 카메라에서에서 쌓아온 자생적이고 실체적인 명성을 활용하여 디지털 카메라의 표준임을 확증하는 카피를 사용하고 있다.

침대가 침대에게 묻습니다. / 스프링만 가지고도 10년 동안 허리를 받쳐줄 수 있습니까?

디지털 카메라의 기준은 하나다.
캐논인가, 캐논이 아닌가.
전문가가 인정하는 디지털 카메라
캐논

니콘은 독자적인 시장 위치 잡기^{positioning}보다는 1등 이미지를 선점하려고 한다. 본격적인 마케팅보다는 넘버원^{No.1}처럼 인위적이고 임의적인 이미지로 승부하고 있다. 시장점유율에서 큰 차이가 없기에 가능한 카피 메시지다.

I Love Digital, Nikon
No. 1, Nikon

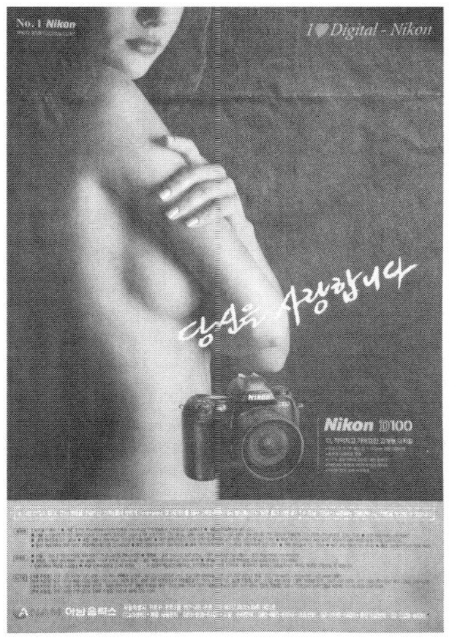

디지털 카메라의 기준은 하나다. 캐논인가, 캐논이 아닌 가. 전문가가 인정하는 디지털 카메라 캐논

I Love Digital, Nikon. No. 1, Nikon

'카피라이팅'의 개념은 '카피copy + 라이팅writing'이다

카피는 전략적인 선택이고 고객의 심리라고 했다. 이런 관점에서 라이팅이라는 실습과 경험이 추가된다. '**3일 생각하고 3분 써라**'는 경구나 '**90% 생각**think**에 10% 잉크**ink'라는 헬 스티븐스 말은 이런 카피라이팅의 속성을 잘 나타내고 있다. 생각은 다르게 생각하는 것이다. 애플 컴퓨터의 슬로건인 'Think different'이다. 다르게 보려는 관점이 다른 해결책을 내놓을 수 있다. 기존 관행을 타파하려는 의지가 중요하다. SK브로드밴드는 '보이지 않는 것을 보는 능력' 'See the unseen'을 슬로건으로 사용한다. 호기심이 작동하면 궁금해진다. 궁금하면 지적 욕구 때문에 질문이 시작된다. **카피는 질문에서 시작된다.** 사실상 질문question 속에는 수많은 정답이 포함되어 있다. **비판적 사고**critical thinking를 통해 새로운 시각을 얻으려고 한다.

이랬다가, 저랬다가 위대함이 태어난다. QOOK & SHOW

카피는 문안文案**이다. 문장**文章**이 아니다.** 문장은 의미와 관계없이 쓰인 글자들의 조합이다. 문안은 하나로 통합된 사상이나 느낌을 글자로 기록하여 나타내는 단어의 집합이다. 일반 문학과 예술의 개인 문장이 아니라 상업문장商業文章이라는 뜻이다. 상품서비스이 생활 속의 문제를 해결해 주는 메시지가 치밀하게 전달되어야 한다. 감상이나 주관적 문장이 아니라 객관적 서술문이다. 최소한 '**누가**광고주, **무엇을**상품, **누구에게**목표고객, **왜**어떤 기대효과'에 관한 명확한 실체를 밝히고 소비자에게 편익benefit을 약속해 주어야 한다.

카피는 행동行動**이다. 감동**感動**이 아니다.** 멋진 글 한 줄로 감동을 주는 데 신경 쓰지 말라. 왜 소비자는 이 카피에 눈물을 흘리지 않느냐고 원망하지 말라. '이 카피 참 잘 썼다'는 말을 칭찬으로 받아들이지 말라. '그래 이 상품을 지금 당장 사야겠다'는 반응을 얻도록 힘써라. 카피는 구매행동을 촉구해야 한다.

광고불변의 법칙의 충고David Ogilvy를 잊지 말아야 한다. "나는 광고란, 오락이나 예술의 한 형태가 아니라 '정보를 전달하는 매개체'라고 생각한다. 나는 사람들이 내 광고를 보고 '창의적'이라고 평가하기를 바라지 않는다. 내가 광고를 만드는 목적은 사람들이 내 광고를 보고 흥미를 느껴 그 제품을 사게 하는 것이다."

　　카피에 감동 받았다고 하면서도 브랜드를 기억하지 못하는 소비자는 많다. 공포영화처럼 그림만 강하게 인상짓는 것을 흡혈귀 그림$^{vampire\ video}$라고 한다. 충격적인 그림$^{visual\ scandal}$은 사회적 메시지를 담고 있어 동감을 얻고 구매행동을 유발하는 효과를 볼 수 있다. 베네통의 '신부와 수녀의 키스' 편을 생각하면 이해가 쉽다.

　　이렇게 얻은 시각을 비로소 **라이팅**^{writing}으로 옮기게 되는 것이다. 단순한 라이팅은 자동 기술처럼 술술 나오게 되기도 한다. 그러나 광고 카피는 의도되고 치밀하게 계산된 연출이 요구된다. 송신자^{광고주}가 원하는 방향으로 따라오게

10개의 세계 1등 제품을 갖기 위해서는 1,000개의 큰 생각이 필요합니다. 생각의 힘을 믿습니다. LG

만드는 기술이 있어야 한다. 그래서 소비자가 참여할 수 있는 장치를 마련해야 한다. 직접 대면하고 질문하듯이 만들어야 한다. 호기심 천국에서 동심이 꼬리에 꼬리를 무는 집요함과 **근원사고**^{根源思考}를 생각해 보라. 질문의 힘$^{문제의식, 해답}$을 강조하고 싶다. 질문은 문제에 대한 지적 호기심이 있다는 증거다. 그리고 맥킨지 식으로 '그래서 어떻다는 것인가$^{So\ what?}$', '왜 그렇게 되었나$^{Why\ so?}$'의 **질문법**을 애용하기도 한다. LG 그룹의 1,000개의 생각과 처음처럼의 쿨^{cool}한 생각은 좋은 사례다.

10개의 세계 1등 제품을 갖기 위해서는 1,000개의 큰 생각이 필요합니다.
생각의 힘을 믿습니다.
LG

Q : Honesty

Q : Honesty / 남친이랑 여행갈 땐, 솔직히 말하는 게 Cool한 걸까? MT 간다고 뻥 치는 게 Cool한 걸까? 처음처럼

남친이랑 여행갈 땐, 솔직히 말하는 게 Cool한 걸까?
MT 간다고 뻥 치는 게 Cool한 걸까?
처음처럼

라이트^{write}는 글쓰기이다. 글쓰기는 다독 多讀, 다작多作, 다상량多商量, 다관多觀에 달렸다. 다상량多商量, 多想처럼 생각을 많이 하는 데서 좋은 카피는 나온다. 카피라는 상업문을 쓴다는 것은 전략이 숨어 있는 글쓰기이다. 판매를 위한 구매욕구 유발용 설득문이고, 주목률 제고용 수사학이다. 글쓰기^{write}는 매출에 기여하고 광고 선호도에 기여해야 한다. 전략은 '생각의 탄생'처럼 다양한 사고와 창의력을 바탕으로 이루어진다. '문사철 600'이라는 잠언이 있다. 일생동안 문학책 300권, 역사책 200권, 철학책 100권을 읽으라는 것이다. 인풋^{input}이 좋아야 아웃풋 ^{output}이 좋다. 카피파워는 독서량에 비례한다. 많이 읽는 것에 비례해서 가능한 한 많이 써봐야 한다. 광고회의할 때 수많은 섬네일 스케치 $^{thumbnail\ sketch}$가 나오고 리뷰하는 이유는 선택할 수 있는 복수의 대안을 갖겠다는 의지라고 하겠다. 그리고 많이 생각해야 한다는 다상량이다. 생각의 근본부터 천착하면 전략적인 포인트를 발견할 수 있다. 그 힘은 바로 다상량이다. 고민하고 몰입하고 역지사지易地思之할 때 전략의 힘이 생긴다. 그리고 영상세대를 위한 전략 아이디어는 그림^{visual}에서 나온다. 그림 연상력을 기르기 위한 다관이 필요하다. 하루에 100편 이상의 광고물을 보는 습관을 기르는 게 필요하다. 프로들이 만든 광고물에는 광고작법이 다 녹아 있어 살아있는 표현전략의 보물창고이다. 다양한

전략과 벤치마킹할 수 있는 기법들이 담겨 있다. 비선형 편집에서 스토리텔링이 무엇인지를 알게 하는 것은 영화보기나 드라마 작법^{dramaturgy}을 살펴보는 것이다.

함민복의 시 〈사과를 먹으며〉를 읽으면, 연상의 멋과 다양성의 맛을 알 수 있다. 구체적이고 다각도로 관찰하고 있으며, 그림^{비주얼}이 떠오르도록 한다. 시간과 공간을 넘나들며 미시적이었다가 거시적이기도 하다. 이성적이었다가 감성적이고 과학이었다가 예술적이기도 하다. 작가의 가치관과 혜안이 포함되어 있기도 하다. 그런데도 하나 같이 구체적 상관물이라서 사과의 의미와 가치를 쉽게 연상하게 만든다. 그렇게 다각적인 사고방식을 그대로 표출하니까 시가 되었다는 사실이 중요하다. 독자가 받아들이기에 지금까지 경험해 보지 않았던 사고방식이라, 새롭고 크리에이티브로 생각한다는 것이다. 카피라이터가 배워야 할 다상량 창작법의 하나라고 하겠다. 360° 회전사고를 다시 확인하게 된다.

사과를 먹는다
사과나무의 일부를 먹는다
사과 꽃에 눈부시던 햇살을 먹는다
사과를 더 푸르게 하던 장맛비를 먹는다
사과를 흔들던 소슬바람을 먹는다
사과나무를 감싸던 눈송이를 먹는다
사과 위를 지나던 벌레의 기억을 먹는다
사과나무에서 울던 새소리를 먹는다
사과나무 잎새를 먹는다
사과를 가꾼 사람의 땀방울을 먹는다
사과를 연구한 식물학자의 지식을 먹는다
사과나무 집 딸이 바라보던 하늘을 먹는다

사과의 수액을 공급하던 사과나무 가지를 먹는다

사과나무의 세월, 사과나무 나이테를 먹는다

사과를 지탱해 온 사과나무 뿌리를 먹는다

사과의 씨앗을 먹는다

사과나무 자양분 흙을 먹는다

사과나무의 흙을 붙잡고 있는 지구의 중력을 먹는다

사과나무가 존재할 수 있게 한 우주를 먹는다

흙으로 빚어진 사과를 먹는다

흙에서 멀리 도망쳐 보려다

흙으로 돌아가고 마는

사과를 먹는다

사과가 나를 먹는다

이런 사고과정에 **몰입**沒入하게 되면 '내가 사과를 먹는다'가 아니라, **'사과가 나를 먹는다'는 관점 전환**의 극에 다다르게 된다. 크리에이티브로 대전환이 이루어지는 것이다. 몰입은 하나의 초점을 향해 힘과 빛을 집중하는 것이다. 힘과 빛을 초점에 맞추면 에너지를 모을 수 있다. 어린 시절 돋보기 놀이와 같다. 태양빛을 모아 잔디나 종이를 태울 수 있다. 레이저 광선처럼 빛이 더 강하게 한 초점으로 모아지면 강철도 뚫을 수 있다고 했다. 초능력의 신성이 생기는 사고의 비법이다.

'ing'은 상품 관련 메시지가 역사성을 갖고 있다는 뜻이다. 역사는 과거와 현재의 대화라고 한다면, 광고의 역사는 현재와 미래의 대화라고 할 수 있다. 지속가능한 경영과 상품의 존재를 위해서는 미래경영이 있어야 한다. 그 핵심에 물론 카피가 있다. 메시지의 정체성과 브랜드 자산을 구축하는 데 있어서 카피의 정체성은 가장 중요하기 때문이다. 앞으로는 시장점유율보다도 메시지 점유율이 더 중요하게 될 것이다. 끊임없는 기술진보로 상품의 품질은 균일화나 표준화되어 디자인과 이미지가 구매준거로 등장할 것이기 때문이다. 그러므로 카피의 의미가 진화하고 변화한다는 게 무엇인지 알아야 한다. 사회상을 반영하면서 소비자와 함께 성장해온 역사가 깃들여 있어야 한다. 이것은 '즐거운 변화'로 받아들여야 한다. LG Telecom의 TV CM캔유 편은 이렇게 표현했다.

하얀 캔유 이야기 과장이 심한 마이키.
하얀 눈이 와요,
눈은 원래 하얀 거란다.
눈만 하얀 건 아니라고요,
하얀 캔유도 있어요.
거실에 눈이 내린 거 같아요.
과장이 심하구나.
그런데, 당신! LG 텔레콤이잖아.
그러니까
기분 좋은 변화, LG 텔레콤

하얀 캔유 이야기 과장이 심한 마이키. / 하얀 눈이 와요, / 눈은 원래 하얀 거란다. / 눈만 하얀 건 아니라고요, / 하얀 캔유도 있어요. / 거실에 눈이 내린 거 같아요. / 과장이 심하구나. / 그런데, 당신! LG 텔레콤이잖아. / 그러니까 / 기분 좋은 변화, LG 텔레콤

또한 카피는 최종 완성되어 방송되고 인쇄물에 실릴 때까지 **수정되고 보완**되어야 한다. 다른 사람이 그 광고물을 봤을 때 잘 모르겠다는 반응이 나오면 주저 없이 다시 카피를 써야 한다. 아이디어발상 단계에서부터 광고물 완성까지 어느 하나 확정된 부문이 있다고 생각하면 안

된다. 그런 면에서 **카피는 환류**feedback**를 통한 현재진행형**ing**이다.** 써 놓으면 변하지 않는 스톡stock이 아니고 플로flow다. 고정이 없는 흐름이다. 짜증날 정도로 수없이 수정되고 진화한다는 뜻이다.

이런 다양한 카피와 라이팅의 개념을 새로운 시각으로 모색하고 정리한다. 이는 카피의 경쟁력이 되고 장차 카피라이터의 경쟁력으로 완결될 것이다.

카피라이팅의 논리화 과정을 요약하면 두 가지다. **방법론적 회의**方法論的 懷疑**와 성찰**省察이 가장 중요한 요소임을 알 수 있다. 질문하고 다시 써보고 생각하는 것이다. 감성적인 카피라이팅이 될수록 논리가 내재해 있어야 한다는 것을 다시 한 번 확인할 수 있다. 작문이 개인적 감상이라면 논술은 객관적 설득이기 때문이다.

결론적으로 카피라이팅의 성공1달러당 최대 매상의 열쇠는 〈과학적 광고Ttested Advertising Methods〉에 잘 정리되어 있다. 첫째, 여러 가지 광고를 끊임없이 테스트하는 데 있다. **테스트**는 시행착오를 줄여 준다. 도상훈련이고 시뮬레이션simulation이다. 둘째, **'무엇을 말해 줄 것인가'**가 **'어떻게 말해 줄 것인가'**보다 중요하다. 내용이 형식을 우선한다. 셋째, 헤드라인은 거의 모든 광고에서 가장 중요한 요소이다. 광고효과의 80% 이상을 좌우한다. 넷째, 가장 효과적인 헤드라인은 독자의 **이기심**에 호소하거나 **뉴스 가치**를 제공하는 것이다. 사람은 이기적인 존재본능이 있다. 새 정보에 대한 포획욕구가 강하다. 다섯째, 무엇인가 말해 주는 긴 헤드라인은 아무 것도 말하지 않는 짧은 헤드라인보다 효과적이다. 카피의 진정성이 확보되고 설득하기 위한 의지가 읽히기 때문이다. 긴 카피가 짧은 카피보다 더 효과적이다. 여섯째, 일반적인 것보다 **구체적인 것**이 더 믿음직하다. 손에 잡히는 사물이 객관성만 갖고 있으면 백문이 불여일견이다. 일곱째, 마무리에서는 수사학修辭學과 작문법에 따른 문법을 지키면 될 것이다. '**광고적 허용**^{creative licence}'이 이루어져 문법파괴 현상이 곧잘 일어나기도 한다.

카피는 브랜드와 고객의 대화이다

이런 특징을 바탕으로 한 카피는 다음과 같은 특성을 지닌다.

카피는 **휴머니즘**^{humanism}이다. 고객의, 고객에 의한, 고객을 위한 카피가 되어야 한다. 고객이 갖고 있는 생활 속의 문제는 수없이 많다. 그 문제를 고객의 입장에서, 고객을 신으로 모시는 신하의 입장에서 내 가족처럼 컨설팅해 주는 카피가 되어야 한다. '가슴이 따뜻한 사람과 만나고 싶다'는 맥심 광고 카피가 인구회자 된다. 카피가 커피처럼 문화로 격상되는 길목이다.

카피는 체온이다. 카피엔 인간미가 담겨 있어야 한다. 사람의 체온을 느낄 수 있어야 한다. 사람의 체취가 느껴져야 한다. 물성적인 장점도 인간의 체취를 느끼게 바꿔 줘야 한다. 그래서 M카드의 매력은 포인트 많은 것보다 여자의 매력으로 치환되어 사랑에 빠진 남자의 모습을 보여준다.

카피는 **취재**이다. 메모수첩과 취재노트를 준비하세요. 목수는 대팻밥으로, 크리에이터는 메모수첩으로 분간할 수 있다. 요리사는 요리수첩으로 알 수 있다고 한다. 상품이 쓰일 상황을 그릴 때나 헤드라인을 쓸 경우에는 메모지와 펜을 준비하세요. 카피는 3H^{Head, Heart, Hand}라고 한다. 차가운 이성으로 상품을 분석하고^{head} 소비자에게 대화하듯 따뜻한 감성으로 메시지를 만들고^{heart}, 직접 원료를 생산하는 농장을 방문하고 제품으로 가공하는 공장에서 시설을 살펴보고 엔지니어 면담한다. 시장을 조사하며 상인과 영업사원의 목소리를 들어야 하며, 소비자 인터뷰^{hand}를 실시하는 취재가 이루어져야 한다. 이렇게 현장의 기대와 불만을 종합해서 카피의 원액을 발견해야 한다. 과연 대중 커뮤니케이션이 일어나는 광장에서 성공할 수 있을 것인가를 가늠해 보기도 한다.

카피는 **발견**이다. 카피는 만들어 내는 것이 아니다. 상품과 소비자와 트렌드 속에서 발견해 내는 것이다. 상품정보, 고객정보, 경쟁정보, 사회정보, 생활정보 등에서 소비자의 문제를 해결해줄 수 있는 정보를 찾아내는 것이다. 억지로 창작하려 하지 말라. 카피 플랫폼platform을 잘 써야 한다.

카피는 드라마다. 카피엔 언제나 상품이 주인공이어야 한다. 헤드라인에 가능한 한 브랜드명名을 넣으라고 말하는 이유다. 제품이 품고 있는 '**내재적 드라마**'를 발견해 내야만 한다. 상품과 관련된 수많은 사람의 땀과 눈물과 피를 생각하라. 카피라이터에게 상품은 장인匠人의 작품이다. 이 세상에서 오직 하나only 1뿐인 희귀본이라고 생각해야 한다. 역사가 있으며 역사를 만들어 가야 한다. 제품이 무미건조하게 느껴질 때는 오길비의 말을 마음에 새겨라. "재미없는 제품이란 없다. 재미없는 카피라이터가 있을 뿐이다."

카피는 **육감**六感이다. 인간의 오감을 다 동원하고도 모자란다. 육감six sense은 직관insight이고 통찰력이다. 가끔 천재성의 카피가 나올 수 있는 것이다. 고도의 정신적 집중력으로 대반전이 이루어지는 카피가 있다.

카피는 육감肉感이다. 경험과 암묵지의 힘을 빌린 카피다. '감感 좋은 안테나'를 높이 올려 일상 속에서 교환되는 말과 주파수를 맞추면 찾을 수 있는 카피다. 사람이 사는 모습이 담겨 있는 사투리와 욕설과 유행어 등이다. '니들이 게 맛을 알아'에 대항할 수 있는 고객은 많지 않다.

카피는 **서비스 정신**이다. 소비자 중심주의가 반영되어야 한다. 카피를 읽기 쉽게, 보기 쉽게, 알기 쉽게, 듣기 쉽게 써야 한다. 소비자가 받아들이지 않으면 상품의 존재이유가 없어진다. 카피를 고치고 고쳐 간단하게 알 수 있게 해야 한다.

카피는 **금전등록기**다. 상품 판매가 목적이다. 카피가 카드 리더기reader에 수많은 손때가 묻어 왕복 자국이 있도록 만들어야 하고 매출 전표가 쌓이게 해야 한다. 카피라이터나 크리에이터가 자신의 카피 실력을 과시하기 위한 광고가 되어서는 안 된다. 카피라이터는 사라지고 카피만 살아남아야 한다. 카피가 금고의 문지기gate keeper 역할을 하도록 해야 한다.

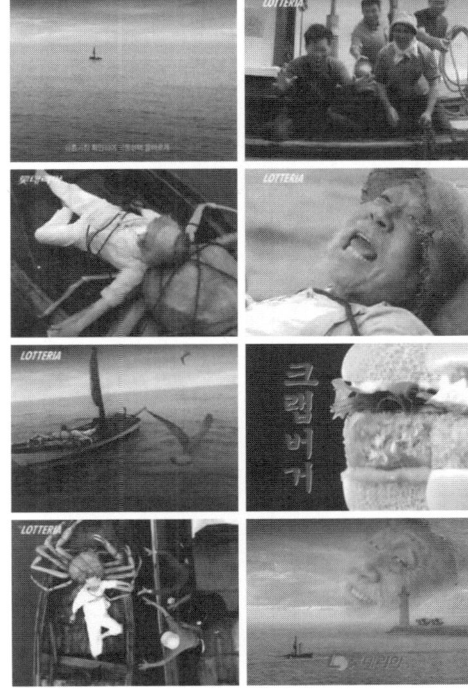

남 : 너희들이 게 맛을 알아? / Na : 게 속살로 만든 크랩버거, 롯데리아

카피는 돈money이다. 기업의 승패와 카피라이터의 승패를 좌우한다. 상품도 잘 팔리고 카피도 잘 읽히는 상승효과win-win effect가 되어야 한다. 상품 판매가 올라갈수록 카피라이터의 연봉도 올라간다. 누가 '돈 되는 카피'를 잘 쓴다는 소문은 쥐도 새도 다 안다. 이런 '광고계의 상식'에서 배워야 한다.

전화들 그만하시고- 다 모이니까 좋다- 모일수록 행복도 혜택도 더 커져야 한다는 생각, LG 텔레콤의 상식입니다. 온 가족이 1년에 두 달이 무료, [월 평균 통화료 두 달이 무료, 가입 후 6개월마다 지난 5개월 간의 월평균 통화료(기본료+국내 통화료)에 한함.] 더 많이 웃으세요, LG텔레콤. 당신의 상식에서 배우겠습니다. LG 텔레콤

카피는 **연금술**鍊金術이다. 기존 단어에 새 단어를 합하고 카피라이터의 고유 기법을 섞어 새로운 개념을 만들어 내는 과정이다. 즉, '구리+촉매+주석=청동'의 신개념 창출의 공식이 가능하다. 가끔 의외의 조합과 강제결합이 필요하며, 모든 연금술이 성공하지는 못했다는 사실을 주목해야 한다. 그만큼 어렵다는 뜻이기도 하다.

카피는 라이팅writing이다. 카피는 문안이고 쓰는 행위writing이다. 그래서 문장력이 있어야 하고 수사학도 쓸 줄 알아야 한다. 기본 문법도 알고 언어의 사회성이나 유기체성에 대해서도 학습되어 있어야 한다. 카피라이팅은 작문이 아니다, 논술이다.

카피는 표현력이다. 전술적 문장이다. 전략을 담고 경쟁품과 차별화되었지만 표현되지 않으면 카피가 아니다. 카피 기법과 수사학을 활용하여 구체적으로 기술되어야 한다. 'Are you gentle?'이라는 브랜드와

여자 친구와 테이블에선 90°로 앉는 게 매너다. 초밥을 먹으러 갈 땐 향수를 뿌리지 않는 게 매너다. 드레스 셔츠 속엔 속옷을 입지 않는 게 매너다. 화이트 와인은 첨잔하지 않는 게 매너.

초코가 외로워 쿠키를 만났다.

연동되는 카피로 실시한 젠트라의 라이프스타일 소구카피다. 초코칩쿠키의 카피도 내용이 참신하고 고객 취향을 맞춘 표현력이 돋보인다.

여자 친구와 테이블에선 90°로 앉는 게 매너라.

초밥을 먹으러 갈 팬 향수를 뿌리지 않는 게 매너라.

드레스 셔츠 속엔 속옷을 입지 않는 게 매너라.

화이트 와인을 첨잔하지 않는 게 매너라.

초코가 외로워 쿠키를 만났다.

카피라이터에 의해 카피화하는 것은 광고효과 단계[AIDMA]와 연결하여 말할 수 있다. 첫째, **Attention**[주의]은 가장 기본적인 헤드라인의 역할이다. 카피 내용이 도전적이고 호기심을 자극해야 한다. 편익과 고객을 선정하는 효과가 있으면 더욱 좋다. 둘째, **Interest**[흥미]는 서브 헤드라인 혹은 태그 헤드[tag headline]의 역할이다. 광고적인 재미나 카피다운 기발함으로 승부해야 한다. 셋째, **Desire**[욕구]는 보디 카피의 기능이다. 구체적인 편익이 증명되고 생활문제가 깨끗이 해결될 것이라고 설득해야 한다. 넷째, **Memory**[기억]는 광고 및 카피 아이디어[헤드라인, 브랜드 슬로건, 모델, 브랜드 네임, 브랜드 로고, 캐릭터, 비주얼 등]라고 하겠다. 지명[知名]구매가 일어나고 카피가 화젯거리가 되는 것이다. Conviction[확신]이라면 고객의 구매에 대한 확신과 제품에 대한 신뢰이다. 다섯째, **Action**[행동]은 판매점 약도, 전화번호, '지금 전화하세요' 등이라 할 수 있겠다. 소비자가 지갑을 열고 신용카드를 긁게 만드는 단계이다.

디지털 시대엔 AIDMA도 **AISAS**로 바뀌어야 한다[크로스위치]. AI 단계는 비슷하다. S는 서칭[searching]이다. 욕구가 생기면 인터넷이나 구매경험자의 사용후기나 댓글을 찾아보게 된다. 정보의 바다에 살기 때문에 쉽게 구매준거를 확인할 수 있기 때문이다. 현대 디지털 유목민은 확인해야만 안심할 수 있게 된다. 그리고 A[acting]이다. 상품을 구매하는 단계다. 그 다음 행동이 S[sharing]이다. 정보를 공유하고 사용후기를 댓글로 올린다. '참여, 개방, 공유'하는 웹 2.0의 시대정신이다.

이때, **5I 법칙**이 적용되기에 크리에이터들은 아이디어의 선택준거로서 활용해야 할 것이다. 첫째, Idea[아이디어가 내재되어 있어야 한다], 둘째, Impact[임팩트가 직접적으로 전달되어야 한다], 셋째, Interest[흥미가 지속적으로 유지되어야 한다], 넷째, Information[정보가 고객에게 필요한 것이어야 한다], 다섯째, Impulsion[행동을 촉구해야 한다] 등이다.

제5강
콘셉트 사고과정

카피라이터는 거리와 가게에서 시대를 읽고 소비자 심리를 읽어야 한다. 고감도 고객 지향 마이크를 갖고 있어야 한다. '미니스커트가 짧아질수록 경제 불황은 더욱 깊어진다'는 상식이 되었다. '파는 사람이 많으면 가격은 내려간다'처럼 일반 교양지식이다. 안테나 숍$^{antenna \ shop}$에서 근무하듯 신호와 문화코드를 잘 관찰해야 한다. 상품 콘셉트는 세상의 중심에 있어야 하기 때문이다. 잠수함에는 토끼를 기른다고 한다. 혹시 산소가 부족하여 군인들의 생명을 위태롭게 할 수 있는데, 토끼가 민감하게 반응하여 위기의 징후^{signal}를 알려준다는 것이다. 불황기에 여성이 립스틱 컬러가 레드인 이유, 레깅스로 여성 각선미를 과시하는 이유, 전통 막걸리가 와인을 대체하는 이유, 외제차가 잘 팔리는 이유 등을 깊이 알아야 한다.

최근의 도시 빌딩에서의 업종 변화를 눈여겨볼 일이다. 1층 로비에는 스타벅스 같은 테이크아웃 커피전문점이 들어가고 은행이 빠져나오거나 2층으로 올라가고 있다. 생활의 중심이 은행이 아니고 커피점이라는 사실을 확인할 수 있다. 은행은 자동 지급기로 대체되고 은행원은 고임금으로 고부가가치를 만드는 자리로 옮겨야 한다. 사람들이 만나서 대화하고 정보를 교류하는 곳으로 커피점이 들어온 것이다. 온라인 커뮤니티 문화가 오프라인 커뮤니티 문화로 변형되고 확장되었다는 것을 시사한다.

마케팅의 전략 분석

5-포스$^{M.\ Porter}$와 SWOT 분석과 보스턴 컨설팅 그룹^{BCG}의 매트릭스를 분석해야 한다. 대大카피라이터가 되기 위해서는 전략경영의 패러다임도 알아야 한다. 기존 기업^{상품} 간의 경쟁정도, 신규기업^{상품}의 진입위협, 대체품의 위협, 구매자의 협상력, 공급자의 협상력 등에 관한 이론도 적용시킬 줄 알아야 한다. 기업의 상품 포트폴리오 전략을 위해 별^{star}, 자금 젖소$^{cash\ cow}$, 개^{dog}, 문제아$^{problem\ child}$ 등에 관한 이론도 숙지해야 한다.

● 경쟁사^{Competition}와 사회 트렌드에 관한 환경^{Circumstance}과 고객^{Customer}과 제품을 포함한 자기 기업^{Corporate} 등 4C에 관한 심층분석을 실시해야 한다. 크리에이티브의 원천 소스^{source}를 미리 수집하는 기능도 있으니 카피 플랫폼$^{copy\ platform}$을 작성하듯 빠짐없이 조사해야 한다.

● 소비자가 생활 속에서 갖는 문제점과 해결과제를 다각적으로 정리한다.

● 마케팅 목표를 기준으로 **어카운트 플래너**$^{account\ planner}$가 작성한 광고 목표를 검토하고, 필요시 AP에게 수정을 위한 회의를 요청한 뒤, 최종적으로 광고목표를 확인한다.

Client(광고주)	Brand(브랜드)	Job Title(작업명)	
		Date(날짜)	
Account Group	Creative Group	Media Group	Traffic Group

Campaign Requirement(광고의 조건/광고주 요구사항) Campaign, One off Ad., No. of Ad.
Key Characteristics & Benefits of the Brand(브랜드의 핵심 특성과 편익) & Communication Concept(광고 콘셉트) − Physical, Emotional, Meaning, Valuable etc.
Market and Brand Performance(시장과 브랜드 성과) & Trend Analysis(트렌드 분석) to reason for Performance
The Target Audience(목표고객) Earning, Demographics, Psychologic, lifestyle, Product usage etc.
Competitive Analysis(경쟁분석) Who are they? How are they positioned? How are they different? (Remember to Show Competitive Ad.)
Previous Advertising Activity(과거의 자사와 경쟁사의 광고 활동) When, Where, How much, for us and competitors
CAP/ITCA and Other Restrictions(법적 · 광고 윤리상의 규제)

- 목표고객^{target audience}에 대한 리뷰와 대표적인 고객 프로파일을 정리한다.
- 상품 콘셉트를 정한다. 소비자와 접점에서 어떤 편익^{benefit}을 강조해야 좋은지를 분석한다.
- 광고 콘셉트를 정한다. 예상 반응^{expected response}을 검토한다. 광고를 본 후 소비자의 반응을 예측해 본다.
- 표현전략에서의 연계성 및 표현의 용이성을 점검한다. 직관과 통찰에 의한 아이디어 팁이 생길 수 있으므로 크리에이터 입장에서 고민해야 한다.
- 표현의 가이드라인과 톤 앤 매너^{tone & manner}를 정한다.
- **애드 브리프**^{Ad. Brief}를 써야 한다. 4C 분석을 포함한 모든 사항이 간단명료하게 한 장의 브리프로 요약될 수 있어야 한다.

표현전략의 구분

광고 콘셉트를 발견하고 라이팅을 하기 위해서는 표현전략과 기법을 미리 점검해야 한다. 예상되는 **표현의 문제점과 효과를 시뮬레이션**해야만 시행착오가 적어지기 때문이다. 지금까지 널리 알려진 전통적인 표현전략 이론은 명쾌한 기준이 없이 나열되어 있다. 전략과 기법의 차이를 무시한 채 관행적으로 사용되고 무비판적으로 인용되었다고 본다. 우리 광고계와 상품에 적용할 때는 적합성을 판단해 봐야 한다. 구분해서 정리하면 다음과 같다.

전 략

경쟁과 시장 상황에 따라 전개되는 장기적 거시적 커뮤니케이션이다. 일관성과 누적효과를 통해 브랜드 자산을 구축할 수 있도록 한다. 브랜드 자산의 종류에 따라 다음과 같이 나눌 수 있다. 언어 의미론적 시점이라고 할 수 있는 카피^{메시지}를 중심으로 보면 프레임^{frame}의 하나라고 할 수 있다. 프레임이란 '문화적 관례나 세상에 대한 믿음, 일을 처리하는 익숙한 방식, 사물을 바라보는 방식 등에 대해 특정하게 구조화된 심적 체계^{心的 體系}'이다^{'프레임 전쟁'}. 무엇을 의제설정^{agenda setting}할 것인가의 문제와 연계되어 있다.

- U.S.P.^{Unique Selling Proposition} 전략 : 독특한 판매 소구점을 제시하는 전략이다. 사치 앤 사치 사의 SMP^{Single Minded Proposition} 전략도 광고 소구의 단순화라는 측면에서 같은 전략이다.

- 브랜드 이미지 전략 : 오길비가 주창한 제품의 개성창조 전략이다. 감성적 접근의 필링 전략으로 광고 미학을 중요하게 생각한다. 내부 자산으로 쌓인 명성과 다르다. 외부의 시각으로 실체와 관계없이 쌓인 자산이다. 지속적인 커뮤니케이션 활동이 필요하다. 명성은 쉽게 무너지지 않지만, 이미지는 역풍을 맞을 경우 쉽게 붕괴되는 경향이 있다.

- 포지셔닝 전략 : 고객의 두뇌 속에는 기억의 사다리가 있는데, 상품을 어디에 위치시키느냐는 전략이다. 또한 시장세분화를 통해 독자적인 영역을 구축하기 위한 전략이다. 선두 상품과 추격자의 상품과 경쟁자의 포지셔닝 전략으로 구분한다.

- 선점전략 : 1등 기업의 전략으로 차별화나 제품 특징을 염두에 두지 않고, 인간과 사회를 향한 이슈나 제안과 미학을 전달하고자 하는

전략이다. 기업광고의 사회적 역할과 경영철학, 첨단기술로 국가경제에 기여하겠다는 의지를 담는 경우가 많다.

- 동조전략 : 2위 이하의 상품이나 기업이 1등 상품과 기업을 모방하는 Me-too 전략이다. 이삭 줍기처럼 1등 기업^{상품}의 명성과 이미지를 추종하는 전략이다. 독창성이 부족하여 장기적으로 커뮤니케이션 자산을 구축하는 데는 한계가 있다.
- 변칙전략 : 신비주의와 모호성과 엽기성으로 도전적 모험을 펼치는 전략이다. 스캔들을 만들고 화제작으로 사회적 반향을 얻으려는 의도이다. 비판적인 크리에이티브의 임팩트를 포함하여 기억률 제고와 화제작으로 입소문 전파 효과를 얻을 수 있다.

기 법

크리에이터 개개인별로 다양하게 펼칠 수 있는 표현 수단이다. 개인의 문화적 배경에 따라 다양한 기법이 가능하지만, 상품과의 관련성과 효과를 우선해서 기법을 개발해야 한다. 다음과 같이 분류할 수 있다.

- 창작솜씨 : 윌리엄 번바크의 주장이다. 광고의 참신성과 독창성과 상상력을 강조한다. The Big Idea 영감을 소중히 한다. 아트가 뛰어난 크리에이터가 즐기는 기법이다.
- 무의식의 힘 : 노만의 전략이다. 프로이드 심리학 영향에서 나왔다. 소비자의 속마음과 내면의식을 일깨우는 표현기법이다. 소비자 심리와 연결되는 기법이다.
- 개인적 대화형식 : 광고는 판매사원이다. 그러므로 제안을 명확하게 하고, 개인에게 대화하듯 한다. 일대일 대면 광고의 효과로 주목률이 높다. 광고는 대중 커뮤니케이션이 아니고, 개중^{個衆} 커뮤니케이션이다.

● 내재적 드라마 : 레오 버넷의 의견이다. 제품의 드라마를 발견하여
  신뢰와 편익을 제인한다. 제품을 의인화하고 상품의 탄생실화를 추
  적하여 크리에이티브 소재를 발굴하는 제품지향 광고다.

광고 콘셉트 발견

카피라이터는 다각적으로 4C 분석을 끝내고, 브랜드 인지도나 선호도를
올리기 위한 광고 콘셉트 대안들을 **어카운트 플래너**account planner와 협
의한다. 어카운트 플래너A.P는 전략방향과 예상고객과 표현전략에 관한
자료분석과 트렌드 해석을 도와준다. 광고에서 전달해야 할 핵심 단어
와 소비자 편익에 관한 메시지를 문장화한 광고 콘셉트를 협의한다.

　이 광고 콘셉트를 상품을 중심으로 개발하는 관점은 크게 세 가지
이다.

　첫째, **상품의 고유독창성**이다. 고유독창성은 경쟁상품이 갖고 있
지 않으면서 자기 상품만의 절대 우위성을 갖는 상품이다. 경쟁시장에
서 '오직 하나only 1'로 팔리는 특징을 갖고 있는 상품이다. 이 특성 자체
가 차별성이 되고 구매준거가 되는 콘셉트다. 물론 이 고유독창성이 소
비자편익으로 전해져야 한다.

　둘째, **상품의 경쟁우위성**이다. 경쟁우위성은 경쟁상품과 비슷한
효능과 효과를 주지만 상대적으로 좀 더 나은 차별점을 콘셉트로 만들
수 있는 관점이다. 삼성전자나 LG전자나 상품에서 큰 차이가 없다고 생
각할 수 있을 때, 화질과 음질의 차별점을 가지고 콘셉트를 정하는 경우
다. 서로 경쟁보다 낫다고 생각하는 특질을 주장하는 전략이다.

　셋째, **상품의 임의 차별성**이다. 임의 차별성은 상품의 특성이나

기술보다는 가치나 의미의 문제로 이미지 포지셔닝 지도^{map}에서 가고 싶은 위치를 임의로 결정하는 관점이다. 패션이나 기호 상품의 경우에 적용하기 좋은 콘셉트 설정 방법이다.

사회흐름이나 **소비자 심리**에서 콘셉트를 찾으려고 할 때는 추가 콘셉트 설정방향을 검토해야 한다. 카피라이터는 이런 광고 콘셉트를 표현 콘셉트로 바꾸기 위한 라이팅^{writing} 작업을 해야 한다. 애니콜의 'Talk, Play, Love'는 상품 슬로건이지만 카피라이터의 관점에서 보면 카피 크리에이티브의 세 축을 요약하고 있음을 볼 수 있다. 'Talk'는 휴대폰^{상품}의 기본 속성이다. 대화하는 기능이다. 'Play'는 사회흐름이다. 즐기는 삶을 추구하는 세태를 말한다. 'Love'는 소비자 심리다. 20대 젊은 고객의 영원한 테마다. 이것들을 아예 크리에이티브의 구성요소로 이용했다고 생각한다. 메시지가 탄탄해졌으니 TV CM이 힘을 받는다.

콘셉트 발견 단계에서는 **콘셉트 워드와 카피 포인트를 확정해야 한다.** 콘셉트 워드는 광고하려는 상품과 소비자의 새로운 관계를 발견해서, '언어카피'로 정리한 것으로 '키워드^{key word}'의 소스로 쓰인다. 그 상품이 갖고 있는 어떤 소비자 편익^{benefit}을 확인시킬 것인가, 소비자 편익을 강조하는 말이 무엇인가를 재확인해야 한다.

보통 콘셉트 워드는 오리엔테이션 단계에서 전 스태프가 참여하여 발굴되며, 발굴된 콘셉트 워드는 그대로 키워드나 캐치프레이즈로 사용될 수도 있고, 카피라이터에 의해 간결하고 인상 깊게 재정리되기도 한다.

표현 콘셉트에 기초하여, 이 단계에서는 광고표현에서 불어넣을 내용이나 표현방법을 결정한다. 카피 포인트는 사용매체의 특성^{인쇄의 크기, 전파의 길이}과 캠페인의 전개 기간에 따라 달라진다.

콘셉트 라이팅^{concept writing}

라이팅^{writing} 작업이기에 문장화가 되어야 한다. '누가, 무엇을, 어떻게 한다'라는 기본 행동촉구나 '내가 이것을 사는 이유는 이것이다'라는 의미부여가 있어야 한다. 이 콘셉트 대안들을 다양하게 써 봐야 한다. 다다익선^{多多益善}이다. 생각할 수 있는 모든 개념과 상황과 사물과 언어를 생각해야 한다.

텔레비전의 경우 구매준거가 되는 '화질과 음질과 디자인과 가격과 서비스' 각각에 관한 콘셉트를 다 써 본다. 파브 LED 텔레비전의 사례에서 키워드다.

- 1,200만 화소의 고화질
- 5.1 채널의 고음질
- 무경계^{borderless} 디자인
- 300만 원대 저렴한 가격
- 1년 보증 서비스의 LED TV 파브 등

4륜구동 자동차^{SUV} 베라크루즈의 경우도 다음과 같이 생각할 수 있다.

- 150마력의 동급 최강 엔진 파워
- 1L당 15km의 1등급 연비
- 유로 트래디셔널 유선형의 스타일
- 코너링을 개선한 안락한 드라이빙 퍼포먼스
- SUV 최고의 3중 안전장치

● 2,000만 원대의 경제가격 실현

제작회의하면서 브레인스토밍을 하고, 자유연상을 통해 개인의 직관과 경험을 활용한다. 팀원 사이에 상승효과synergy effect를 만들 수 있는 기법이면 좋다. 카피라이터크리에이터 개인의 숙려기간이기도 하다. 아이디어 발상과정에서 숙성을 위한 회임懷妊기간이다. 6W3Hwho, whom, when, where, what, why, how, how much, how long를 하나하나 곰곰이 다각도로 분석하고 점검해야 한다. 광고할 제품을 '누가, 누구에게, 언제, 어디서, 무엇으로, 왜, 어떻게, 얼마나, 오래' 사용하는지를 빠짐없이 검토해 보는 것이다. 광고창작이란 객관적 사실fact에서 출발하여 주관적 팩션faction으로 끝나는지 모른다.

콘셉트 라이팅의 필요성

콘셉트는 광고주와 대행사의 관련 스태프가 모두 합의해서 공유해야 할 목표이다. 합의했기 때문에 광고집행 후에 효과를 측정할 때 기준이 된다. 회의할 때에도 되새겨야 할 나침반이다. 그러므로 문장화文章化해서 기록하고 합의사인을 해서 보관해야 한다. 콘셉트 라이팅은 수많은 콘셉트 가운데 가장 독특하고 강력하고 유효한 콘셉트를 만들기 위해 문장으로 정리하는 과정이다.

콘셉트는 콘셉트 리뷰나 콘셉트 테스트를 통해 수정되고 보완된다. 객관적으로 인정받고 독특한 콘셉트를 설정하기 위한 필수 과정이므로 치열한 논쟁과 객관화가 필요하다. 개인적인 경험과 단편적인 지식으로 주장해서는 안 된다. 모든 기준은 목표고객이요 생활자다. 소비자 심리와 사회흐름social trend도 기준이 될 수 있다. 표현의 방향성을 탐색하고 전략의 타당성을 담보할 수 있는 콘셉트를 신중하게 정리해야 하지만, 비판적인 관점을 가지면서 도발적으로 작성되어야 한다. 잘 써진 콘셉트는 표현의 가능성과 영상의 임팩트와 카피 메시지와 광고효과까지 모두 예견할 수 있다. 콘셉트 라이팅을 하다 보견 카피 플랫폼^{flatform}도 만들어지고, 주요 표현 메시지와 모델까지 연상되어 향후 광고창작이 쉽고 편해진다. 광고창작의 전 과정 가운데 절반의 성공을 거두는 효과가 있다. 콘셉트 보드와 콘셉트 라이팅은 동시어 진행된다.

콘셉트 라이팅이 중요한 이유를 요약하면 다음과 같다.

- 광고주, 마케터, A.E, 제작 스태프가 합의한 광고목표를 분명히 한다.
- 광고의 표현 목표와 상품의 핵심개념을 문장화하는 것이다.
- 다양한 라이팅과 사고를 통해 콘셉트 추출의 명확화를 유도한다.
- 표현 콘셉트를 잘 나타낼 수 있는 표현 아이디어의 발굴에도 도움을 준다.
- 광고 집행 후 그 효과를 측정할 때 객관적 기준이 된다.

콘셉트 테스트^{concept test}

콘셉트 대안들에 대한 선호도를 평가해야 한다.

잠재고객들이 필요로 하는지, 판매로 이어질 수 있는 편익이 되는지, 트렌드를 잘 반영하고 있는지, 경쟁제품이 따라올 수 없는 독특한 차별점인지, 지속적으로 사용할 수 있는 개념인지를 따져보고 판단해야 한다. **소비자 패널**^{Focus Group Interview}을 이용하거나 **거리 인터뷰**를 하거나, 사내 **간이 테스트**를 해도 좋다. 아직 아무도 사용하지 않은 콘셉트이면 더욱 좋다. 너무 많으면 판단하기 어렵고 조사도 어렵고 복잡해지

므로 3~5개 내외가 좋다. 신속한 조사로 방향을 가늠해야 하기 때문이
다. 광고방향을 수정할 필요가 있을 때는 다시 한 번 시도한다.

콘셉트 선택

광고화가 잘될 수 있는 콘셉트를 골라야 한다. 경쟁력 있는 콘셉트는
상품과 소비자 심리와 트렌드와 관련성이 높은 콘셉트이다. 역시 판단
기준은 **생활자 관점**이다. 고객이 그 제품을 꼭 소비해야만 하는가. 혹은
소비하고 싶은 마음을 갖게 하는가가 중요하다. 소유하고픈 욕구를 자
극하고 있는가 하는 최소한의 차별점이 있어야 한다. 앞으로 표현 콘셉
트와 키워드^{key word}로 진화해 나가야 하므로 미리 카피화 가능성과 크
리에이티브 전환 가능성을 고려해야 한다. 구체적인 카피화가 쉬운지,
그림을 쉽게 연상할 수 있는지를 시험해 보는 것이다. 리뷰하고 소비자
조사^{test}를 통해 선정할 콘셉트는 각 콘셉트 단계에서 해야 할 메시지가
무엇인지를 가늠해야 하지만, 주로 **광고 콘셉트를 기준으로 전개**하면
무리가 없다. 표현 크리에이티브 전 단계이며 앞 단계의 콘셉트와 이미
연계되어 있기 때문이다.

콘셉트 4단계 숙성론

콘셉트란 무엇인가? 상품의 특장점과 소비자의 편익이 일치하는 개념
이다. 새로운 접점이 발견되어야 하므로 콘셉트 찾기는 쉬운 일이 아니
다. 상품의 입장과 소비자 입장이 서로 다를 경우에는 아예 콘셉트 형성
이 되지 않는다. 항상 **환경**과 **시장**과 **소비자**를 먼저 생각해야 한다. 객
관적인 사고와 소비자 마인드에서 출발해야 한다. 자사 상품이 소비자

문제를 얼마나 잘 해결할 수 있는가 하는 역량과 시장에서의 우열을 잘 살펴야 한다. 특히 경쟁 우위요소가격, 차별화 요소는 광고주가 잘 알고 있다. 이런 점검사항을 고객의 입장에서 고객의 언어로 바꾸는 게 콘셉트다. 콘셉트는 기술과 성분과 기능function에 머물지 않고, 편익benefit과 가치value와 의미meaning임을 잊지 말아야 한다.

콘셉트의 목적

콘셉트를 설정하면 어떤 이점이 있는가? 제품을 시장에 출시하면 수많은 상품시장에서 제품서비스을 어디에 위치시키느냐? 어느 상품과 경쟁시키느냐? 고객은 누구로 할 것인가? 하는 문제에 봉착하게 된다. 이때 콘셉트는 명쾌하게 다음의 세 가지를 해결해 주는 기본 개념이 된다. 명확한 방향설정과 목표고객과 경쟁 상대를 밝혀주기 때문에 광고 마케팅과 커뮤니케이션에서 콘셉트는 아주 중요하다. STP와 연계된다.

- 시장성量 : 시장세분화segmentation와 고객세분화와 연계된다. 제품의 카테고리를 설정해 준다. 전체 시장규모와 성장가능성을 가늠할 수 있다. 어떤 시장에서 어떤 고객에게 팔 것인가를 정해 준다. 시장규모market volume를 알려 준다. 예상매출이 얼마인지, 예상고객층은 누구인지, 시장은 어디인지 기회를 분명히 해준다. 신시장 개척이냐 기존 시장 확대냐의 의사결정을 할 수 있다.

- 경쟁성質 : 상품의 위치 선정positioning과 연계된다. 전매특허를 갖고 있어 독보적인 상품은 드물다. 경쟁해야 할 상품과 차별성을 확보해야 한다. 틈새시장niche market인지, 1등 전략이 필요한지 혹은 2등 전략이 필요한지를 판가름 내준다. 소구점의 차이와 경쟁력도 명쾌하게 해준다. 제품 성분과 고객과 가격과 프로모션 방법 등에 관한 전

략을 구사할 수 있게 해준다.

● 소비자 편익 : 목표고객과 사용자^{targeting}가 누구인지를 밝혀 소비자 편익^{benefit}을 규정해 준다. 그 사용자의 생활 속에서 어떤 편익^{benefit}을 줘야 하는지 다시 한 번 확인해 준다. 지속적인 소비자 조사를 통해 제품 성능을 개선할 수 있게 해준다. 광고주가 주장하는 상품정보를 생활자^{소비자}의 입장에서 재해석하여 생활정보로 바꾼 것이다. 특히 제안형 소구점을 개발할 수 있다. 현대 기호화 사회에서는 가치와 의미가 무엇인지로 심화되어야 한다.

단계별 콘셉트의 종류

명확한 개념 정의도 없이 사람에 따라 다르게 사용되는 콘셉트의 정의를 다시 한 번 정리하고자 한다. 콘셉트는 그 용어를 사용하는 주체가 누구냐에 따라, 분석대상에 따라, 특징에 따라 다르다. 또한 생산 공장에서 유통이 일어나는 판매장과 소비자의 사용 상황까지 단계별로도 의미와 전달할 주요 단어^{key word}는 다르다. 여기서는 이를 종합하여 4단계로 분류하고 비교했다. 이 분류 단계는 마지막 메시지로 좁혀가는 아이디어 발상과정을 말한다. 하나로 수렴되는 카피를 찾아가는 생각의 과정이고 완성도를 높여가는 숙성의 과정이다. 콘셉트를 단계별로 생각하는 연습은 '문제해결을 위한 창의력'이기에 필수적이라고 하겠다. 바로 광고 크리에이티브의 핵심역량이다. 1~2단계에서는 상품정보에 가깝고, 3~4단계에서는 생활정보에 가깝다. 또한 표현 콘셉트로 수렴되는 사고 과정이기에 엑기스를 추출하는 '깔때기' 모형으로 그릴 수 있다.

1단계는 제품 콘셉트^{product concept}이다. 일반 기업에서는 보통 신상품 개발팀이 있다. 이 팀에서 엔지니어나 의상 소재 디자이너나 식품 영양 연구사의 입장에서 고민하는 제품개발 동기나 의견, 아이디어다.

과연 어떤 상품을 만들면 지금보다도 더 오래 쓰고 질기고 맛있는 제품이 될까를 연구한다. 경쟁제품의 성분과 맛에서 어떤 차이점을 가지고 있는가 하는 문제를 해결하려고 노력한다. 아니면 새로운 기술로 이 세상에서 없는 신상품을 만들면 어떨까를 모색하는 단계에서 나올 수 있는 콘셉트이다. 실제로 가시적이고 확인할 수 있는 제품의 물리적인 속성attribute인 경우가 많다. 주로 성분이나 기술이나 형태 측면에서 콘셉트가 나오게 된다. 그러므로 얼마나 '싸고 좋게 빨리' 생산할 수 있는가 하는 문제가 해결과제다. 농장 같은 원료 공급지나 제조공장의 생산량이 전체 시장에서 얼마나 점유할 수 있는가manufacture share가 중요하다.

아직까지는 소비자가 구매할지 어떨지를 걱정할 필요는 없다. 그야말로 제품의 혁신과 성분의 개발에 관련된 신개념을 만들어 내는 것이 요구된다. 신제조 방법을 이용하여 생산원가를 낮춘 제품을 만들 수도 있다. 이 콘셉트는 연구원이나 엔지니어는 잘 파악하지 못하는 경우도 있다. 카피라이터크리에이터가 봤을 때 그럴 것이라고 생각하는 콘셉트라고 봐야 한다. 오리엔테이션에서 개발자와 인터뷰나 상담이나 질문 속에서 찾아낼 수 있는 제품 관련 콘셉트이다. 과연 무엇이 신기술이고 신성분이며 신효과 인지를 따져보면 될 것이다. **프로덕트 콘셉트**와 같은 의미로 쓰면 될 것이다.

2단계는 상품 콘셉트brand concept이다. 제품은 상품화되어야 한다. 고객과의 접점에서 선보이는 단계의 콘셉트다. 상품 콘셉트는 상품화된 상태에서의 콘셉트이기에 백화점의 상품 진열대show window에 놓여 있을 때의 개념과 같다. 이마트 같은 대형매장이 팔기에 좋은지, 홈쇼핑 같은 유통이 좋은지도 생각해 보면서 개발하는 콘셉트다. 다른 상품과 함께 놓여있기에 소비자는 비교해서 구매할 것이다. 경쟁을 생각하지 않을 수 없게 된다. 어떤 차별점을 가져야 할까를 의식해야 한다. 아무리 혁신적인 성분과 기술로 만들었다고 해도, 소비자가 외면해 버리면 상품이 아니다. 신제품을 가지고 소비자는 어떤 생활 문제를 해결할 수 있을까를 분석할 필요가 있다.

소비자 편익benefit이 무엇인가를 파악해야만 나올 수 있는 콘셉트다. 상품을 소비자가 사도록 하는 게 과제다. 그러므로 마케팅상의 시장점유율market share을 얼마나 올릴 수 있는지가 해결과제다. 특히 대행사의 마케터와 광고주 마케팅 담당자가 주장하고 발굴해야 할 콘셉트이다. 소비자의 욕구를 해결할 수 있는 편익인지 여부는 판단하기 어렵다. 리뷰를 통해 객관화가 이루어져야 한다. **브랜드 콘셉트**와 같다.

3단계는 광고 콘셉트이다. 커뮤니케이션상의 핵심 개념이다. TV CM과 신문광고와 뉴미디어에 광고화된 상태에서의 콘셉트다. 소위 무엇을 말해 줄 것인가what to tell가 해결과제다. 나아가서 무엇을 설득할 것인가what to persuade를 찾아야 한다. 설득이기에 소비자의 기호嗜好, 記號를 파악하고 메시지를 만들어야 한다. 이 메시지가 광고에 표현되었을 때, 다른 광고와 프로그램과 신문기사 등과 비교해서 기억에 남겠는가를 고민해야 한다. 모든 판단기준은 생활자의 수용 가능성과 욕구에 맞춰져야 할 것이다.

소비자가 갖고 싶게 만드는 가치value가 되고 의미meaning가 되어야 한다. 목표고객이 쉽게 인지하고 광고 선호도를 높여 주는 메시지인가가 기준이다. 광고 선호도가 상품 선호도로 이어지기 때문이다. '인지—정서—행동'의 태도변화 단계를 질주할 수 있는 콘셉트가 되어야 한다. 고객의 마인드에 얼마나 자리 잡을 수 있느냐가 중요하다. 마인드 점유율mind share이 중요하다. **커뮤니케이션 콘셉트**와 같다.

4단계는 표현 콘셉트이다. 광고를 제작한다면 어떤 카피와 아트를 담아야 할 것인가의 문제다. 생활자의 관점에서 공감할 수 있는 표현 메시지와 아이디어다. 소위 어떻게 말해 줄 것인가how to tell에 관한 해결과제다. 먼저 광고 표현은 크리에이티브해야 한다. 독창적이면서 재미있는 구조를 가져야 한다. 전혀 새로우면서도 상품의 의미와 가치가 공감이 가야 한다. 소비자는 생활자로서 아트와 카피를 이해할 수 있고, 예술적인 정서가 전해져야 한다. 소비자는 광고 크리에이티브를 매체예술의 한 분야로 수용한다. 표현요소가 영상과 비주얼과 카피로 구성되어 있어 다른 매체예술과 비교한다.

더불어 상품판매라는 대전제가 있어 브랜드명name과 편익과 효능을 이해할 수 있어야 한다. 아무도 이해하기 위해 노력하지 않고, 광고가 나오면 채널을 바꿔버리는 악조건에서 광고 표현은 살아남아야 한다. 시선을 잡고 의외의 조합으로 충격을 줘야 한다. 또한 소비자에게 구매행동을 유발할 수 있는 개념이어야 한다. 광고 메시지 이해도가 중요하다. 카피와 비주얼이 기억되게 해야 한다. 흔히 사람에 비유했을 때 떠올릴 수 있는 인물personality이다. 메시지 점유율message share이 중요하다. **크리에이티브 콘셉트**와 같다.

콘셉트를 종류별로 비교하면 다음과 같다. 관점은 광고주 엔지니어연구원에서 광고회사 마케터로, 다시 A.EAcount Executive에서 크리에이터로 단계별로 바뀐다. 관점이 바뀐다는 것은 콘셉트의 변신이고 분석대상의 변화이다. 점점 고객에게 가까이 다가가기 위한 변신이다. 어려운 제품 성분기술을 소비자가 쉽게 알고, 상품으로 판매될 때 사고 싶은 마음이 생기게 하는 과정이다. 논리적이고 이성적인 메시지가 고객지향이고 감성적인 메시지로 바뀐다는 것을 의미한다. 소비자에게 보내는 구애작전求愛作戰이다. 말하자면 '이 제품이 뭔지 알겠죠?', '이 제품을 사면 생활 속의 어떤 문제가 해결되는 걸 알겠죠?'라고 가르쳐 주고 설득하는 사고과정이다. 크리에이터카피라이터 관점에서 보면 광맥에 묻혀 있는 원석이 가공되고 제련되고 디자인되어 귀부인의 손에 끼는 보석이 되는 과정이라고 할 수 있다. 하나의 표현 콘셉트가 태어나고 핵심 메시지$^{key\ word}$가 써지기까지는 산고^{産苦}를 겪는다는 걸 명심해야 할 것이다.

　　　교실 칠판에 쓰는 '서울 분필'을 예로 들어보자. 분필의 특징은 '컬러 흰색, 형태로 막대 모양, 글쓰기 용도, 장력 강화제 혼합, 손에 가루가 잘 묻지 않음, 잘 부러지지 않음' 등이다. **제품 콘셉트 단계**다. 제품 속성이고 연구원이 실험실에서 제품을 만들면서 구상한 물리적 특질이다. 그 다음은 **상품 콘셉트 단계**다. 이런 특징이 사용자에게 어떤 편익을 줄 수 있을까? 어떤 상품으로 팔면 쉽게 팔릴 수 있을까? '가루 날리지 않는 분필, 잘 써지는 분필' 등이다. 판매장에 진열되었을 때 다른 경쟁 상품과 차별점을 무엇으로 할까를 생각하는 것이다. 그리고 **광고 콘셉트 단계**다. 광고회사에서 광고할 책임자$^{AE,\ AP}$가 가져야 할 사고방식이다. 이런 편익이 소비자$^{학생,\ 선생님\ 등}$에게 어떤 감성적 가치를 갖느냐는 질문이다. '부드러운 교실, 소리 없는 칠판, 흰색의 지식' 등이다. 광고 커뮤니케이션에서 무엇을 전달해야 할까를 기획하는 것이다. 마지막으로 **표현 콘셉트 단계**다. 이런 분필을 사람으로 비유했을 때 어떤 유형의 인물이 되겠는가? '빼빼 마른 선생님, 유연한 실력을 가진 남자, 지식 도우미' 등이다. 어떤 인물^{카피}로 연상되게 할까를 찾는 단계다. 이 가운데 목표고객과 광고목표에 맞는 콘셉트를 하나씩 선정해서 수렴해 나가면 최종 하나의 핵심 메시지가 남을 것이다. 이 메시지를 가지고 아이디어$^{비주얼과\ 카피}$ 작업을 시작하면 될 것이다.

콘셉트의 4단계별 비교

기업의 마케팅 활동에서 시장점유율$^{market\ share}$을 목표로 한다면, 단계별 콘셉트는 어떤 점유율을 달성해야 할까? 각 콘셉트는 생산점유율 → 시장점유율 → 마인드 점유율 → 메시지 점유율로 구분해서 말할 수 있다. 모두 약자로 표기하면 **M/S**다. **생산점유율**^{manufacture share}은 제품을 만들 수 있는 능력이다. 업계에서 생산할 수 있는 전체량에서 자기 회사가 차지할 수 있는 생산량의 점유율이다. **시장점유율**^{market share}은 이마트 같은 시장에서 경쟁제품과 겨루어서 차지할 수 있는 마켓 점유율이다. **마인드 점유율**^{mind share}은 각종 매체에 나오는 광고물을 본 고객이 기억의 사닥다리에 선호도를 얼마나 강하게 저장할 수 있는가 하는 정도를 말한다. 광고 회상률^{recall}과 모델 인지율^{awareness}을 올리는 게 목표가 될 것이다. **메시지 점유율**^{message share}은 수많은 다른 광고 메시지의 잡음^{경로}와 ^{의미}을 이겨내고 자사의 메시지를 인상 깊게 기억하도록 만드느냐 하는 것이다. 비보조 순수상기율을 제고하는 게 목표가 된다. 향후 목표 고객이 가게에 가서 상품을 구입할 때 지명구매^{指名購買}를 하게 만드는 중요한 단서가 된다. 광고활동을 통해 이름만 알게^{知名} 하는 인지도 제고는 실제 구매행동으로 이어지기 어렵다. '새우깡 주세요' 하듯이 지명구매^{知名購買} 하게 만들어야 한다. 나아가서 직접 손가락으로 집어 살 수 있도록 만드는 지명구매^{指名購買}가 되면 충성도가 높은 고객을 확보하게 되는 것이다.

여기서도 관점의 차이와 마찬가지로, 이성적이고 물성 중심에서 감성적이고 고객 중심의 접근으로 변하고 있음을 알 수 있다.

광고 크리에이터는 이런 콘셉트 지향 사고를 통해 전략적 소구점을 개발하고, 어떤 제품에도 조건반사처럼, 매뉴얼^{manual}처럼 적용할 수 있게 숙달해야 할 것이다. 어떻게 의미가 부여되고 그 의미가 연상되는 객관적 상관물을 찾아내고 연상 이미지와 메시지가 판매에 연결되게 하는 데 강력한 도우미가 되기 때문이다. 이렇게 하나의 키워드나 키 비주얼까지 수렴되면 크리에이터^{카피라이터}의 사고력^{thinking power}이 절정에 이르게 되는 것이다. 현재 팔리고 있는 상품을 가지고 이런 콘셉트의 단계별 발전과정을 거꾸로 추적해 보면 더 이해가 쉬우리라 믿는다. 경쟁상품의 콘셉트 분석 사례로 활용해도 좋을 것이다.

다시다의 경우, 미원이라는 화학조미료를 대체하는 천연조미료 시대를 열었다. 일제시대부터 한국인의 입맛을 잡아온 미원을 제일제당^{CJ}의 후발제품인 미풍이 따라잡을 수 없었다. 순수상기율 1위에 길들여진 맛에 제품 사용기간을 비교해 보면 미원과 경쟁하기에는 역부족이었다. 이에 제일제당은 제품 카테고리 자체를 바꿔버리는 상품전략을 강구하게 된다. 브랜드 네임도 비슷하기에 인식의 전환이 더 어려웠다. 미원과 미풍은 화학조미료였다. 논쟁의 초점을 바꾸려면 품질 혁신밖에 없었다. 마케팅과 커뮤니케이션의 관점에서 본 배수진이었다. 사실 소득수준이 높아지면서 건강에 대한 관심이 제고되는 사회흐름도 확연했다. 그래서 다시다의 제품 콘셉트는 '화학조미료가 아닙니다'이다. 제품 종류가 다르고 인식이 달라지게 한 것이다. 그러나 이 제품 콘셉트는 부정적이다. 화학 이미지를 탈피하고자 하는 다시다의 입장에서는 불필요한 메시지다. 잘못하면 화학조미료를 연상시켜 브랜드 인지부조화를 가져올 수도 있다. 지속적으로 가져가야 할 긍정적인 브랜드 자산으로 천연조미료를 강조할 필요가 있다. 상품 콘셉트는 '천연조미료'가 된다. 천연을 강조하기 위한 광고 콘셉트로는 무엇이 좋을까? 소비자가 쉽게 받아들이고 생활 속의 편익으로 인정할 수 있는 '자연의 맛'이 된다. 천연조미료가 주는 맛은 순수한 자연이라는 의미다. 이 광고 콘셉트를 표현하기 위해서는 어떤 메시지나 비주얼을 찾아야 할까? 자연의 여러 현상 가운데 어떤 카피나 아트가 정확할까를 생각해야 할 것이다. 재료가 생산되는 산과 들과 식물이 후보로 거론될 수 있을 것이다. 전통 한옥과 시골 풍경도 어울린다고 볼 수 있다. 그 가운데 가장 적합한 연상 메시지로 고향이 선택된 것이다. 아름다움美과 맛의 미味를 이중의미로 써 고향의 아름다움이라고도 할 수 있었다. 다시다는 조미료이므로 맛이 추가되었다. '고향의 맛'이 표현 콘셉트가 되는 것이다. 물론 이 네 단계가 차곡차곡 한 단계씩 진행되어야 하는 것은 아니다. 경험과 직관이 많은 우수 크리에이터는 한순간에 통찰할 수도 있다.

동서식품의 맥심 커피는 커피 원두에서 추출한 원액을 고체알갱이로 만들 때, 급속 냉동건조freeze drying 방식으로 사용하여 미세한 가루granule에서 굵은 입자로 만들기 때문에 커피 고유의 맛과 향을 그대로 커피 알갱이에 보존한다. 이 제조방식은 그 전에 그래뉼 방식에 비해 혁신적이었고 커피의 고급화를 가능하게 했다. 이 깊은 맛과 향은 커피와 연관해서 대화와 만남과 독서와 겨울철 난로와 여행과 연인 등을 연상할 수 있을 것이다. 깊은 맛은 오래 여운이 있는 것이고, 감동의 여운은 '숲이 깊은 산'과 '물안개 낀 강'과 '역사 향기가 가득한 유적'과 '난로 곁에 있는 장인'과 각종 예술작품 등에 이어진다.

이 연상 단어에서 '명작'이라는 공통어를 추출하게 된다. 커피가 주는 TPO를 종합하고 크리에이티브의 표현 콘셉트는 '가슴이 따뜻한 사람'이 연상 인물personality로 귀착된다. 여러 가지 영상과 오디오를 고려해야 하고 작품의 완성도와 촬영 효과들까지 감안해서 표현 콘셉트가 결정되어야 한다. 그래서 카피 키워드는 **'가슴이 따뜻한 사람과 만나고 싶다'**가 된다.

이 카피에서 보듯이 제품의 건조기술에서 최종 카피까지는 아무런 연관성이 없지만, 콘셉트 네 단계별로 이어서 생각하면 아주 가깝게 연결된다. 물성적 특성 차원의 제품 콘셉트에서 심리적이고 가치적인 차원의 표현 콘셉트로 전환된 것이다. 카피에 '커피'라는 단어가 없으면서도 '커피'가 떠오르고, 제품이 '인물사람'로 치환되어 있다. 즉 커피가 없으면서도 가장 커피다운 맛을 나는 메시지가 된 것이다. 이게 콘셉트의 네 단계가 갖는 힘이다. 향후 카피 플랫폼에서도 생각할 수 있는 모든 체크리스트를 확인할 수 있게 해준다. 상품정보를 생활정보로 바꿔줘야만 카피나 헤드라인이 되기 때문이다.

농심의 신라면이 '매운맛'이라는 제품 콘셉트로 타 제품과 차별화하려고 했다. 이 매운맛을 알리는 데 효율적인 상품 콘셉트는 무엇일까? '한국인의 맛'이라면 한국의 대표라면으로서 위상을 견지하고, 잘 알려진 한국인의 의식을 함축적으로 전달할 수 있었다고 본다. 한국인의 보편적 정서를 대변하고 라면의 대명사로 자리 잡으려는 전략이다. 이 상품 콘셉트에서 '사나이의 맛'이라는 광고 콘셉트로 숙성되고 단계를 수렴시키게 된다. 마침내 '사나이 울리는 맛'이라는 표현 콘셉트로 치환한 것은 문화 차이를 극복하고 한국인의 고유한 맛을 세계화한 콘셉트 지향 사고의 승리라고 하겠다. 그래서 **매운맛을 모르면 사나이가 아니다**라는 카피가 가능한 것이다. 제품 콘셉트인 '매운맛'이라는 단어가 없으면서도 '사나이 울리는 맛'에서 매운 맛을 추출해낼 수 있다. 이런 카피가 생명력을 지니고 오래 기억에 남는다.

표현 콘셉트를 아트와 카피로 풀었을 때 남는 마지막 순인상과 메시지를 무엇으로 하느냐는 크리에이티브 디렉터의 몫이다. **키워드**key word**와 키 비주얼**key visual**을 다시 찾아야 한다.

다시다 TV CM의 경우 표현 콘셉트는 '고향의 맛'이고, 키워드는 '**그래, 이 맛이야**'였고, KT의 경우 표현 콘셉트가 '당신을 위한 최고의 감탄사'였고, 키워드는 '올레Olleh'가 된다. 비달사순의 경우 '감쪽같이 되돌아 온 사랑'이고, 샴푸 엘라스틴의 경우는 '찰랑찰랑'이었고, 후시딘은 '마음의 상처를 치료한다'가 된다는 것을 잘 비교해 보기 바란다. 브렌닥스 치약의 경우 '뽀드득'이었다. 금강제화 리갈의 경우 '정통 신사화'가 된다.

| 콘셉트의 4단계별 비교 |

구 분	제품 콘셉트	상품 콘셉트	광고 콘셉트	표현 콘셉트
관점	광고주(엔지니어)	마케터(A.P)	A.E	크리에이터
주분석대상	제품	상품	소비자(고객)	수용자
특징 (브랜드 휠)	물리적 우위점 (Attribute)	사용 시 편익 (Benefit)	감성적 가치 (Value)	의인화를 통한 이미지(Personality)
목표(M/S)	매뉴팩처 쉐어	마켓 쉐어	마인드 쉐어	메시지 쉐어
사 례				
다시다	화학조미료가 아니다	천연조미료	자연의 맛	고향의 맛
맥심	냉동건조커피	맛과 향이 깊다	커피의 명작	가슴이 따뜻한 사람(사랑)
카스	비열처리 맥주	프리미엄 맥주	목 넘김이 좋다	시원한 젊음(의 맛)
PAVV	1,200만 화소	풀 HD 고화질	빛의 예술	빛으로 색을 잡았다
국민은행	국내 1위 은행	한국 대표은행	세계와 경쟁하는 은행	한국을 넘어 세계로
쿠쿠	기술의 강점	분리형 뚜껑	대표 밥맛	쿠쿠하세요
KT	KT와 KTF 합병	유무선 통신의 통합, 편리성과 가격 인하	편리한 생활로 신사고	당신을 위한 최고의 감탄사(Olleh)
쏘나타	첨단기술 신규채용	아트 오브 테크놀로지	아트 오브 드라이빙	실키 드라이빙
청정원	자연재료	순수한 친구	믿을 수 있는 이름	정원아 사랑해
신라면	매운맛	한국인의 맛	사나이의 맛	사나이 울리는 맛
비달사순	프로틴의 복원력	모발 탄력	사랑의 원상회복력	되돌아온 사랑
엘라스틴	프로틴 성분 강화	원상복원력 우수성	탄력 있는 모발	찰랑찰랑
후시딘	피부 상처 치료성분	자연성분의 복원력	피부 안심 복원	마음의 상처 치유
브렌닥스	안티프라그	프라그 제거	개운한 치약	개운해요(뽀드득)
리갈	질 좋은 가죽	발이 편안함	편안한 기품	믿음직한 중년 남성
니콘	정밀기술로 만든 고급제품	자동초점	전문가의 선택	10명의 전문가 중 9명이 선택
페덱스	허브 앤 스포크	신속한 수송	비행기로 당일 배달	하룻밤 새 전 세계로

인쇄광고에서는 **표현 콘셉트나 키워드**^{key word}**를 헤드라인으로 씀**으로써 광고 캠페인의 정체성^{identity}을 확보하고 캐치프레이즈^{catch phrase}로도 활용해야 할 것이다. 단계별 콘셉트가 헤드라인과 키워드를 찾기 위한 수렴적 사고라고 할 수 있다. 물성적이고 이성적인 제품 콘셉트가 점점 숙성되어 감성적이고 아트적인 콘셉트로 익어가는 것이다. 이는 '**깔때기**'처럼 점점 좁아지는 구멍으로 **엑기스를 추출해 내는 과정**을 닮았다.

메시지별 콘셉트의 종류

이와 달리 메시지별 콘셉트를 생각할 수 있다. 제품과 고객과 표현내용을 담고 있어 광고테마를 분류하고 시안을 구분할 때 유용하기 때문이다.

상품이 갖고 있는 소비자 편익은 수없이 많다. 이 가운데 고객심리와 트렌드에 어울리는, 즉 '**메시지 착용감**'이 좋은 콘셉트를 선별해야 한다. 고객 프로파일을 작성할 때 스토리를 연상하기 쉬운 콘셉트를 선정하면 된다. 경쟁상품의 광고방향도 염두에 둬야 한다. 상품의 광고 역사가 오래 되어, 상품정보나 의미부여가 이미 완료되었을 경우에는 차별성만을 강조하는 콘셉트로 진화되기도 한다. 실제 광고물을 제작할 때, 크리에이티브 구성요소를 선정하는 데 기준이 된다. 그 갈래를 나누면 다음과 같다.

● **주장 콘셉트**^{이성 콘셉트} : 새롭게 적용한 첨단기술이나 제품 특장점 소개
● **이미지 콘셉트**^{감성 콘셉트} : 상품에 연결된 감성가치와 주관적인 부가이미지
● **심볼 콘셉트**^{의미 콘셉트} : 고객의 정체성을 확보하고 차별성과 심리적

콘셉트	테 마	티쏘	쏘나타
주장	기능의 효용성과 편익	시간의 정확성, 가격, 디자인, 무브먼트	등급 최강 150마력, 연비, 보증기간
이미지	감성과 패션성 창출	고급, 품위, 스포츠 스타	네오 클래식의 질주, 고성(古城), CEO
심볼	상징과 희소성 강조	상징, 캐릭터, 기념 가치	뉴 엠블럼(emblem), 문장(紋章)
제안	T(Time), P(Place), O(Occasion)	신생활, 여행, 트렌드 등의 제안과 약속	가족여행의 여유

제 5 강

만족감에 기여

● 제안 콘셉트^{신생활 콘셉트} : 생활 패턴에 대한 새로운 제안과 신 사용처를 안내

　　시계 티쏘^{TISSO}와 현대자동차 쏘나타의 경우를 예를 들어 설명하면 위의 표와 같다.

　　제5강 콘셉트 사고과정이 마무리 되면, 카피라이터는 애드 브리프를 바탕으로 하여, 크리에이티브 브리프^{creative brief}를 작성해야 한다. 여러 번 수정되고 보완되어 정교화 할수록 좋다. 탄탄한- 전략을 구축하기 위한 중간점검이며, 광고주에게 제시할 설득 논리를 개발하는 시뮬레이션 작업이다. 킹카^{a king of copywriters}의 핵심역량 가운데 하나이므로 심혈을 기울여 완성시켜야 한다.

Client(광고주)	Brand(브랜드)	Job Title(작업명)
		Date(날짜)
What is the AD. Intended to Achieve?(성취해야 할 광고목표)		
Key Personality & Character of the Brand(브랜드의 핵심 인물과 캐릭터) & Communication Concept(광고 콘셉트) − Physical, Emotional, Meaning, Valuable etc.		
The Profile of Target Audience(목표고객의 프로파일) Concrete Lifestyle, Psychologic, Attitude, Hobby, Dream etc.		
Creative Concept(표현 콘셉트) & The Single Minded Proposition(단일 집약적 제안점) For a Key Word(Headline) & Key Visual / an Objectives Correlative(객관적 상관물)		
Substantiation for the Proposition(제안의 입증)		
Mandatory Inclusions(필수 포함사항) Stockist(특정 구매업자), logos, phone numbers etc.		
Desired Brand Image(의도된 브랜드 이미지) / Tone & Manner(표현 색조와 방식) Friendly, Sophisticated, Contemporary etc.		

Timing of Creative Works(작업시간) To Account Group / To Client	Group Account Director Signature (광고팀 국장 확인)

제6강
콘셉트 추출기법

무엇을 말할 것인가^{what to say}에서 더 진화하여 무엇을 말해 줄 것인가 what to tell를 생각해야 한다. 무엇을 말할 것인가가 아니라, 무엇을 말해 줄 것인가를 생각한다면 이는 일방적인 접근이 아니라, 소비자를 의식한 메시지 개발이 필요하다는 것이다. 소비자가 메시지 수용자로 전제되어야 한다는 것이다. 크리에이티브의 핵심 과제인 콘셉트를 추출할 때는 먼저 제품과 고객을 떠나 거시적인 관점을 가질 필요가 있다. 거시적인 관점이란 **사회동향과 트렌드, 최근 이슈와 고객 심리**에 관한 조사와 분석이 필요하다는 것이다. 이런 분석자료가 상품과 어떤 관련성을 갖는지 논의한 뒤 연결고리를 찾아야 한다. 크리에이티브란 생각하는 방법이라는 사실을 다시 한 번 숙고하기 바란다. 방향성을 탐색하는 공항의 관제탑 기능을 체크해야 한다는 뜻이다.

그 방법으로는 다음과 같다. 이 모델을 검토한 후 다양한 기법을 활용하여 콘셉트를 추출하는 것이다. 전반적인 방향성을 따져 보는 준비단계라고 하겠다.

- 경제학적 모델 : 고객의 경제적 이기심과 실리주의 구매를 자극하는 모델이다.
- 심리학적 모델 : 고객의 속마음을 사로잡으려는 모델이다. 욕구 5단계로 유명한 매슬로 모델$^{\text{Maslow Model}}$이 대표적이다.
- 사회학적 모델 : 준거집단이나 역할 모델과 유행사조를 따라잡으려는 모델이다. 사회적 증거의 법칙 같은 설득이론에 적용받는다.
- 라이프스타일 모델 : 생활의 단면$^{\text{slice of life}}$을 묘사하거나 신생활을 디자인하여 소개하는 모델이다. 가족 건강 여행 등으로 생활가치를 표현된다.
- 엔터테인먼트 모델 : 콘셉트와 고객 지향보다는 광고의 오락기능을 강조한 모델이다. 비주얼 영상미학과 효과^{VFX}를 부각시키고 재미와 해학을 표현한다.

4C의 접점 분석

마케팅 분석은 물론 커뮤니케이션 분석에서도 4C$^{\text{기업, 소비자, 경쟁, 환경}}$의 접점 분석은 기본이다. 다만 목표고객의 심리를 파고들어야 한다. 생활 속에 어떤 편익이 있는지를 살펴야 한다. 경쟁제품과 차별점은 무엇이고 그것을 재미있게 표현하는 메시지와 그림은 무엇일까를 고려해야 한다. 광고에서 표현할 제품의 특성은 세 가지가 가능하다. 원래 가지고 있던 고유 독창성과 상대적 우위성을 강조하는 경쟁우위성과 관련성이 없지만 이미지 구축 차원에서 쌓아가려는 임의차별성이다. 그리고 상품의 내외부 사회문화 환경인 **소비자 심리**와 **트렌드**는 항상 잊지 말아야 할 표현전략의 핵심요소이다.

콘셉트 단계별로 크리에이티브가 되기 위한 발상의 전환 및 이류을 구상하고 표현 아이디어와 연결하기 쉬운 소재를 발견할 수 있어야

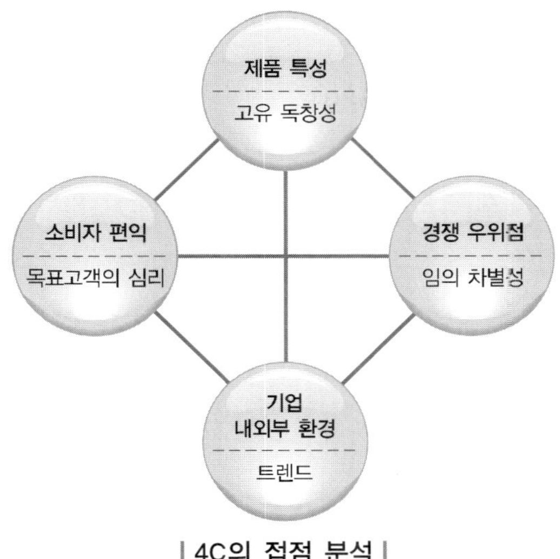

| 4C의 접점 분석 |

한다. 항상 '아트와 카피의 행복한 결혼' 가능성이 커야 한다는 걸 잊지 말아야 한다. 콘셉트는 콘셉트 단계에서 끝나는 게 아니라 최종 목표인 표현 아이디어를 위한 사고과정이기 때문이다.

목표고객 분석

핵심 고객을 사용자^{user}와 구매자^{buyer}와 권유자^{persuader}와 영향자^{influencer}를 구별해서 파악해야 한다. 그리고 인구통계적인 분석^{demographics}으로 연령과 성별과 소득과 개인 프로필^{profile}과 생활 단면을 파악해야 한다. 그 다음엔 사회심리적 분석$^{socio-psycologics}$으로 트렌드와 구매 동기와 준거를 알아야 한다. 기타 지역별, 기호별, 취향별 목표고객을 분석해야 한다. 목표고객의 생활과 심리 속에 푹 빠져야 한다. 그 심리와 생활 하나하나는 모두 크리에이티브의 소스가 된다. 최소 80점을 얻을 수 있는 좋은 기법이다.

　　보통 고객 분석은 마케팅 부서에서 설문조사를 하거나, 외주 조사 업체에서 작성한 리포트를 검수하는 정도로 끝낸다. 외주 조사업체는 하나만 조사하는 게 아니라 부실조사가 되기 쉽다. 이런 관행으로는 획기적인 아이디어 도출이 미흡할 수밖에 없다. 장기적으로 시계열적인 경향을 알 수 있는 조사항목을 개발하고 관리하는 시스템을 갖추어야 한다. 조사의 신뢰도를 높이는 길을 찾아야 한다. 조사 경험이 풍부한 인력을 배치하는 것도 필요하다. 보통 고객분석 단계는 세 가지다.

　　첫째, 소비자를 **세분화**해야 한다. 소비자의 특성을 파악하여 비슷한 성향의 생활자를 **집단화**grouping하는 과정이다. 둘째, 목표고객의 집단을 개별화하고, 개인 프로파일을 정밀 묘사해야 한다. 소비자 **초상화** customer portrait라고 한다. 소득수준과 취미와 나이 등이 자세하게 나와야 한다. 셋째, 소비자가 제품을 구매하는 과정buying process을 분석하는 과정이다.

6W3H 기법

카피라이터크리에이터가 소비자에게 자기의 상품과 서비스를 무엇이라고 말해주면서 알릴 것인가? 하는 문제는 표현 아이디어의 원천이 된다. 누가, 어떻게, 언제, 어디서, 왜, 얼마나 쓰고 있는가를 알아야 한다. 그래야 '표현해야 할 아이디어'가 나오기 때문이다. **6W3H 기법**은 무엇을 어떻게 말해 줄 것인가? 하는 문제를 구체적으로 하나하나 **질문하고 열거해 봄**으로써 콘셉트를 발굴하는 기법이다. 광고 메시지의 근간을 이루는 내용을 **빠짐없이 검토**하고, **표현 아이디어까지 얻기 위한 방법**이다. 소구 포인트 360° 회전사고와 입체사고와 다양한 관점이 필요하다. 광고 같은 집단창작에서는 다다익선多多益善만큼 요긴한 게 없다. 생각해 볼 수 있는 모든 가능성을 점검해 보는 것이기 때문이다. 이는 상품정보를 생활정보로 나누어서 생각하고 목록표list를 만드는 카피 플랫폼copy flat form과 이어져 있다.

- who : 그 상품을 누가 사용하고 있는가?
- whom : 그 상품을 누구에게 팔 것인가?
- what : 그 상품은 무엇이라고 말할 수 있는가?
- when : 그 상품을 언제 사용하고 있는가? 또 사용할 수 있는가?
- where : 그 상품을 어디서 사용하고 있는가? 또는 사용할 수 있는가?
- why : 그 상품을 왜 사용하고 있는가? 또는 사용하게 할 수 있는가?
- how : 그 상품을 어떻게 사용하고 있는가?
- how much(many) : 그 상품을 얼마나 사고 있는가?
- how often : 그 상품을 얼마나 자주 사고 있는가?

안도현은 《가슴으로 쓰고 손끝으로도 써라》에서 말한다. 어떻게 쓸 것인가? 당신은 적어도 다음에 제시하는 열 가지 정도의 행동을 수행하거나 사유를 움직여야 한다.

- 사과를 오래 바라보는 일
- 사과의 그림자를 관찰하는 일
- 사과를 담은 접시를 함께 바라보는 일
- 사과를 이리저리 만져 보고 뒤집어 보는 일
- 사과를 한 입 베어 물어보는 일

- 사과에 스민 햇볕을 상상하는 일
- 사과를 기르고 딴 사람과 과수원을 생각하는 일
- 사과가 내게 오기까지의 길을 되짚어 보는 일
- 사과를 비롯한 모든 열매의 의미를 생각해 보는 일
- 사과를 완전히 잊어버리는 일

'문제는 당신이 무엇을 쓰는가에 있지 않고, 당신이 어떻게 쓸 것이며, 어떻게 이 세상을 볼 것이며, 어떠한 각도에서 세계를 볼 것이며, 당신이 어떠한 태도로 이 세계를 포용할 것인가에 있다'고 했다. '어떻게 쓸 것인가'를 '어떻게 세상을 볼 것인가'로 역방향 사고를 함으로써, 콘셉트 지향적이고 사회적 메시지를 담아 내려는 의도라고 하겠다. 카피라이터는 **광고적인 허용과 응용력**으로 몇 가지 더 사유를 움직일 것이다. '사과를 잘라 보는 일'이나 '사과의 색깔을 바꿔보는 일', '사과를 키워 보는 일' 등이다.

광고화Ad. translation의 과정

광고화는 광고 콘셉트를 표현 콘셉트로 전환시키는 과정이다. 먼저 '우리는 어디로 가야 하는가?'에 해당하는 광고목표를 잊지 말아야 한다. 광고 콘셉트는 '무엇을 설득할 것인가?'에 관한 메시지다. 이 메시지를 정확하게 쉽게 싸게 전달하기 위한 크리에이티브 발상이 광고화다. 고객들의 필요와 욕구는 광고 콘셉트에서도 똑같다. 표현 콘셉트로 전환이 독특해야 한다. 광고화가 검토해야 할 필수 항목과 **사고**思考**뭉치**는 기본 다섯 가지다.

첫째, **사회흐름**^{social trend}이다. 동시대를 살아가는 고객들과 함께 같은 공기를 마시며 호흡하고 있다 동류의식을 줘야 한다. 우리 사회문화 공동체의 일원이라는 집단무의식 같은 것이다.

둘째, 상품을 구매하고 사용할 **고객의 심리**를 깊이 잘 파악해야 한다. '상품을 사는 진정한 이유는 무엇인지', '어떤 욕구를 채우기 위해 샀는지'를 찾아내야만 콘셉트가 겉돌지 않게 된다.

셋째, 광고하려는 상품의 특징과 브랜드명과 연관성을 주는 고리^{link}가 강력해야 한다. 최소한 로고송^{logo song}이나 징글^{jingle}이라면 후크 송^{hook song}이 되어서 반복적으로 노출시켜 따라 부르게 만들어야 한다.

넷째, 경쟁상품의 표현이다. 표현의 차별화를 위한 필수 체크리스트다. 혹시 유사광고나 모방광고가 되어서는 안 되기 때문이다. 크리에이티브 세계에서는 유사 모방광고는 범죄행위이며 브랜드 자체를 시장에서 퇴출시키는 원인이 된다. 과거 두산의 아이스^{ICE} 맥주가 광고물 표절이 문제되었고, 최근 LG전자의 광고물도 모방으로 집행을 포기했다. 학계의 표절^{plagiarism}이 도둑질과 정직성의 문제로 이슈가 되면서 독창성이 더욱 중요해졌다.

마지막으로 항상 광고목표를 간과해서는 안 된다. 표현 콘셉트의 출발지이자 종착지가 되어야 한다.

| 광고화의 과정 |

<table>
<tr><td>

**광고화 과정의
요약**

</td><td>

- 전략^{4C} : 고객^{Customer}, 기업^{Corporate}, 경쟁^{Competition}, 환경^{시장, Circumstance} 분석
- 광고목표, 목표고객, 매체^{시간과 지면}, 방법^{캠페인, 시리즈}, 예산
- 문제점과 기회^{SWOT} 분석
- 브랜드 포지셔닝 검토
- 6W3H 분석, TPO 조사분석
- 개인의 가치^{personal value}와 사회 흐름^{social trend}과 연계성과 고객지향 사고
- 광고 콘셉트과 표현^{아이디어}의 효과 연계성

</td></tr>
</table>

광고화는 **직관과 경험의 도약과 수직이륙**^{take-off}**으로 설명할 수 있다.**

거대한 제트 여객기 보잉747이 활주로를 이륙하여 창공으로 이륙하기 위해서는 최소한의 속도가 필요하다. 이것을 지상에 머무르지 않고 창공으로 날기 위한 도약^{take off}을 747론이라고 한다. 이륙에 필요한 최소 비행속도가 시속 약 700km라고 한다. 2차원의 땅에서 3차원의 하늘로 날아가기 위한 공기부양효과를 얻어야 하기 때문이다. 평면사고에서 입체사고로 바뀌어야 창조가 가능해지는 사고과정과 비슷하기 때문이다. 이 기법은 크리에이티브 디렉터의 직관과 경험이 만들어 내는 광고의 도약이요 수직이륙이다. 흔히 광고화^{Ad. translation}를 이 수직이륙으로 비행하는 것에 비유한다. 과학적이고 물질적이고 이성적인 상품정보를 예술적이고 심리적이고 감성적인 크리에이티브 메시지로 전환시켜야 하는 것을 말한다. '화룡점정^{畵龍點睛}'이나 '당의정^{糖衣錠}'론이나 '연금술^{鍊金術}'론이나, '요리론'이나 '예술과 과학의 칵테일 효과론'도 이심원^{二心圓}의 세계를 통합하고 승화시켜야 한다는 관점과 거의 비슷하다고 하겠다. 이 어려운 '발상의 전환' 문제를 풀기 위해서는 전혀 관계없는 사물을

연상하여 상품 콘셉트와 강제결합하고 생활자의 심리에 이어주는 색다른 차원의 접근법이 필요하다. 광고창작 경험과 인사이트insight를 함께 작동시켜야 한다.

그래서 김태형은 '광고는, 카피는 잘 말하여진 진실Truth well told, 이라는 레오 버넷의 말에 동의하고 《카피라이터 가라사대》에서 이렇게 적고 있다.

'광고가 무어냐고 물으신다면
카피가 무어냐고 물으신다면
감언이설甘言利說이라 말하겠어요.
듣기 좋은 달콤한 말로
소비자에게 이로운 바를 얘기하는
감언이설이 카피 아니겠어요?
감언이설로 속이는 게 아니라
재미있는 말로 진실을 얘기하는
감언이설이 광고 아니겠어요'

제7강
핵심 메시지 작성

핵심 메시지 작성은 콘셉트를 추출한 뒤 소비자 언어로 바꿔주는 작업이다. 주로 키워드와 헤드라인 작성으로 이루어진다.

키워드^{헤드라인} 작성^{writing}은 수사학과 심리학과 사회학을 동원하여 가능한 한 많이 써야 한다. **인쇄광고에서는 헤드라인**이라고 보고, **전파광고에서는 키워드**^{KEY WORD}라고 할 수 있다. 물론 구어체의 정도가 다르지만 같은 수준의 카피로 보면 될 것이다.

작성^{writing}이라는 면에서 키워드^{헤드라인}은 역시 다다익선이다.

1,200만 화소의 풀 HD 고화질의 경우는 '마릴린 몬로의 입술이 더 붉어졌다', '한국의 저녁 노을이 더욱 붉어졌다', '새로운 붉은 악마의 발견', '빛으로 색을 잡았다' 같은 헤드라인이 나올 수 있겠다. 헤드라인은 콘셉트와 다르다. 헤드라인은 개념어를 나열하는 게 아니다. 생활 속에 생기는 문제해결책이다. 헤드라인은 추상화가 아니고 구체화이다. 헤드라인은 이성이 아니고 감성이다. 헤드라인은 다수가 아니고 개인이다. 헤드라인은 일방적인 연설이 아니고 양방향의 대화이다. 주고받는 대화처럼 오고 가는 메시지다. 환류^{feedback}가 받아들여져 헤드라인은 수

정되고 숙성된다. 헤드라인은 주관이 아니고 객관이다. 그래서 최대 다수의 최대 공감이라는 경제원칙이 적용되어야 한다.

헤드라인이 구체화라고 한 뜻은 그 속에 그림^{비주얼}**을 담고 있어야 한다는 것이다.** 손에 잡히고 눈에 보이는 구체적인 사물이 좋다. 헤드라인 속에 구체적인 사물^{客觀的 相關物}을 카피로 넣으려고 해야 한다. 헤드라인을 읽으면 그림이 떠올라야 하기 때문이다. 만약 그림이 연상되지 않으면 좋은 헤드라인일 경우가 드물다. 그 헤드라인은 빨리 폐기처분해야 한다. 그림을 창안하는 아트 디렉터가 좋아할 수 있는 헤드라인이 좋다. 또한 헤드라인의 메시지는 고객이 생활의 문제를 해결하는 데 도움을 얻을 수 있는 것이어야 한다. 소비자에게 이 상품이 해줄 수 있는 편익을 약속하는 것이다. 내 생활의 가치나 의미가 달라지고, 자부심이 설득되어야 한다. 소비자가 그 제품에서 기대하고 있는 것을 아주 구체적으로 연상할 수 있어야 한다.

핵심 메시지의 조건^{Bovee & Arens}

또 하나의 가족 _삼성전자

생각이 에너지다. _SK에너지

생각대로 해, 그게 답이야. _SKT

지구의 가치를 높이는 기술 _두산중공업

당신은 철 없는 여자 _헤모큐

아내의 뼈아픈 사연을 남편은 모른다. _펄 칼크

아내사랑 뿌린 대로 거둔다. _스프레이식 세정제

예스 하는 증권사, 노 하는 증권사 _동원증권

보통 소비자에게 기억되고 있는 헤드라인이나 키워드는 남다른 특징이 있다. **은유법**, **더블미닝**, **객관적 상관물** 등이다. 일반 문예창작가의 라이팅은 예술성을 전제한다. '글을 쓸 때는 문을 닫을 것, 글을 고칠 때는 문을 열어 놓을 것. 다시 말해서 처음에는 자기 자신만을 위한 글'이다. 독자를 향해 바깥세상으로 나가더라도 작가와 독자의 대립구도는 살아 있다. 점차 이 경계가 무너지면서 또 다른 융합의 모습을 보이지만, 예술로서의 독자영역을 보장받는다. 그러나 실전 헤드라인을 쓰는 데는 몇 가지 조건이 있다. 효과적인 카피가 되려면 기법과 메시지상의 차이가 있다. 유명 광고인인 핼 스테빈스Hal Stebbins는 이렇게 말했다.

(작품을) 쓴다는 것과 상품을 팔기 위해 쓴다는 것은 큰 차이가 있다. 앞의 경우는 의미를 전하는 것이며, 뒤의 경우는 설득하는 것이다.

헤드라인과 카피라이팅은 그 바깥 세상에 있는 고객들이 읽고 싶어 하고 눈에 띄는 글을 써야 한다. 재핑zapping으로 광고를 외면하려는 고객의 마음 사로잡으려면 온갖 쇼show를 다해야 한다. 커뮤니케이션 상의 잡음을 이겨내려면 더욱 오감만족을 주는 임팩트가 필요하다. 그래야 상품을 사고 싶게 만드는 설득이 된다. 인지, 정서, 행동의 태도변화까지 유발하는 힘을 가지고 있어야 한다. 무계획적으로 휘뚜루마뚜루 해서는 안 된다. 전략적인 방법론으로 기본을 지키는 사고가 요구된다. 다음과 같다.

- **목표 확인** : 광고목표를 다시 한 번 확인해야 한다. 분명한 목표가 없으면 나침반이 없는 항해와 같다. 브랜드 인지도 제고냐, 경쟁상품을 의식하느냐, 상품 관련성이 뭐냐, 제품 특징 고지냐, 고객 구매심리 자극이냐, 용도 확장이냐, 유통점 지원이냐 등이다.
- **고객 선정** : 누구에게 알려야 하느냐를 확인해야 한다. 고객선정은 일대일 대화체로 풀어 갈 때 화법을 결정하므로 더욱 중요하다. 구체적인 개인 프로파일profile을 작성할 수 있어야 한다.
- **고객지향성** : 내 자랑만 늘어놓고 소비자 관점을 무시한 일방향me-me-me! 광고는 안 된다. 메시지와 고객의 관점과 편익을 생각하는 카피가 되어야 한다. 고객의 생활문제를 해결해 주는지를 따져봐야 한다.
- **매체 특성** : 전파매체와 인쇄매체와 인터넷 매체는 확연히 다르다. 뉴미디어는 시간과 표현 기법에서 확연히 달라야 한다. 매체가 메시지인 시대이다. 거듭 확인하고 또 확인해야 한다. 인터넷의 양방향 커뮤니케이션 기능은 크리에이티브의 시간과 공간을 무한히 확장시킨다.
- **단일소구점**single-minded proposition : 제품의 유일한 특장점unique selling proposition을 집약해서 제시해야 한다. 그 소구점에만 집중하고 반복하여 강조해야 한다. 야구 공놀이에서 두 개의 공을 한꺼번에 잡을 수가 없다. 소비자는 더욱 두 개의 공을 잡지 못한다.
- **짧은 문장** : 거창한 용어나 두루뭉술하고 불투명한obfuscation한 중언

부언 길게 늘인 표현은 폼 잡는 표현이라 거부반응을 일으킨다. 되도록 짧은 문장으로 써라. 알기 쉽고 손에 잡히는 듯 구체적인 언어를 써야 한다.

- 긍정성 : 부정적인negativity 표현은 소비자의 수용에 장애가 되고, 제품력에 자신감이 없어 보인다. 괜히 문장이 어려워진다. 소비자는 좋은 것만 골라 먹을 성향과 권리가 있다. 광고는 행복전령사임을 알아야 한다.

- 의사전달 속도 : 불필요한 뜸들이기filibustering는 짧은 노출시간에 이해하고 태도변화를 유도하기에 부족하다. 최초 5초에 잡아야 한다. 인터넷 검색에서는 1초도 길다고 한다. 생각의 속도로 움직이는 디지털 시대엔 더욱 빨라야 한다.

- 직설적 표현 : 과도한 비유euphemism는 지나친 포장으로 오해하기 때문에 직설적 표현으로 바꿔줘야 한다. 추상적인abstractness 표현은 해석에 오류가 생긴다. 소비자는 광고를 이해하려고 하지 않는다. 똑바로 명쾌한 카피로 승부해야 한다.

- 시리즈 가능성 : 좋은 아이디어인지를 판가름 할 수 있는 방법 가운데 하나가 시리즈 가능성이다. 카피 형식과 내용에서 글자 하나를 대체해도 카피가 온전히 살아 있어야 한다. 지속가능한 광고의 특성을 지니고 있어야 한다는 점이다.

- 희소성 : 상투적인cliche 용어는 진부하여 실증이 난다. 좀 더 싱싱한 문장으로 새로운 표현을 찾고 희소성을 주어 가치를 느끼게 해야 한다. 못 보던 비유나 싱싱한 신조어를 제시해야 한다.

핵심 메시지의 리뷰

최고의 키워드^{헤드라인}를 선택하기 위해 리뷰를 해야 한다. 리뷰하는 이유는 광고가 집단창작이기 때문이다. 개인 창작의 예술이 아니기 때문이다. 소비자가 돈을 지불하고 구매하기에 명확한 이유가 있어야만 한다. 그것은 생활 속에서는 편익이고, 심리적으로는 소비자의 가치와 의미와 자부심과 명예욕 등이다.

'강력한 메시지 비법^{Made to Stick}'에서 칩 히스^{Chip Heath} 교수는 10여 년 동안 전 세계의 속담과 전설^{傳說}, 선거 구호 등과 성공한 슬로건, 연설, 광고, 인터뷰를 분석한 결과 여섯 가지 공통점을 발견하고, 사람의 기억에 오랫동안 남는 메시지 '스티커 메시지'의 특성을 여섯 개의 원칙으로 정리했다. 기업뿐 아니라 카피라이터, 마케팅 전문가, 작가 등을 대상으로 한 스티커 메시지 작법은 다음과 같다. **성공 작법 석세스** ^{SUCCES's}이다.

- 간결성^{Simplicity} : 핵심^{lead}만 남기고 가지치기를 해야 한다.
- 의외성^{Unexpectedness} : 강제결합에서 나온다. 강제결합은 의문과 호기심을 발동시킨다. 이는 참여하고 스스로 문답하게 한다. 광고의 인지도와 이해도가 올라가게 된다.
- 구체성^{Concreteness} : 단순할 수 없다면 통할 수 없다. 많이 아는 사람일수록 알아듣기 힘든 '지식의 저주^{curse of knowledge}'에 빠져 수용자를 배려하지 않고 말하게 된다. 오감으로 느낄 수 있어야 한다.
- 신뢰성^{Credibility} : 사회적 약속이고 기본이다. 거짓 메시지는 범죄행위다.
- 감성^{Emotion} : '정체성^{identity}'에 호소해야 한다. 공감할 수 있어야 한다.

- 광고목표가 달성될 수 있을까? 예상 효과를 짐작해 본다.
- 콘셉트는 명확한가? 단일 소구점과 브랜드명의 삽입 여부를 확인한다.
- 소구대상은 명확한가? 목표고객이 선정되었는가? 대화하듯이 느껴지는가?
- 시선집중력은 있는가? 드라마틱한 표현, 쌍방향 커뮤니케이션의 가능성을 본다.
- 가독성은 있는가? 외래어 한자어 헤드라인의 길이가 적당한가?
- 서브헤드라인은 필요한가? 보충설명과 구매를 촉구하는가?
- 아트와 카피의 조화는 완벽한가? 타이포그래피의 세련미와 의미가 담겨 있는가?
- 매체특성과 부합하는가? 변형광고, 양면광고 매체타입전파, 인쇄, 인터넷이 맞는가?

- 스토리Story : 쉽게 이해하고 오래 기억에 남기기 위함이며, 문화 차원
  으로 올리기 위함이다.

이 헤드라인의 내용과 형식이 쉽게 받아들일 수 있는가를 따져봐
야 한다. 내용은 메시지의 공감도이고 형식은 카피 수사학이 될 것이다.
무엇을 어떻게 표현했는가가 중요한 리뷰 대상이다. 소비자의 편익이
전해지는가. 구체적인 비주얼이 연상되는가. 경쟁제품의 표현과 차별화
가 되는가. 표현기법은 독창성이 있는가. 지속가능한 표현인가. 간결한
가. 암기하기 좋은가. 공감할 수 있는가. 마지막으로 여러 가지 기준을
만족시키는 헤드라인을 선택한다.

비주얼 연상

좋은 헤드라인은 비주얼visual을 찾기가 쉽다. 그러나 헤드라인을 읽고

즉각 연상되는 그림을 비주얼로 하면 좋은 광고로 발전하기 어렵다. 헤드라인이 1차적으로 전해 주는 연상그림이 있는데, 그 다음에 연상되는 그림을 비주얼로 정해야 좋다는 것이다. 또한, 비주얼은 즉각적으로 헤드라인이나 카피 메시지를 1차적으로 설명하는 수준에 머물러서는 안 된다. 보통사람이면 누구나 그림을 보면 1차적으로 떠오르는 메시지가 있게 마련이다. 그림이 헤드라인을 자유 연상시키고 난 뒤에 떠올릴 수 있는 메시지를 찾아야 한다. 그래야 그 그림의 강도나 의외성이 잘 나타나게 된다. 일반 독자나 시청자는 '무엇을 말하려고 하지?' 하는 호기심을 갖게 되고, 광고해독 과정에 직접 참여하게 되는 효과가 생기게 된다.

이때 객관적 상관물의 발견이 필요하다. 누구나 인정할 수 있는 그림이고 메시지가 전달되는 것이어야 한다. 이 객관적 상관물을 일부러 가공하거나 미화시키거나 변형시키려고 애쓸 필요가 없다. 비주얼의 창안에 자신이 없으면 본래 있던 그대로 제시하는 게 낫다. 광고를 보는 소비자는 최소한의 상식과 경험으로 그림^{visual}을 자기 나름으로 해석해 주기 때문이다. 광고물을 보는 시간이 아주 짧지만 소비자는 무의식적으로 자극에 반응하게 되어 있다. 객관적 상관물이 메시지에 **자연스럽게 연결**$^{natural\ connection}$되기만 하면 좋다. 정보가 자연스럽게 용해되어 있고 미학이 느껴질 수 있는 것이면 충분하다. 그림을 미숙하게 가공하거나 변형하면 오히려 크리에이티브의 품질이 떨어져 보이고 어린애의 장난기 있는 치기^{稚氣}로 보인다.

객관적 상관물$^{客觀的\ 相關物}$은 은유법$^{A=B}$으로 강제결합시킨 메시지라고 할 수 있다. '**낯설게 하기**'라는 고전적 기법도 전혀 예상하지 못하는 단어나 사물$^{客觀的\ 相關物}$을 은유법으로 연결시켜 새로운 의미를 만드는 것이라고 할 수 있다. 크게 보면 광고 크리에이티브와 카피를 대변하는 개념은 이 객관적 상관물이다. 좁게 보면 형상화와 영상화와 순인상

total net impression을 연상할 수 있는 비유를 잘 한 카피^{비주얼}가 객관적 상관물이다. 구어체로 생활 속의 사물을 통해 상품이 연상되도록 하는 사건^{사물}이기 때문이다.

영국의 시인 엘리어트^{T. S. Eliot}는 이를 두고 객관적 상관물로서 예술의 연결적 또는 상관적 측면이라고 묘사했다. "예술의 형식에서 감정을 표현하는 유일한 방법은 **객관적 상관물을 발견**하는 것이다." 다시 말하자면, 사물의 집합이나 상황, 일련의 사건들은 특정한 감정을 나타내기 위한 공식^{the formula}이다. 즉, 예술은 우리가 개인적으로 경험했을 수도 있는 느낌이나 아이디어를 그 개입적인 속성을 잃어버린 곳으로 길어 올려, 어떤 주체로부터도 독립된 객관적인 의미를 갖도록 만든다는 것이다^{광고의 기호학}.

이 객관적 상관물은 '외적인 사건이 주어지면 대응되는 정서를 즉각적으로 환기시키는 것'이기도 하다. 똑같은 광고를 보고난 뒤에도 그 반응은 각각 지문만큼이나 다르다. 본질은 변함이 없는데 해석과 지각은 판이하게 다르다. 그래서 그 수용오차를 가장 적게 만드는 정서를 이 말로 요약한 것이리라 믿는다. '의도한 메시지를 100% 그대로 전달'되게 하는 게 중요하다. 커뮤니케이션 상에서 수많은 잡음^{noise}이 있다. 이 잡음들을 헤쳐내고 표현 콘셉트를 받아들이게끔 해주는 연상 매개물인 셈이다.

객관적 상관물은 크리에이티브의 에센스가 일대 일 대응될 수 있는 수많은 가능성 중에서 하나를 선택하여, 생활자와 비니피트와 연결시킨 제3의 무엇이라고 할 수 있다. 제3의 무엇은 환기작용과 연상작용의 고리^{hook}가 되어 크리에이티브의 핵심요소가 된다. 의도한 지시개념을 지시대상을 통해 보여 주는 수사학의 하나라고도 할 수 있다. 생활자에게 **'제품의 정서적 등가물'**로 인식시켜 의도된 반응을 일으키도록 유도

하는 아이디얼 포인트이다. 소비자가 광고를 보거나 읽고 나서 '아~, 그런 뜻이구나' 하고 해석할 때, '그 뜻'이 사람마다 다를 수 있다. 그 해석상의 오차를 최소화한 크리에이티브이다. 카피라이터와 크리에이티브 디렉터의 자존이 걸려 있는 핵심능력이다. 목표고객에게 정확하게 도달되는 크리에이티브는 카피라이터가 거부할 수 없는 유혹이다.

객관적 상관물의 정의

객관적 상관물客觀的 相關物, objective correlative은 감정을 객관화하거나 감정을 표현하기 위한 공식 역할을 하는 대상물을 가리킨다. 시인 엘리어트 T. Eliot의 정의를 다시 정리하면 다음과 같다.

"어떤 특별한 정서를 나타낼 공식이 되는 한 떼의 사물, 정황, 일련의 사건으로서, 바로 그 정서를 곧장 환기시키도록 제시된 외부적 사실들이다."

'구체적인 사물을 통하여 간접적으로 정서를 환기시킨다'는 것이다. 이 사실과 사물을 떠올리면 감정을 객관화하여 직접적으로 연상되게 하는 매개물인 셈이다. 광고를 보고 났을 때 어떤 카피나 비주얼이 기억에 남아 있게 된다. 그 후 어떤 카피나 비주얼을 떠올릴 때, 그 광고가 자동적으로 생각나면 그것이 객관적 상관물이 된다고 할 수 있다. KT의 기업광고에서는 올레olleh가, GS건설의 광고에서는 이영애가 가장 먼저 떠오른다. 올레와 이영애가 객관적 상관물이 된다. 객관적 상관물은 글자 그대로 '객관적'이고 서로 '관련성'이 있으며 '구체적인 사물단어'이라야 한다는 것이다. 이 객관적 상관물의 발상이야말로 광고 크리에이티브에서 가장 핵심적인 발상법이라 하겠다. 지속적으로 브랜드 자산으로 육성해야 할 메시지이고 이미지가 되기 때문이다. 카피라이터와 크리에이터가 길러야 할 '킹카교실의 라이선스 비법'이나 경쟁력^{edge}이 될 것이다.

이 객관적 상관물은 광고 표현에서 메시지를 나타내기 위한 도구이기도 하다. 그런데 그 메시지와 직접 관계가 없는 무엇^{단어 혹은 그림}을 끌어들임으로써, 간접적으로 드러내는 것이다. 수사학의 비유법에서 본다면, 원관념이 있고 보조관념이 있으면 그 사이를 연결^{hook}하고 매개하는 사물^{단어}이다. 원관념이 직접 말하지 않지만 구체적이고 학습되어 있어 알기 쉬운 보조관념을 통해 의미를 전달하려고 하는 수단이다.

이 객관적 상관물은 감정이입과 정서환기의 매개체, 혹은 자극체로 삼는 방식의 두 가지로 사용된다. 감정이입^{empathy}이란 사물^{無生物}을 유정물^{有情物}로 만들어 자신의 감정을 대상 속에 이입^{移入}시키는 방법이다. 그래서 감정이입은 객관적 상관물로 볼 수 있다. 객관적 상관물은 광고 크리에이티브에서는 좀 더 확장되어 사용된다. 구체적인 사물과 단어까지 포함한다. 기본적으로 광고 크리에이티브는 아트와 카피의 행복한 결혼이라는 명제에서 출발하기 때문이다.

객관적 상관물은 카피인 **객관적 상관어**^語와 아트인 **객관적 상관상**^像으로 나눌 수 있다. 같은 문화권 내에서 경험하고 공유하고 있어, 누구나 인정할 수 있고 쉽게 연상되는 관련 단어나 그림을 말한다. 정서환기가 이루어지게 하는 자극체^{매개체}다. 주관적 인상이나 주장이 아니라 **최대 다수의 고객이 수용**할 수 있는 카피와 아트를 말한다.

전략적 크리에이티브의 **정의는 새로운 사고로 객관적 상관물**^{語,} ^像**을 발견**하여 소비자에게 표현하는 것이다. 명쾌한 메시지와 완벽한 아트로 화장한 새로운 세계이다. 같은 재료를 써서 조리를 해도 주방장에 따라 맛이 다르듯이, 고객의 입맛에 딱 맞는 요리를 만들기가 어렵다. 누가 먹어 봐도 맛있다고 말할 수 있을 정도로 정교한 조리법을 발견해

내야 하는 게 광고 크리에이티브의 과정이다. 즉 '**감정이입과 정서환기를 위한 매개체**^{자극제}'를 찾아내는 길이다.

광고회사 TBWA의 신입사원 모집광고다. 고집이 있고 혁신적인 인재를 까다롭게 고르겠다는 의지를 읽을 수 있다. 모집광고 하면 '**즉각적으로 연상되는 사물**', 객관적 상관물을 '조개'와 '자물쇠'로 비주얼화했다. 시리즈가 가능한 크리에이티브의 전형을 보여 주고 있다.

아무에게나 열어주지 않겠다!

낡은 틀을 깨고 새로운 판을 짜는 사람. '대충'이란 말과 결코 타협하지 않는 사람. 광고가 Art라고 끝까지 고집할 수 있는 사람. 이런 분들이 아니면 열어드리지 않겠습니다. 광고인이 가장 일하고 싶은 회사를 만들기 위해 TBWA가 꼭 필요한 몇 분을 찾습니다.

제8강

카피와 아트의 행복한 결혼

이제 '**생각의 탄생**'으로 몇 개의 시안이 만들어질 수 있다. 아이디어가 떠오를 때마다 메모를 계속한다. 며칠 후 덮어 두었던 광고 시안들을 꺼내 보면 처음 느낌과 많이 다른 걸 알 수 있다. 어제의 정상이 오늘의 바닥임을 알게 된다. 아이디어가 숙성될 기회를 만들고 있는 것이다. 산보도 하고 영화도 보고 소설도 읽고 친구도 만나면서 긴장을 풀어버리면, 때로는 엉뚱한 발상이 나온다. 가끔 다른 제품 광고나 다른 예술장르를 생각해 보면 좋다. 당신이 전혀 사용할 기회가 없고 관심도 없는 제품을 떠올려 광고를 만들어 본다. 만일 당신이 남자라면 **트랜스포머**를, 여자라면 **원더우먼**을 생각해 본다. 미드족族이 되었다가 나오미족族이 되었다가 하면 발상에 도움이 된다. 변신이 좋고 몰입이 필요하다. 아이디어에 대항할 수 있는 유일한 무기는 그 아이디어에 이길 수 있는 아이디어뿐이다.

이랬다가 저랬다가 놀라움이 태어난다.
QOOK & SHOW _KT

썸네일 스케치 리뷰

헤드라인과 비주얼을 이용하여 최초 아이디어 발상단계의 시안thumbnail sketch을 만든다. 이를 좀 더 정밀하게 제작하여 **가상 헤드라인**일지언정 카피 메시지가 써 있는 러프 레이아웃rough layout과 러프 스케치rough sketch를 만든다. 다다익선이다. 콘셉트에 맞게 방향성을 정하고, 각 방향성에 맞는 수많은 시안을 전개하여 리뷰를 받아야 한다.

　이때 중요한 것은 꼭 카피를 먼저 쓰고 그림을 찾아야 한다. '**카피 발**發 **비주얼 착**着'이다. 그림을 먼저 찾게 되는 경우에는 헤드라인을 붙이기가 더 어려

이랬다가 저랬다가 놀라움이 태어난다. QOOK & SHOW _KT

워진다. 그림은 그 자체가 다양한 메시지와 의미를 품고 있어서 다시 카피를 확정하기 위한 고민을 되풀이 하게 된다. **그림은 다의성을 갖지만 카피는 단의미성을 갖기** 때문이다. 방향성만 검토하면 미확정 카피라도 설정해 놓고 그 카피에 맞는 그림을 발굴해 내야 한다. 카피 발發의 힘은 카피 포맷format이 생성되는 길이고, 카피 폴리시policy로 확정되면 어떤 그림비주얼과 연동하더라도 의미생성에는 아무런 장애가 생기지 않는다. 거의 무한대의 시리즈 광고가 가능해진다. 시리즈 아이디어가 발상된다면 아주 대단한 캠페인이 될 확률이 높아진다.

　카피와 아트는 상호영향을 미치면서 상호보완성이 있어야 한다. 아트가 갖는 있는 메시지 내포성內包性과 카피가 갖고 있는 비주얼 연상

력聯想力이 있기 때문이다. 물론 상호 배타성이 있으면서 공조효과가 있을 때도 크리에이티브해질 수 있다. 서로 다른 의미와 구조를 갖고 있는 요소들이 잘 연계될 때 카피와 아트는 행복한 결혼을 하게 된다. 이런 크리에이티브 구성요소들이 상호작용하여 시너지 효과를 내게 해야 한다. 헤드라인이 없을 때, 비주얼이 말하고 있는 메시지가 떠오른다면 더 좋다. 비주일이 없을 때, 카피가 말하고 있는 비주얼이 떠오른다면 좋다. 아트와 카피가 독자생존할 수 있는지 여부가 행복한 결혼의 척도가 된다. 누구나 쉽게 키워드key word와 키 비주얼key visual의 존재를 알아차릴 수 있게 만들어야 한다.

또한 **시각화**visualization와 **스토리텔링**storytelling이 치밀해야 한다. 영상화동영상 작업과 형상화정사진된 이미지가 재미있고 인간미 있고 미학적 아름다움을 품고 있어야 한다. 그래서 신용카드 불량자를 양산하는 과소비 풍조를 풍자한 공익광고와 물 낭비를 예방하는 캠페인에서는 더블미닝double meaning을 이용하여 '카피'를 그대로 '비주얼화'했다. '줄줄 샌다'니까 '줄'이 나왔고, '늪에 빠진 상황'이라 '실제 늪'을 표현했다.

〈공익광고 – 영수증 편〉

Na : 에너지는 당신의 현금입니다. 공익광고협의회.

자막 : kobaco, 한국방송공사, 공익광고협의회

〈공익광고 – 신용불량자 편〉

남 : 2차도 내가 쏜다. 괜찮아!

여 : 우리 차 있잖아.

남 : 그치? 남들 보는 눈도 있는데….

여 : 그래 돈 있어?

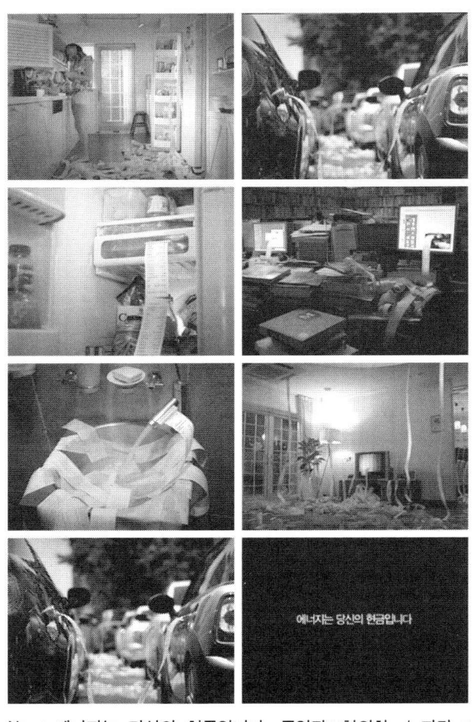

Na : 에너지는 당신의 현금입니다, 공익광고협의회. / 자막 :
kobaco, 한국방송공사, 공익광고협의회

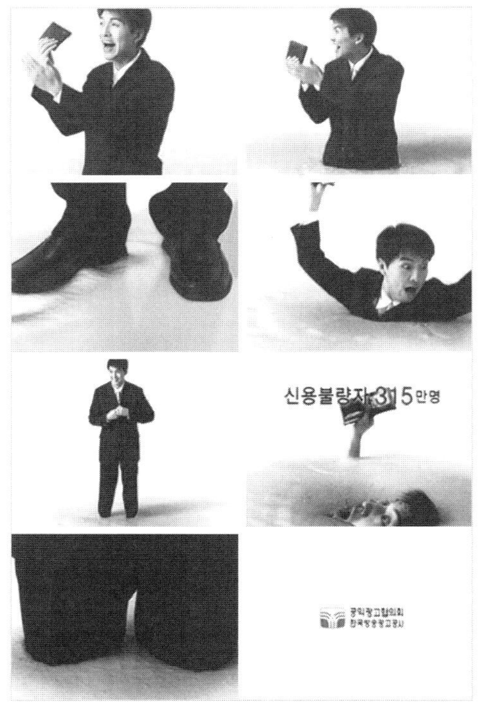

남 : 2차도 내가 쏜다. 괜찮아! / 여 : 우리 차 있잖아. / 남 : 그치?
남들 보는 눈도 있는데…. / 여 : 근데 돈 있어? / 남 : 괜찮아….
여보! / Na : 신용이 사라지면 당신도 사라집니다.

남 : 괜찮아…. 여보!

Na : 신용이 사라지면 당신도 사라집니다.

패턴이 간결하게 정돈되어 광고 크리에이티브의 디자인 폴리시를
알 수 있어야 한다. 좋은 아이디어인지 아닌지를 가릴 수 있는 **시리즈
광고의 가능성**을 확인해 봐야 한다. 캠페인화를 통해 일정 기간 안에
광고효과를 낼 수 있을 것인지에 대한 검토를 해야 한다. 그리고 지속가
능한 아이디어인지, 브랜드 자산을 구축할 수 있는 크리에이티브인지를
가늠해야 한다.

크리에이티브 핵심, '선택 3, 집중 3'

디지털 시대의 전략적 광고 발상과 크리에이티브의 핵심[MUST HAVE]을 종합하면 다음과 같이 요약할 수 있다. '선택 3, 집중 3'이다. 카피라이터[크리에이터]가 소중히 간직해야 할 비밀처방이다. 전략적이어야 한다. 시대정신을 읽어야 한다. 그리고 표현의 완성도를 높여야 한다. 반전의 묘미가 있어야 한다. 카피의 심도가 있어야 한다 등등. 전략과 표현의 종합선물 세트를 수없이 강조하고 있다. 하지만 이런 조건을 모두 충족하기란 쉽지 않다. 놀이공원이나 테마파크에서 핵심시설[빅] 3만 타듯, 경쟁 프리젠테이션을 하면서 시간전쟁을 치를 때, 핵심 평가기준으로 활용할 필수 요건을 최소화한다면 마지막으로 남아 있어야 할 항목이다.

먼저 '선택 3'이다

첫째, 장기간 지속가능한 경쟁분석을 통해 구체적인 **목표고객**을 정해야 한다. 대표고객의 프로파일을 쓸 수 있을 정도로 심리적 특성과 라이프스타일을 파악하고 있어야 한다. 광고할 상품[서비스]의 포지셔닝까지 고려되어야 한다. 특정 개인을 지향하기에 수용자[소비자]가 광고를 자신과 대화하는 상황인 것처럼 착각하게 만든다. 감성접근이 가능해 인간미를 느낄 수 있고 광고[카피] 선호도를 높일 수 있다.

둘째, **객관적상관물**이다. 객관적 상관물은 광고의 기억요소로 작용한다. 메시지를 연상할 수 있도록 크리에이티브 오브제 역할을 한다. 광고 표현의 정체성을 확인시켜 주는 코드[code]가 된다. 시즌별로 시리즈별로 여러 편이 만들어져도 하나의 광고처럼 일관성을 유지시켜 주는 포맷[format]이다. "아~, 그렇게도 비유할 수 있구나" 하는 창의력에 탄성을 보내게 만든다.

그녀의 자전거가 내 가슴속으로 들어 왔다. _빈폴

그래, 이 맛이야! _다시다

셋째, **구어체**다. 구어체는 생활 속에서 생긴 어떤 문제를 해결해 주는 현장 언어를 발견해서 다시 보여 주는 것이다. 소비자 자신의 입에서 자연스럽게 나올 수 있는 말을 카피화해서 보여 줌으로써 동의와 공감을 얻을 수 있다. 동물적인 본능이 스며있는 육성肉聲을 사용하면 된다. 다음에서 확인할 수 있다. 캘리그라피caligraphy가 더해지면 개성 있는 의미를 더하기도 한다.

그래, 이 맛이야! _다시다

그래. 박카스! _박카스

맞다, 게보린! _게보린

그래. 박카스! _박카스

맞다, 게보린! _게보린

그 다음으로 '집중 3'이다

첫째, **반전**反轉이다. 반전은 평범하거나 진부함을 깨는 요건이다. 반전이 없으면 광고카피가 아니다. 기대와 예상을 벗어나는 드라마작법dramatrugy 으로서 광고화와 같은 개념이다. 기승전결의 스토리텔링이 있어야 한다. 그래서 선형적線型的인 구조를 비선형적非線型的인 이야기와 갈등 구조로 전환시켜야 한다. 광고는 인생단면의 압축파일이라고 봐야 한다.

둘째, **효과**다. 광고는 판매연동이라는 상업적이고 비즈니스의 수

선택 3	내 용	효 과
고객을 선택해야 한다	고객 프로파일, 분석과 발견	구체성, 개인화, 인간미
객관적 상관물을 선택해야 한다	연상과 기억요소	표현의 미학, 육감(六感), 정체성
구어체를 선택해야 한다	콘셉트 테스트와 연결고리	생활언어, 육성(肉聲), 친근감
집중 3	내 용	효 과
반전에 집중해야 한다	광고화(Ad. translation), 스토리텔링	드라마화, 재미, 기억률 제고
효과에 집중해야 한다	구매행동과 광고 효율성 제고	과학, 로직(logic), 판매제고
아트에 집중해야 한다	디자인의 미학, 이미지 전이효과	영상미, 예술, 매직(magic)

익창출을 입지 말아야 한다. 판매에 연동되지 않으면 광고카피가 아니다. 카피 상기율이 올라가지 않으면 카피가 아니다. 브랜드 인지율과 매출 기여도가 올라가는 긍정적인 효과를 낳아야 한다. 소비자 심리에 대한 치밀한 계산과 잘 짜지고 의도된 매체전략으로 광고효과에 집중해야 한다.

셋째, **아트**다. 아트는 광고가 좋아서 상품을 산다는 반응을 이끈다. 광고가 세련되서 상품도 고급으로 보이는 착시효과를 낳게 한다. 바로 전이효과轉移效果와 감정이입empathy을 유도하는 크리에이티브의 힘이다. 화려함의 신부화장이나 절제미의 포장효과다. 심도 있는 카메라워크나 커뮤니케이션 디자인의 원리를 적용해야만 한다.

제9강
실전 헤드라인 작성법

소비자는 하루에 약 2,000여 개의 광고물에 노출된다고 한다. 이 가운데 80% 이상은 아예 지나쳐 버리고, 나머지 20% 가운데 80%는 헤드라인만 스쳐 지나간다고 한다. 그러니까 320개 가운데 읽히고 또 기억에 남기 위해서는 독창적이고 충격적인 키 카피와 헤드라인이 필요할 수밖에 없다. 그동안 헤드라인은 인쇄광고의 핵심 메시지였다. 이제는 전파광고와 인쇄광고를 구분하지 않고 핵심 메시지를 헤드라인으로 봐야 할 것이다.

실전 카피 작성의 첨병인 헤드라인은 **동사형**動詞形이다. 목표고객심리, 상품, 경쟁, 사회흐름social trend 등을 실시간으로 추적하고 카피전략을 수정하는 기민성을 보여줘야 한다. 생중계하듯 생생한 뉴스처럼 생활을 보여줄 때 동사형의 힘을 얻는다. 명사형名詞形의 정체성을 갖고 있으면 유효기간이 짧아진다. 또한 헤드카피는 최종 결정되기 전까지는 살아 움직이고, 카피라이터 개인의 내면에서부터 리뷰를 받고 광고가 집행된 뒤에도 유연성을 갖고 고쳐나가야 한다.

헤드라인는 유기체다. 경쟁과 고객의 트렌드를 선도하는 생명체와 같다. 광고주와 합의했던 카피도 마지막 순간에 바뀔 수도 있다. 경쟁사가 맞대응을 해오면 다시 고쳐져야 한다. 카피는 희로애락이 살아 있는 유기체다.

헤드라인은 필요다. **필요**^{NEEDS}가 무엇이지 구별할 줄 알아야 한다. '추우니까 옷을 사 입는다', '배고프니까 밥을 먹는다', '통화가 잘 터지니까, 수신율이 높은 삼성 애니콜을 산다'는 1차적인 욕구의 해결이다. 아무리 잘 사는 사람이라도 '원초적 본능'에 대한 인간성은 똑같다. 카피의 주요 착안점이 될 수 있다.

헤드라인 욕구다. **욕구**^{WANTS}가 무엇인지 구별할 줄 알아야 한다. '예쁘니까 옷을 사 입는다', '맛있으니까 밥을 먹는다', '잘 들리니까, 좋은 음질의 LG사이언을 산다'는 2차적인 욕구의 해결이다. 품질이 균일화되고 유통이나 가격에 차이가 없다면 개성 따라 움직이는 명성과 이미지에 매달리게 된다. 소비자의 소득수준과 문화향유 욕구가 커질수록 2차 욕구에 대한 갈증이 커진다는 것을 알아야 한다.

헤드라인은 **구어체**다. 생활 속의 에피소드를 진솔하게 쉽게 전달하기 위한 카피는 구어체다. 입에서 터져 나오는 대로 써내려간 메시지가 되어야 한다. 간결하게 마무리하고 추상적이거나 어려운 한자어는 피하는 게 상책이다.

헤드라인은 **선구안**이다. 사회는 변화구와 직구 사이를 왔다 갔다 하면서 불규칙 바운드로 변한다. 어느 쪽이 고객의 변화를 따르는지 방향성을 잘 파악해야 한다. 고객은 하루에도 몇 번씩 변한다. 변덕쟁이다. 고객은 욕심쟁이다. 싸고 맛있고 많이 원한다. 기대수준이 높고 많다. 광고 크리에이터의 선구안이 남달라야 하는 이유이다. 소비자가 좋아하는 말을 잘 골라내야 한다.

카피는 선택이다. 수많은 대안 가운데 최선을 골라야 한다. 한 광

고물에서 모든 것을 말할 수 없다. 단순
해야 하므로 오로지 가장 중요한 하나를
선택해야 한다. 꼭 필요하면 시리즈로
만들어야 한다. 캠페인으로 풀면 누적효
과도 커 더 좋은 광고가 될 수 있다.

인생은 왼쪽, 오른쪽 흔들리면서 균형을 잡는 거야. - 지금은 이쪽
이다. - 젊은 날의 선택, 박카스

헤드라인은 뺄셈이다. 광고의 기
본은 A^{Appropriate}, B^{Brief}, C^{Clear}다. 표현
이 적절하고 간단하고 명쾌해야 한다는
뜻이다. 단일 집약적 소구점인 SMP<sup>Single
Minded Proposition</sup>이기도 하다. 상품의 특
징을 가능한 한 하나만 내세우려고 노력해야 한다. 고객은 오로지 하나
만 고려한다. USP만 남기고 다른 특장점과 스펙은 다 숨겨야 한다. 소비
자는 1등만 기억한다는 사실을 잊지 말아야 한다. 어떤 고객도 2등은
기억하지 않고 두 가지 이상의 메시지를 저장하지 않는다. 풀무원 두부
는 단일소구점으로 화학첨가물 0%를 부각시키고 있다.

　‘오직 천연으로, 오직 풀무원만!’의 헤드라인에, 서브카피로 무소포
제, 무유화제, 천일염 천연 응고제를 사용하여 화학첨가물 0%임을 강조
하고 있다. 보디 카피에 이어진다. ‘완벽함이란 더 이상 뺄 게 없는 것을
말한다.

헤드라인 형식

형식은 형식일 뿐이다. 키 카피와 헤드라인 작성 자체는 자유분방해야
한다. 크리에이티브로 승부해야 하며 다양한 형식이 혼용되어 새로운
형식을 창출해야 한다. 기본 가이드라인으로 쓰면 좋다.

- 뉴스 고지형 : 뉴스 가치[news value]가 있는 정보를 삽입한다. 최첨단기
  능이나 신기술은 정보가치가 있으므로 소비자의 시선을 잡을 수 있
  다. 상품 뉴스 릴리스[news release]와 홍보효과를 보려는 의도다.
  예 TV가 얇아졌다.[LED TV PAVV]

- 대표성 단정형 : 상품의 효능이나 카테고리를 대표하듯 광고주 입장
  에서 주장을 단정해 버린다. 주로 1등 브랜드가 사용해야 하지만,
  하위브랜드들도 도전적으로 사용하여 자신감을 표현하기도 한다. 생
  각이 에너지다. 지구의 가치를 높이는 기술[두산중공업] 등이다. 소비자
  들에게 보편적 가치를 제시하여 명분이 있는 기업[상품]으로 비쳐지기
  를 원한다.
  예 빨래엔 피죤 / 피로엔 아로나민 / 뼈에는 칼슘, 칼슘엔 오스칼

- 실증 제시형 : 구체적인 편익이나 통계치를 제시하여 직접 확인하게
  하는 카피다. 불황기에나 경쟁이 치열한 상품군에서 효용성이 높다.
  예 동급 최강 150마력[산타페] / 돈 버는 보일러[로케트 보일러] / 아빠 봉급을 앞질
  렀다.[자판기]

- 주장 제안형 : 주장이나 이념을 제시하여 상품판매에 우산효과[umbrella
  effect]를 얻으려는 형이다.
  예 사람이 희망입니다.[두산] / 우선 인간을 생각해야 한다.[미쉐린] / 부엌은 생활중
  심공간이어야 한다.[한샘]

- **질문 제기형** : 소비자가 구매하는 이유를 대변해 주는 형식이다. 마음속에 있는 말을 표출시켜 주는 효과가 있어, 시선 잡기가 쉽고 공감을 얻기가 쉽다. 질문에 대한 대답이 이미 정해져 있으면 효과가 반감될 수 있지만, 소비자는 수용자로서 광고적인 허용을 이해해 주길 바란다.

  예 누가 나이키를 신는가?^{나이키} / 엄마 3.4 우유가 뭐야?^{3.4우유}

- **정서 소구형** : 여성 고객을 위한 시청률제고와 감성 소프트 사회가 됨에 따라 자주 활용되고 있다. 패션제품과 고가 기호상품의 경우는 예외 없이 기 형식을 쓰고 있다. 특히 신혼상품의 경우 신부를 상대로 판촉할 때 흔히 쓴다.

  예 그 남자를 갖고 싶다.^{대우전자} / 정원아 결혼해.^{청정원}

- **효용 이익형** : 인터넷과 전화를 통합했을 때 얻을 수 있는 편익을 광고하는 형식이다.

  예 타임머신^{LG전자} / VTR과 TV를 동시에 보고 싶다. 얼마냐고 물었더니 공짜라고 했다.

- **암시 경고형** : 상품을 사용하지 않았을 때 육체적 심리적 피해를 암시함으로써 구매를 유도하는 형식이다. 부정적 공포 소구에 가깝다.

  예 우리 아이가 마십니다.^{웅진 코웨이} / 집나가면 개고생이다.^{KTF}

- **제안 호소형** : 적극적으로 상품을 사용함으로서 얻게 되는 긍정적인 혜택을 제안하여 구매를 유도하는 형식이다.

  예 여성들이여 잠꾸러기가 되자.^{참존}

실전 헤드라인의 작성법

서브 헤드라인을 꼭 활용해야 한다. 헤드라인에서 못다 한 말을 보완하거나 다시 설명하면서 친절하게 전해야 한다. 정보를 전달하기보다는 설득해야 하기 때문에 뉴스보다 임팩트가 있어야 한다.

시각만 사용하면 두뇌의 단기 기억장치에 저장되지만, 시청각을 동원하면 장기 기억장치에 저장된다고 한다. 시각화의 중요성을 말해 주고 있다. 수동적이고 수용태도와 한 감각만 사용했을 때는 기억시간이 짧지만 온몸의 5감을 활용하고 적극적인 수용태도를 가지면 장기 기억의 사닥다리에 저장될 가능성이 그만큼 높아진다는 보고다. 3일 후에는 거의 여섯 배 이상의 기억률 제고 효과가 있다. **공감각적 표현**共感覺的 表現의 위용을 확인할 수 있다. 다음과 같은 기본을 되새기면 효과가 있을 것이다.

- 주의시선를 끌 힘이 있는가 : 헤드라인은 소비자가 광고물에 주의를 집중하는 힘을 갖고 있어야 한다. 콘셉트를 드라마틱하게 표현해야 하고, 흥미 있는 내용과 개성 있는 표현이어야 한다. 표현의 재미가 광고의 주제와 독자의 흥미를 끄는지 아닌지를 말해 준다.
- 목표고객을 선정하고 있는가 : 독자를 선택해야 한다. 소구대상과 매체특성에 맞게 한다. 판매와 연동되어야 하기 때문에 고객과의 관련

| 각 감각기관별 효과 비교(김원수) |||

상 품	직후의 기억 정도	3일 후의 기억 정도
듣기만 했을 때	71%	10%
보기만 했을 때	72%	20%
보고 들었을 때(시청각)	86%	65%

성이 중요하다.

- 보디 카피로 유도하는 힘이 있는가 : 헤드라인은 독자를 보디 카피로 직접 이끌어야 한다. 필요하면 서브헤드를 붙일 필요가 있다.

- 개념이 하나로 명확한가 : 헤드라인은 하나의 판매소구점을 명확히 나타내야 한다. 단일소구점이 없으면 80% 예산을 낭비한 것이다. 생활정보는 적을수록 좋다. 너무 길지 않아야 한다. 길이는 6~12단어가 최선의 결과를 준다. 오길비 자신은 18단어로 된 롤스로이스 광고를 최고로 여긴다(At sixty miles an hour the loudest noise in the new Rolls Royce comes from the electric clock).

- 소비자의 편익을 약속하고 있는가 : 편익은 고객에게 명쾌하고 쉽게 얻을 수 있는 것이어야 한다. 무관심한 고객에게 주의를 끌기 위해 흥밋거리나 뉴스가치news value를 제공하는 것과 같다. 새로운 생활정보를 제공하는 것이어야 한다. 헤드라인은 고객이 관심을 가질 수 있는 신생활 정보와 뉴스를 제시해야 한다. 이 생활정보는 포괄적인 설명보다는 구체적인 설명이어야 신뢰를 얻을 수 있다. 아이보리 비누의 슬로건이 잘 알려진 이유는 편익을 약속하고 증거를 제시하기 때문이다. '순도 99.44%, 그래서 아이보리 비누는 들에 뜹니다'이다.

- 구어체로 쉽게 썼는가 : '생각대로 해, 그게 답이야'가 좋은 사례다. 한자 외래어 어려운 단어는 피해야 한다. 입에서 자연스럽게 터져 나오는 말肉聲이 좋다. 허공을 향해 듣는 사람이 있든 없든 혼자 외치는 게 아니고, 마주보고 대화하듯이 친근하게 써야 한다.

- 아트와 카피가 행복한 결혼을 했는가 : 비주얼 표현과 상호연관성이 있어야 한다. 읽기 쉽게, 보기 쉽게, 듣기 쉽게, 알기 쉽게 써야 한다. 적당한 서체를 이용하여 시각화한 캘리그래피calligraphy도 활용해야 한다. 시각 기호화가 필요하다. 가독성이 좋아야 한다.

헤드라인의 조건	광고계에 널리 알려져 있는 헬 스티븐스의 29개 헤드라인의 조건을 요약한다. 수십 년이 지났지만, 아직도 고전적인 카피 작법의 기본으로 유효하다고 본다.

1. 헤드라인을 '알림'이라는 단어로 시작하라. 2. '알린다'는 내용을 가진 다른 단어를 써라. 3. '새로운'이라는 단어로 시작하라. 4. '이제'라는 단어로 시작하라. 5. '드디어'라는 단어로 시작하라. 6. 날짜를 집어넣어라. 7. 뉴스식으로 써라. 8. 가격을 밝혀라. 9. 할인가격을 밝혀라. 10. 특별한 머천다이징을 밝혀라. 11. 쉬운 지불방법을 밝혀라. 12. 무료선물을 밝혀라. 13. 가치 있는 정보를 밝혀라. 14. 이야깃거리를 제시하라. 15. '어떻게 하면'으로 시작하라. 16. '어떻게'로 시작하라. 17. '왜'라는 말로 시작하라. 18. '어느 것'이라는 말로 시작하라. 19. '그 밖의 누구'라는 말로 시작하라. 20. '구함'이라는 말로 시작하라. 21. '이것'이라는 말로 시작하라. 22. '조언'이라는 말로 시작하라. 23. 증언형식을 써라. 24. 독자에게 테스트 해보게 하라. 25. 한 단어짜리 헤드라인을 써라. 26. 두 단어짜리 헤드라인을 써라. 27. 잘 생각해서 사도록 경고하라. 28. 고객에게 직접 이야기하듯 써라. 29. 특정인이나 그룹에게 보내듯 써라.

헬 스티븐스의 헤드라인의 조건은 상품을 만들면 팔리던 생산자 중심의 미국시장에서 초창기 광고시장에나 적용될 만한 실용주의 원칙이며 판매에 직접 연동되는 판촉용의 직설적인 메시지 개발에 유익하리라 본다. 카피 작법이 현대 한국인의 고감도 정서를 읽거나 주파수를 맞추는 데는 한계가 있다. 또한 기본 정석定石처럼 교과서적인 제안이다. 현장에서 실전에 응용할 때는 카피라이터의 개성에 따라 색깔 있는 헤드라인으로 발전되어야 한다.

하나의 광고가 만들어지기까지에는 하나의 상황context 속에서 카피, 비주얼, 오디오, 컬러 외에도 다양한 요소들이 레이아웃과 상호작용으로 조화를 이루어야 한다. 그래서 카피 하나만을 따로 분석한다는 것은 정보 전달이라는 측면만 강조되는 셈이다. 카피가 갖는 광고목표의 방향성과 콘셉트를 지향성과 고객 접근성 등을 함께 고려해야 한다.

　　　역설paradox 카피는 크리에이티브가 강한 카피로 작동될 가능성이 가장 높은 기법 가운데 하나다. 강한 은유와 기존 고정관념을 깨뜨리는 파격성과 내포의미가 커 거시적인 안목을 제시하는 기능이 있기 때문이다. 역발상이기에 '낯설게 보이기'의 사례가 된다. 낯설게 보이기는 크리에이티브의 본질임을 알고 있다. 다양한 카피의 조건을 만족시키기에 카피라이터가 늘 시도해볼 만한 작법이라고 생각한다. 오래 기억에 남는 카피이고 화제가 되었던 카피로서 증명이 된다고 본다.

- 침대는 가구가 아닙니다. 과학입니다. 에이스침대
- 콜라의 반란. Yellow 콜라
- 파란 피. 인터넷 나무누리
- 세상은 파란을 원한다. 파란닷컴
- 우리는 2등입니다. Avis
- 152세의 신생아. P&G
- 차범근, 이혼하다. KT
- SM5, 출시를 반대합니다.
- 옷을 벗자. 베네통
- 남편을 바꿨다. 동일 에버빌

헤드라인 사례

요즘은 인쇄광고와 전파광고를 불문하고 카피량이 많지 않은 경향이 있다. 두산그룹 TV광고는 인쇄광고에 써도 좋을 정도로 정교하게 메시지를 전달하고 있다. 헤드라인과 CM 카피의 경계가 무너지고 혼용이 가

기업의 성장은 무엇으로 가능할까요? 자본, 자원, 기술, 시스템.
우리의 생각은 조금 다릅니다. 10년 성장은 기술과 시스템으로 가
능하지만, 100년 성장은 사람을 통해 가능합니다. 사람이 미래다—
두산.

능할 정도다. 자칫 1등 기업에게 어울릴 수 있는 메시지를 중견 그룹의 위상을 표현하고 미래지향적 의지를 담아내어 호응이 좋다고 본다.

실전 헤드라인 작성법에서는 다음과 같은 카피를 다시 써 보는 연습을 하면 카피라이팅 기법과 어휘선택에 도움을 얻을 수 있다.

〈성장 편〉

기업의 성장은 무엇으로 가능할까요?

자본, 자원, 기술, 시스템.

우리의 생각은 조금 다릅니다.

10년 성장은 기술과 시스템으로 가능하지만,

100년 성장은 사람을 통해 가능합니다.

사람이 미래다— 두산.

〈목표 편〉

기업의 궁극적인 목표는 무엇일까요?

사업확장, 매출증대, 주가상승.

우리의 생각은 조금 다릅니다.

사업을 키우는 것은 기업의 현재를 보장하지만,

사람을 키우는 것은 기업의 미래를 보장합니다.

우리는 사람에 투자합니다.

사람이 미래다— 두산.

〈노하우 편〉

글로벌 기업의 노하우는 무엇일까요?

기업의 궁극적인 목표는 무엇일까요? 사업확장, 매출증대, 주가상승. 우리의 생각은 조금 다릅니다. 사업을 키우는 것은 기업의 현재를 보장하지만, 사람을 키우는 것은 기업의 미래를 보장합니다. 우리는 사람에 투자합니다. 사람이 미래다― 두산.

글로벌 기업의 느하우는 무엇일까요? 세계시장 분석, 네트워크, 첨단기술. 우리의 생각은 조금 다릅니다. 글로벌 기업의 경쟁력은 기술과 네트워크이지만, 그것을 움직이는 것은 결국 사람입니다. 우리는 사람에 투자합니다. 사람이 미래다― 두산.

세계시장 분석, 네트워크, 첨단기술.

우리의 생각은 조금 다릅니다.

글로벌 기업의 경쟁력은 기술과 네트워크이지만,

그것을 움직이는 것은 결국 사람입니다.

우리는 사람에 투자합니다.

사람이 미래다― 두산.

헤드라인 사례

'24시간 성공편의점―바이 더 웨이'의 지하철 전 칸 광고다. 집중 집행하여 화제를 유발하는 홍보효과를 노렸으며, 기업의 규모감을 과시하려는 동기도 있다. 신뢰도와 연계되기 때문이다.

　　카피라이팅의 기법과 카피의 구성요건을 잘 따르고 있다. 목표고객이 불황기에 창업을 꿈꾸는 예비사장과 직장인임을 분명히 밝히고 있

159

다. 대상이 뚜렷하니 카피가 직설적이고 알기 쉽다. 소구력이 뛰어날 수밖에 없다. 몇 가지 요약하면 다음과 같다.

- 목표고객을 지정하는 효과가 있는 객관적이고 구체적인 상관물을 사용한 점이다. 사표, 박사 사장님, 벤처 총각, CEO, 아가씨 등이다.
- 직설적 표현으로 행동을 촉구하고 있다. 성공의 가시적 실체를 제시하고 있다. 금고, 큰 지갑, 성공문의, 전화번호, 넘치는 돈 등이다.
- 환유법을 통한 방법^{solution} 제시의 수사학이다. 매출, 점장, 사업 등이다.
- 부자되고 싶은 고객 심리를 자극한 것이다. 행복, 부자 아빠, 부자 엄마, 승진 등이다.
- 살아 있는 구어체 언어사용이다. '좋은 사업 가까이 있다, 계산 잘 하세요, 돈 들어갑니다, 금고 열어 두세요' 등이다.

- 부자아빠, 부자엄마 되는 길
- 회사에 사표내고도, 후회 안 하는 길-
- 퇴직금만 갖고도 CEO 되는 길
- 금고 열어 두세요, 돈 들어갑니다.
- 큰 지갑 준비하세요, 돈 넘쳐 납니다.
- 계산 잘 하세요, 매출 올라갑니다.
- 우리 사장님, 박사 점장님이 되세요.
- 등잔 밑이 어둡듯이, 좋은 사업은 가까이 있습니다.
- 아가씨가 아니라, 사장님이랍니다.
- 성공문의, 메모하세요. 1588-1660
- 신용카드보다 돈 되는-, 사업의 히든카드
- 우리 아빠의 행복한 승진-

스포츠토토의 지하철 광고는 카피라이팅의 역동성을 잘 보여주고 있다. 스포츠용어와 인생을 은유와 직유를 통해 비유하고 잠언으로 만들고 있다. 캠페인 기간 동안 포토의 사회적 명분을 전달하고 의미부여를 하여 기업의 명성을 쌓고자 하는 커뮤니케이션 전략으로 보인다. 복권에 대한 부정적 인식을 전환시키는 효과가 있다. 카피라이터는 직접 리라이팅해 보면서 생각하는 방법을 익히기 바란다.

할 수 있으면 '슛'(Shoot)이다!
할 수 없으면 '패스'(Pass)다!
둘 다 중요한 기술이다

'스토브리그'(Stove League)를 달궈라!
인생은 준비하는 자의 몫이다!

때론 처음부터 과감하게!
스파이크 서브처럼!
(Spike Serve)

제대로 튀고(Spring) 싶다면?
스프링 캠프부터
(Spring Camp)
제대로!

슬럼프(Slump),
세상에 뺏긴 '나'를
다시 찾아오는 시간!

승부차기를 대비하라,
인생에도 누군가가
대신할 수 없는
순간이 온다!

연애의
시간차 공격!
(Delayed Spiking)
예상치 못한
선물을 날려라!

'누구'에게나
그 '때'가 온다. 긴장하라!
식스맨(Six Man)처럼...

인생의 홈런을
기다리는가?
그렇다면, 오늘부터
꾸준히 안타를 쳐나가라!

어시스트(Assist)?
'남'도 좋고 '나'도 좋은
행복한 기술!

인터셉트(Intercept)?
부지런한 사람만이
누리는 특별한 기회!

자유도 규칙이 있다!
10초안에 쏴야 하는
농구의 자유투처럼!
(Free throw)

호흡이 맞는 직장 동료
하나쯤은 만들어라!
비즈니스에도 콤비플레이
(Combi Play)가 필요하니까!

감정이 '일'을 망치려 할 때
'타임아웃'(Time out)
으로 다스려라!

배구에서
토스(Toss)는 묘기!
비즈니스에서
토스(Toss)는 금기!

'나'를 접으면서
'우리'가 펼치는 기술!
그게 팀워크!
(Teamwork)

인생이란 '내' 잘못도
'우리'가 져야 할 때가 있는 법!
농구의 팀 파울처럼!
(Team Foul)

'반짝' 스타(Star)와
'깜짝' 스타(Star)의
차이?
포스트시즌을
밝히는 차이!

헤딩슛(Heading shoot)은
막기 힘들다! 결론은?
머리(Head)!

오랜 시행착오 끝에
맺은 아름다운 선물,
그것이 홀인원!

아내가 야구에
끌리기 시작했다?
홈~런(Home~ Run)덕분에!

아직 끝나지 않았다!
인생의 휘슬은
(Whistle)
내가 분다!

'조직'(team)을
안다는 것?
희생번트를
(sacrifice bunt)
안다는 것!

내 몸값은 얼마쯤일까?
오늘 한번 FA를
(Free Agent)
선언해보자!

제10강
실전 보디 카피 작성법

보디 카피도 읽기 쉽게, 듣기 쉽게, 보기 쉽게, 알기 쉽게 써야 한다. 그러기 위해서는 이야기하듯 스토리를 만들어 주면 효과적이다. 최근엔 인쇄광고의 보디 카피도 TV CM의 카피처럼 짧은 구어체 스타일로 전개되고 있기도 하다. TV CM 매체 특성이 무너지는 카피 경향을 보이고 있는 것이다.

보디 카피는 **연애편지처럼 써야 한다**. 고객이 설렘을 갖고 기다리게 한다. 시리즈 광고를 보면 소비자를 향한 끊임없는 사랑 게임이다. 티저teaser 광고를 보면 애인을 호기심 가득하게 만들려는 집념을 알 수 있다. 소비자가 호의도를 갖도록 하는 메시지를 카피는 담고 있어야 한다. 연작식 광고와 시리즈 광고가 노리는 전술이다.

대상의 청정원 TV CM은 장동건에 이어 정우성과 이정재 투 톱 모델을 기용하고 있다. '외로운 남자의 마음을 달래는 정원이' 편이다. 정우성이 '얼굴이 왜 그래?' 하고 묻는다. 친구 이정재는 '외롭다, 외로워' 하며 한숨짓는다. 함께 정우성이 집으로 가서 '정원이'가 만든 음식을 먹는다. 결혼 적령기를 넘긴 실제 친구 사이를 스토리로 만들었다.

아휴, 얼굴이 왜 그래? 어휴, 외롭다 외로워. 소문났어. 이정재 외롭다. 이렇게- 궁상맞게 혼자 밥 먹긴- 그럼 누구 해 주던가, 맨날 말로만 만나볼래? 누구? 정원씨? 나도, 정원 씨가 있었으면 좋겠다. 건강이 막 좋아지는 기분 있잖아? 그렇지, 느껴지지? 정원아, 고마워- 정원 씨 한 그릇 더- 건강한 프러포즈, 청정원

맥스웰하우스의 '스무살의 고백' 편도 연애편지다. '오빠는 왜 나보고 사귀자는 말을 안 해? '이쯤 되면 할 때도 되지 않았어?' 캔커피와 사랑의 연결고리

가 자연스럽다.

여 : 오빠는 왜 나보고 사귀자는 말을 안 해? 이쯤 되면 할 때도 되지 않았어? 나랑 사귀어 줘, 나랑 사귀어 줄래? 기껏 길어봤자 다섯 글자야, 길어 봤자 다섯 글자야~!

Na : 스무 살의 고백, 맥스웰 하우스.

보디 카피는 헤드라인처럼 개념보다는 '그래서 어떻다So What?'는

것인지를 보여 주는 것이 더 좋은 방법이
다. 소비자는 사실 그대로의 전달보다 그
사실이 자신에게 어떤 이득을 줄 수 있는
지에 더 관심이 있다.

보디 카피는 헤드라인처럼 추상적
인 것은 안 된다. 구체적으로 말해야 한
다. 그냥 '많다'보다는 '999개', '잘 생겼
다'보다는 '장동건 닮았다', '참, 예쁘다'보
다는 '이영애 닮았다', '아무도 모른다'보
다는 '며느리도 모른다', '나라사랑'보다
는 '독도 지키는 삽살개'처럼 구체적이고
생생하게 표현하는 것이 좋다. 보디 카
피를 훌륭하게 쓰는 데는 많은 노력이
필요하다. 이미 집행된 신문광고와 TV
CM 카피를 원문 그대로 다시 쓰기
rewriting해 보는 데서 시작된다. 표면구조

여 : 오빠는 왜 나보고 사귀자는 말을 안 해? 이쯤 되면 할 때도
되지 않았어? 나랑 사귀어 줘, 나랑 사귀어 줄래? 기껏 길어봤자
다섯 글자야, 길어 봤자 다섯 글자야~! / Na : 스무 살의 고백, 맥
스웰 하우스.

와 심층구조를 살펴가면서 써보면 문장의 설득논리와 수사학을 배울 수
있다. 살아 있는 카피 교과서라고 할 수 있다. 광고회사의 선배와 다른
유명광고에서도 배울 수 있다. 모방은 창조의 어머니다.

보디 카피는 **반복학습**이다. 빈도frequency의 예술이다. 광고는 매
체에 실려 전달되는 커뮤니케이션이다. 도달률과 빈도수에 따라 다르지
만 비용이 많이 드는 단점이 있다. 하지만 카피 기억도를 제고시키기
위해서 전략적으로 3개월 정도 반복 노출시킨다. 한꺼번에 다 말하려고
하지 말고 5초, 10초씩 나누는 다양한 매체전략을 사용할 필요가 있다.
이에 따라서 카피 작법도 달라진다.

오늘은 왜 이리 잘 나가는 걸까? 우리는 100인의 카레이서~ 오늘은 왜 이리 잘 나가는 걸까? 에스오일 덕분일까? 나는 에스오일, 에스오일, 에스오일~ 나는 에스오일, 에스오일, 에스오일~ 좋은 기름이니까~ 기름이 좋으니까~ Car Love S-Oil~

우루사는 TV CM에서 '만세'를 외치고 있다. 20년 이상 광고를 노출시켜 왔다. 전국의 술꾼들은 브랜드 명을 거의 알고 있다. 최초 해독제로 광고하기 어려워서 피로회복제로 메시지를 바꾸기도 했다. 그래도 술 회식 자리가 많은 직장인들은 해독제로 애용했었다. 이제 이런 부분 효능에 관한 정보를 알릴 필요가 없다. 세상 사람에게 최종 편익에 해당하는 '만세'를 연호한다. '만세, 만세, 만세'이다. 효과음인지 배경음악인지 모르게 경쾌한 리듬에 '후쿠 송'처럼 만들었다. 에쓰 오일은 브랜드를 연호^{連呼}하고 있다.

〈Song〉

오늘은 왜 이리 잘 나가는 걸까?

우리는 100인의 카레이서~

오늘은 왜 이리 잘 나가는 걸까?

에스오일 덕분일까?

나는 에스오일, 에스오일, 에스오일~

나는 에스오일, 에스오일, 에스오일~

좋은 기름이니까~

기름이 좋으니까~

Car Love S-Oil~

　　이렇게 커머셜 메시지를 강조하기 위해 반복은 피할 수 없다. 하지만 같은 뉘앙스로 지루하지 않게 변형하는 기법을 써야 좋다. 예를 들면, 무료증정할 경우 보디카피 첫머리에는 '무료입니다'로 쓴다. 중간쯤에는 '돈은 한 푼도 안 듭니다'로 쓴다. 마지막에는 다시 한 번 '돈은 내지 마십시오'라고 쓰는 것이다[John Caples].

보디 카피의 조건

보디 카피는 리드카피를 적극 활용해야 한다. 도발적이고 색다른 메시지를 요약해서 말해야 한다. 그 다음에 서두, 본문, 결말을 명확히 그러나 보이지 않게 갈라야 한다. 아무리 짧은 문안이라고 내부에 논리 구조를 담고 있어야 명확한 개념이 전달된다. 보디 카피는 헤드라인을 보완하거나 설명하면서 본문으로 이어주는 다리이어야 한다. 보디 카피는 처음부터 문제제기를 하면서 헤드라인과 직접적인[즉각적인] 연관을 가져야 한다. 보디 카피는 판매와 연동되어야 하기 때문에 고객과의 관련성이 중요하다. 보디 카피는 무관심한 고객에게 주의를 끌기 위해 흥밋거리나 뉴스를 제공해야 한다. 주요 조건을 요약하면 다음과 같다.

- 카피의 흥미성 : 헤드라인과 연계성이 있고, AIDM(C)A 원리를 적용해야 한다.
- 카피의 통일성 : 카피를 한 문장으로 요약할 수 있고 단일소구점이어야 한다.
- 카피의 단순성 : SALES TALK[테마, 말, 문장]이 간결혜야 한다.
- 카피의 강조성 : 핵심 메시지를 반복하고 강조해야 한다.

오동통, 면발이 통통해서, 오동통~ 국물이 얼큰해서, 오동통~ 너무나 맛있어서, 오동통 오동통~ (얼큰 얼큰 오동통) 오동통 맛이 올랐다, 오동통면. 오동통 오뚜기.

● 카피의 설득성 : 고객이 원하는 편익을 수사학적으로 표현해야 한다.

오뚜기의 오동통면 TV CM은 CM송으로 표현되었지만 보디 카피의 주요 조건을 만족시키고 있어 반응이 좋아 보인다. '화장발'로 흥미를 제공하고 '면발'로 이어지는 '~발'로 통일성을 주고 있다. 명사형으로 반복해서 메시지를 강조하며 마지막 시즐감^{sizzle}으로 마무리하고 있다. TV CM 카피를 인쇄광고 보디 카피로 전환해서 써도 좋은 해법이라고 하겠다.

2007년도엔 시장출시에 맞춰 브랜드명를 알리는 데 주력했었다. 오동통을 9번이나 반복해서 노출시키고 있다. 일단 인지도를 올리는 데는 브랜드 연호가 최선이다. 전체 송$^{full\ song}$으로 처리하여 기억률 제고와 친근감 제고를 노렸다.

오동통, 면발이 통통해서, 오동통~
국물이 얼큰해서, 오동통~
너무나 맛있어서, 오동통 오동통~ (얼큰 얼큰 오동통)
오동통 맛이 올랐다, 오동통면.
오동통 오뚜기.

2009년도에 들어와서 소비자 편익인 면발을 4회나 강조하는 CM송으로 대체되었다. 다른 경쟁상품과 차별화되는 카피는 다음과 같다.

여자는 화장발, 남자는 말발, 라면은 면발~
오동통, 면발이 통통~
오동통, 면발이 쫄깃~
면발하면 오동통면.
오동통 오뚜기.

여자는 화장발, 남자는 말발, 라면은 면발~ 오동통, 면발이 통통~ 오동통, 면발이 쫄깃~ 면발하면 오동통면. 오동통 오뚜기.

실전 보디 카피의 작성법

보디 카피는 판매와 연동되어야 하기 때문에 고객과의 관련성이 중요하다. 보디 카피는 무관심한 고객에게 주의를 끌기 위해 흥밋거리나 뉴스를 제공해야 한다. 보디 카피는 생활자에게 편익을 말해야 한다. 이런 필수요건에 더하여 다음과 같은 원리를 잘 따라야 한다.

- 보디 카피는 정보제공과 설득을 위한 마중물이다. 보디 카피는 헤드라인과 연결고리를 만들어야 한다. 헤드라인에서 못 다한 말을 서브헤드와 보디 카피에서 말해야 한다. 카피의 길목을 잘 잡아야 한다.
- 독자에게 쉽게 느껴지도록 해라. 재미있게 쓰면 더욱 좋다. 표어처럼 써도 좋고, 캐치프레이즈처럼 느껴져도 좋다. 짧은 문장으로 쉽고

친근한 단어를 사용해라.

- 보디 카피는 채우기 효과^{filler}용이 아니다. 단어를 낭비하지 마라. 많지도 적지도 않게 꼭 하지 않으면 안 되는 말만 해라. 지면을 꼭 채우려 하지 말라. 그러나 인색하게 굴지도 마라. 만약 1,000단어를 써야만 한다면, 1,000단어를 써라. 학습지 광고나 정보제공 광고의 경우에는 충분한 지면과 영상을 사용하여 상세히 설명해야 한다.

- 현재 시제와 능동태를 써라. 문체가 바삭바삭해지고^{crisp} 힘이 생긴다. 과거 시제와 수동태를 피하라. 우리 말 규정을 잘 알아야 한다. 이 형식은 질질 끌게 만든다. 특별한 효과를 위한 예외는 신중해야 한다.

- 호격효과^{呼格效果}를 활용해라. 개인 대명사를 사용하기를 주저하지 마라. 오직 당신 친구 한 사람에게 이야기하는 것처럼 해야 한다는 걸 명심하라. '당신^{you}'과 '당신의^{your}'를 사용하라. 우리^{we}, 우리에게^{us}, 우리의^{our}를 피하라. 지명^{指名} 당하는 기분은 기억률을 제고 시킨다. 보디 카피는 집단에게 소구하는 것이 아니라 개인에게 이야기 하듯 해야 한다. 일대일 맞춤 마케팅의 실천이어야 한다. 보디 카피는 바람잡이처럼 허공에 외치는 게 아니고, 마주보고 일대일^{face to face}로 대화하듯이 친근하게 또는 다소곳하게 써야 한다.

- 상투어^{cliche}는 버팀목^{crutch}이다. 상투어 없이 쓰는 것을 배워라. 밝고 놀라운 단어와 구절만이 독자가 눈초리를 돌리게 만들고, 읽게 만든다. 소비자가 따라 말하게 만들어야 한다. 커뮤니케이션에 도움이 된다면 문법 파괴도 허용된다.

- 과도한 쉼표는 주요한 범죄자다. 과도한 구두점을 찍지 말라. 카피 흐름을 죽인다. 카피라이터도 카피를 읽을 때 숨이 차거나 혀가 잘 돌아가지 않으면 안 된다. 독자에게 배를 건너뛰는 핑계거리나 변명

을 주지 말라. 보디 카피는 삽입절과 종속구와 구드점을 싫어한다. 읽기가 불편하고 느려지게 한다. 읽는 호흡에 맞춰야 한다. 매끄러운 리듬이 있어 딱딱하지 않아야 한다. 일상적인 대화체^{구어체}로 써야 편안하다.

- **언어의 경제원칙**을 활용해야 한다. 필요할 때마다 축약^{contraction}을 사용하라. 축약은 빠르고 개인적이고 자연스럽다. 사람은 축약하여 말한다. 신조어와 압축어는 일상화되었다. 보디 카피는 간단하고 명쾌해야 한다. 가능한 할 말을 줄여야 한다. 신문 헤드라인을 생각하라. 보디 카피는 정보를 전달하기보다는 설득해야 하기 때문에 뉴스보다 임팩트가 있어야 한다. 보디 카피는 짧은 문장을 좋아한다. 아니 소비자가 좋아한다. 논술용이 아니기에 짧게 써라.

- 자랑하지 마라. 모든 사람들은 지루함을 싫어한다. 제품 특징을 번역하라. 독자와 함께 공감할^{ring the bell} 소비자 편익을 자랑스럽게 생각하라. 자신의 관점이 아닌 독자의 관점에서 써라. 보디 카피는 큰 소리로 읽어보았을 때 자연스럽게 들려야 좋다. 전파광고이든 인쇄광고이든 구어체의 육성이 느껴져야 소비자는 움직인다.

- 단일 집약적^{single-minded}이어야 한다. 너무 많은 것을 하려고 하지 말라. 주요 카피 내용과 브랜드명을 반복해서 사용해라. 한번에 두 마리를 토끼를 잡으려면 하나도 못 잡는다. 보디 카피에서도 기본이다. 보디 카피는 제품의 이름과 이점을 되풀이해서 알리는 걸 망설이지 말아야 한다. 전파광고에서는 적어도 두 번 이상이 나오고, 인쇄광고에서는 다섯 번 이상 나와야 된다.

- 예민하게^{flair} 써라. 흥분을 고취시켜라. 카피에서 나오는 당신의 열정을 확신시켜라. 카피라이터의 문장력이 돋보이는 시점이다. 보디 카피는 기본적으로 친구에게 연인에게 편지를 쓰는 것과 다르지 않

다. 다만 카피는 한 가지 주제만 다루지만, 편지는 여러 소식을 전한
다. 보디 카피는 생생한 드라마처럼 극적이어서 구매행동을 촉구할
수 있어야 한다.

● 보디 카피의 마지막은 늘 행동을 촉구해야 한다. '당장 사시오'처럼
명령형이 아니라, '당장 사야지' 라는 자발성이다. 보디 카피의 마지
막은 전체 광고를 요약하는 것이어야 한다. 마지막은 제품의 이점으
로 끝내야 한다. 보디 카피는 늘 재미와 재치로 시작하고 끝맺어야
한다. 보디 카피의 끝부분에선 소비자의 행동 촉구를 다시 한 번 확
인해야 한다. 무엇을 해 달라는 주문을 확실히 써야 한다. 광고언어
요 수단이다. 판매의 노예가 되어야 한다.

● 보디 카피는 인쇄 광고와 TV CM에서 차이가 하나 있다. 영상을 좇
아야하므로 TV CM의 카피량이 적다. 30초의 경우 최대 80자 정도가
가능하다. 보디 카피는 전체 문장으로서가 아니라 부분만을 기억한
다. 또한 치밀하게 짜이고 다듬어진 문장이어야 한다. 보디 카피는
항상 움직이는 것이다. 고객이 움직이기 때문이다. 마지막 집행되기
전까지 카피는 수정을 즐겨야 한다.

● 변형과 리듬을 살려라. 주제 방향에 맞게 쓰고, 아이디어를 살리는
카피의 변형과 재미를 주어야 좋다. 인쇄광고도 소리 내어 읽어 보면
서 운율과 강약이 생기는지 고려하는 게 좋다.

보디 카피 사례

최근엔 언어의 경제원칙으로 바른 커뮤니케이션을 원하기 때문에 구어
체와 문어체의 구분이 무색하다. 양이 많은 TV CM 카피는 인쇄광고의

보디 카피로 사용하여 메시지 동일성을
유지하는 경향도 보인다. 많은 카피 그
자체가 크리에이티브의 기법으로 분류
될 정도다. TV CM에 들어갈 수 있는 **최
대 카피량은 80자 내외**라고 한다. 파크
랜드와 풍림 아이원 아파트의 카피는 거
의 랩 수준의 양이며, 보디 카피 효과를
내고 있다.

결혼 말 나오면 웃으면 되고,
잔주름 늘면 작게 웃으면 되고,
꽃미남 후배 점점 늘어나면
연기로 승부하면 되고,
스타라는 게 외로워질 때면
옛날 친구 얼굴 보면 되고.
장동건 : '안수야~' 생각대로 하면 되고~
(외로울 땐 언제든지. 영상통화)
생각대로 T

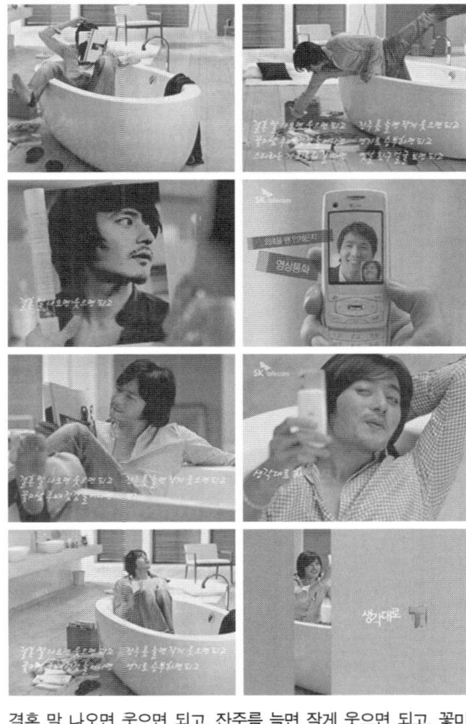

결혼 말 나오면 웃으면 되고, 잔주름 늘면 작게 웃으면 되고, 꽃미
남 후배 점점 늘어나면 연기로 승부하면 되고, 스타라는 게 외로워
질 때면 옛날 친구 얼굴 보면 되고. / 장동건 : '안수야~' 생각대로
하면 되고~ (외로울 땐 언제든지. 영상통화) 생각대로 T

춤을 못 춘다, 수줍어한다, 잘난 척 안 한다, 자기 직분에 맞게 행동한다, 진실되다.
그런 남자가 다시 통하게 된다. 제대로다, 멋지다.
장동건처럼, 당신처럼.
파크랜드

샐러드는 양파를 빼 주시고요.
음, 소스는 시럽을 조금만 넣어 주시고요.

춤을 못 춘다, 수줍어한다, 잘난 척 안 한다, 자기 직분에 맞게 행동한다, 진실되다. 그런 남자가 다시 통하게 된다. 제대로다, 멋지다. 장동건처럼, 당신처럼. 파크랜드

샐러드는 양파를 빼 주시고요. 음, 소스는 시럽을 조금만 넣어 주시고요. 아~, 치즈는 맨 위에 뿌려 주세요. 수프는 너무 뜨겁지 않게요. 아참, 그릇 데우는 거 잊지 마세요. 이 여자 보통이 아니다. (그녀는 아름답다) 그녀의 집이 궁금하다. Song : 풍림 아이원~

아~, 치즈는 맨 위에 뿌려 주세요.

수프는 너무 뜨겁지 않게요.

아참, 그릇 데우는 거 잊지 마세요.

이 여자 보통이 아니다. (그녀는 아름답다)

그녀의 집이 궁금하다.

Song : 풍림 아이원~

TV 매체사는 공익광고를 법적으로 의무 방영하게 되어 있다. 그래서 기업과 연계한 방송사의 공익광고는 시간도 50초라 기업 관련 메시지를 자세하게 전달할 수 있다. 보디 카피인지 TV CM 카피인지 모를 정도로 절제되고도 설명적인 카피가 쓰이고 있다. 인쇄와 전파 매체 카피의 융합하여 새로운 패턴으로 굳어질 것처럼 보인다. 두산중공업의

순수 공익 캠페인이다. 실천 보디 카피 작성법을 익히기 위해서는 다음
과 같은 카피를 벤치마킹하고 그대로 베껴 써 보기rewriting를 해 보는 것
이 필요하다. 전문을 여러 번 읽어 보면서 꼭 실천해 보길 바란다.

〈섬마을 선생님〉

시처럼 아름다운 이곳에 동요처럼 밝은 아이들이 있습니다.

찬식이는 꾀보라서 만들기를 좋아하고,

울보 희정이는 노래를 좋아하고,

느림보 성진이는 관찰력이 뛰어납니다.

이곳에서 섬진강처럼 넉넉히 아이들을 지켜봐

　준 꿈―

가장 작은 학교에 다니지만.

가장 크게 자라고 있습니다.

사람을 키우는 것은 미래를 아름답게 만드는 것.

이 캠페인을 두산과 함께 합니다.

〈2군 야구선수〉

함성도 없고 박수도 없는 이 그라운드에

국가대표 4번 타자가 크고 있습니다.

괴물투수가 자라고 있습니다.

영광보다 상처가 더 많은 날들이지만.

아직 순서가 오지 않았을 뿐입니다.

누군가 희망을 믿거든 말없이 이곳을 가르쳐

　주십시오.

내일은 가득 찬 함성일 것입니다.

사람을 키우는 것은 미래를 예약하는 것.

이 캠페인을 두산과 함께 합니다.

시처럼 아름다운 이곳에 동요처럼 밝은 아이들이 있습니다. 찬식
이는 꾀보라서 만들기를 좋아하고, 울보 희정이는 노래를 좋아하
고, 느림보 성진이는 관찰력이 뛰어납니다. 이곳에서 섬진강처럼
넉넉히 아이들을 지켜봐준 꿈― 가장 작은 학교에 다니지만. 가장
크게 자라고 있습니다. 사람을 키우는 것은 미래를 아름답게 만드
는 것. 이 캠페인은 두산과 함께 합니다.

함성도 없고 박수도 없는 이 그라운드에 국가대표 4번 타자가 크고 있습니다. 괴물투수가 자라고 있습니다. 영광보다 상처가 더 많은 날들이지만, 아직 순서가 오지 않았을 뿐입니다. 누군가 희망을 믿거든 말없이 이곳을 가르쳐 주십시오. 내일은 가득 찬 함성일 것입니다. 사람을 키우는 것은 미래를 예약하는 것. 이 캠페인은 두산과 함께 합니다.

설악산 아래도, 지리산 골짜기도 아닌 이 산골마을에 학교를 세웠습니다. 이곳에서 밍밍의 꿈이 커갑니다. 랑랑의 꿈이 자랍니다. 언젠가는 대한민국 아이들과 만나고, 함께 살아가야 할 아이들. 몸은 멀리 있지만, 꿈은 함께 자라고 있습니다. 사람을 키우는 것은 미래를 약속하는 것. 이 캠페인은 두산과 함께 합니다.

〈북경학교 편〉

설악산 아래도, 지리산 골짜기도 아닌

이 산골마을에 학교를 세웠습니다.

이곳에서 밍밍의 꿈이 커갑니다.

랑랑의 꿈이 자랍니다.

언젠가는 대한민국 아이들과 만나고, 함께 살아가야 할 아이들.

몸은 멀리 있지만, 꿈은 함께 자라고 있습니다.

사람을 키우는 것은 미래를 약속하는 것.

이 캠페인은 두산과 함께 합니다.

제11강
경쟁 프리젠테이션 사례 생방송

카피라이터는 팀장인 크리에이티브 디렉터creative director를 실무적으로 보좌한다. 특히 그가 캠페인 디렉터로서 원만한 임무를 수행할 수 있도록 각종 제작회의와 전략방향을 선도하고, 3PPlanning, Presentation, Producing 를 수행해야 한다. 이 가운데 PT의 프리젠터로서도 책임을 다해야 한다.

K증권사의 경쟁 프리젠테이션 실황추적 방송 내용의 분석MBC 스페셜, '광고전쟁', 2000년 1월 방송 네 개 광고회사가 K증권사의 경쟁 프리젠테이션PT에 참여한 내용으로 진행과정은 다음과 같다. 절대 보안으로 진행되는 경쟁 PT인데도 불구하고, 참여 광고회사의 상호 협약으로 방송사가 직접 취재한 프로그램이다. 비교적 경쟁 PT의 실상이 잘 반영된 희귀한

자료라고 할 수 있다. **TV 모니터의 일러스트**로 PT 진행과정 및 상황안
내를 위한 방송 스크립트를 구분해 표시하였고, **카피라이터의 역할을
중심**으로 보완설명과 심층의도를 분석하였다. 광고인카피라이터의 보이지
않는 땀과 눈물이 읽혀지길 바란다.

광고의 최종 목표는 기업의 판매고를 올리는 것. 그래서 광고는
철저히 계산된 상업예술이다. 소비자를 향해 무차별적으로 쏘아대는 광
고, 그 이면에는 승부사들의 불꽃 튀는 경쟁이 숨겨져 있다. 남다른 아
이디어로 소비자들의 지갑을 열게 만드는 것. 그것이야 말로 광고전쟁
에서 최후의 승자다.

오리엔테이션

여의도의 한 증권회사^{K조흥증권} 회의실. 광고시안 제출을 위한 사
전 설명회가 열렸다.

경쟁 프리젠테이션^{presentation ; PT}을 위한 광고주의 사전 설명회
^{orientation}다. 클라이언트가 원하거나 생각하는 바를 전달받고 확인하는
회의다. 일반적으로 프로젝트를 수주하기 위한 공개입찰과 같다. 일반
상거래에서 입찰이라는 의미로 사용되는 **비딩**^{bidding}도 '경쟁 PT'와 함께
쓰인다. 다만 기획안과 광고 크리에이티브를 중심으로 진행되어 '방향
설정'이 최대과제다. 마케팅 전략과 콘셉트 및 크리에이티브를 중심으로
평가받는다. 최저가격으로 낙찰받는 일반 입찰과 다르다. 그래서 오리
엔테이션이라는 말이 적합하다.

연간 광고대행 계약을 유치하기 위한 입찰 설명회인 셈이다. 참여 광고회사는 '마케팅 – 기획^{planning} – 광고표현^{Ad. creative} – 매체 – SP^{판촉} – 홍보'까지 일괄 기획과 실행계획 안을 제출해야 한다. 보통 광고회사는 연간 단위로 광고주를 대신해서 마케팅 커뮤니케이션 활동을 하며, 광고를 실어보내는 매체^{TV, 신문, 잡지, 라디오, 케이블방송, 인터넷 등}의 집행비용^{billing} 가운데 10~15%의 수수료^{fee}나 일정액^{commission}을 받는다.

K조흥증권 기획팀 이성만 과장 : "TV CM용 스토리보드 두 개"

이번 프리젠테이션에서 주어진 과제다. 그러나 단순히 **"TV CM용 스토리보드 두 개"**를 요구했지만, 표현^{creative} 아이디어를 내기 위해서는 기획부터 종합 분석이 이루어져야 하기 때문에 AE, CD, 카피라이터, 디자이너, CMP 등이 모두 참여해야 한다. 현재 광고주^{K조흥증권}의 문제점과 향후 지향점을 객관적으로 분석하고 대안을 제안해야 하기 때문이다. 인지도냐 신뢰냐 시스템이냐 정보분석력이냐 등등 증권회사의 강약점 가운데 콘셉트로 내세울 메시지를 개발해야 한다. 한 달 내외가 걸리는 준비기간을 감안하면 인건비와 기회비용을 합해 수천만 원이 소요된다. 오리엔테이션부터 광고전쟁은 시작된 셈이다.

광고주가 참여 회사를 선정할 때는 한국의 10대 광고회사 가운데 2~3개를 선정하고, 중소회사 가운데 우수한 광고표현^{creative} 성공사례를 갖고 있는 회사를 2~3개를 임의 선정하고 있다. 만약에 경쟁에서 탈락한 광고회사는 과도한 비용부담을 지게 된다. 그래서 광고주는 입찰 참여 비용 가운데 일부를 거부료^{rejection fee}로 지급하기도 한다.

　　이번 광고는 외국 회사와 합병한 한 증권사의 새로운 출발을 알리는 게 목적이다. 규모와 전통을 자랑하는 광고대행사들이 경쟁에 참여했다. 이들에게 TV와 신문광고 시안을 각각 두 개씩 준비하라는 주문이 떨어졌다. 광고 시안 발표는 앞으로 3주 후. 발표 순서를 미리 정하기 위해 제비뽑기에 들어갔다. 발표순서는 당락을 결정하는 중요한 변수. 맨 먼저 보여 주는 것이 가장 강렬한 인상을 남길 수 있다. 첫 번째 순서를 차지한 금강기획. 다른 팀보다 유리한 고지에 오른 셈이다.

　　네 개 업체가 참여한 이번 경쟁 프리젠테이션의 경우, 발표순서가 중요할 수도 있다. 발표시간을 30분 정도로 제한하기 때문에 광고회사가 제안할 내용을 모두 전달할 수 없는 경우가 생기기 때문이다. 특히

광고표현^{creative} 중심의 경쟁 설명회이지만 한국에 처음 업무를 시작 launching하는 광고주^{K증권회사}에게 광고표현^{creative}안만 제시할 때, 한국증 권시장의 종합적인 현황과 광고방향에 대한 배경설명이 없이 진행될 수 도 있다. 이렇게 되면 금강이나 LG같은 큰 광고회사는 장점을 살리기 어렵고, 광고^{표현} 아이디어만의 승부로 치우쳐 불리하게 되기 때문이다. 그리고 2, 3번의 경우 앞 광고회사에서 마케팅 상황들 설명했기에 중언 부언이 되며, 만약에 기획방향이 비슷하거나 참신한 대안제시가 없으면 신선미가 떨어져 모방했다는 오해까지 받을 수 있는 순서가 된다. 마지 막 4번은 1번보다는 못하지만 경쟁 프리젠테이션 종료시점이기에 광고 주의 관심은 다시 회복되는 시간이다. 다소 집중을 유도할 수 있다는 강점이 있다. 이렇게 경쟁설명회 때는 팽팽한 긴장의 연속이다.

(2000년 1월 기준) 증권회사는 이동통신업체 다음으로 비중 있는 광고주다. 경쟁에 참가한 광고회사들로서는 사활이 걸린 한판 승부. 이제 전쟁이 시작됐다. 경쟁이 있다는 것은 그나다 행복한 일이다. IMF사태 이후 가장 먼저 타격을 입은 것이 바로 광고회사. 구조조정의 틈 바구니 속에서 문을 닫은 광고대행사도 수두룩하다. 그러나 최근 광고업 계는 빠른 회복세를 보이고 있다. 기업의 광고비용도 IMF 이전 상태로 완 전히 회복됐다.

기업에서 '광고는 투자'라는 인식전환이 많이 이루어졌다. 불황기 에는 광고 마케팅에 투자한 회사는 호황기가 왔을 때, 시장대응력이 높 아 시장점유율을 올리는 사례가 많다. 소비자들은 불황기에 광고하는 회사라면 경영여건이 우수한 회사라는 인식을 갖게 되기 때문이다. 다른 경쟁사들이 어려운 환경에서 광고 마케팅을 줄이므로 브랜드 인지율을 올리는 기회가 된다. 이런 광고의 투자대비 회수율^{return on investment}이 높고, 광고의 이월효과^{spillover effect}가 있어 '광고는 투자'라는 개념이 확립되고 있다. 광고는 지금 당장의 판매증진에도 중요하지만, 기업광고와 장기 지속가능성을 생각한 캠페인 광고는 브랜드 자산^{brand equity}을 구축하는 데 기여할 수 있는 마케팅 커뮤니케이션이라고 할 수 있다.

1, 2차 전략회의

경쟁 프리젠테이션 참여가 확정되면, 먼저 담당 팀과 일정표^{schedule}를 결정해야 한다. 실제 프리젠테이션을 위한 마케팅과 기획 방향을 작성하려면 시장조사를 해야 하고, 소비자 인터뷰를 해야 하며, 전략적인 예산은 제작회의를 통해 짜내야 하는 시간을 충분히 확보해야 한다. 또한 광고^{표현}안을 나중에 스토리보드로 작화하고 녹음하려면 절대적으로 필요한 시간이 있어야 한다. 담당 직종별로 책임자를 선정하고 일일점검이 가능하게 시간표를 조정해 정예 드림팀^{TFT}을 구성한다. 3주

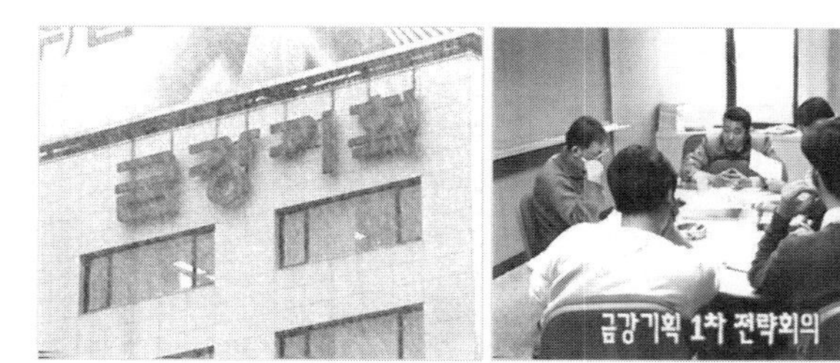

내외로 짧아진 준비기간 때문에 휴일반납은 불가피하다. 경쟁 결과를 생각하면 밤잠을 설치게 되고, 자존심이 걸린 전쟁에서 참담한 전황은 개인경력에도 불명예다. 더구나 성공하면 다른 회사로 스카우트 되고 승진promotion되는 경우가 있지만, 탈락하는 경우에는 회사를 떠나야 하는 경우가 있기에 프로들의 생존전쟁인 셈이다. 개망신이나 개고생을 당하지 않기 위해서라도 진검승부를 피할 수 없는 것이다.

> (회사 위치가 지리적으로) 금강기획과 나란히 붙어 있는 나라기획. 나라 팀은 최종 결정권을 쥐고 있는 홍콩 대주주의 광고를 분석하는 일부터 시작했다. 광고주의 취향을 미리 파악하겠다는 의도다. 나라기획은 국내 독립 대행사 중에서는 가장 오랜 전통을 가진 회사. IMF 사태 이후 인원을 절반이나 줄였던 이 회사는 이번 경쟁에 자못 기대를 걸고 있다.

광고주의 기존 광고를 분석하는 일은 기본이다. 광고의 일관성을 유지하는 게 일반적인 전략의 핵심이기 때문이다. 물론 다른 관점에서 새로운 전략안을 제시한다면 더 좋은 점수를 얻을 수도 있다. 이런 판단은 담당 카피라이터의 자료검토와 전략을 바탕으로 제작회의를 통

해서 책임 CD나 AP나 AE가 협의하게 된다. 협의가 안 되면 단일 콘셉트가 없이 진행되어 인상 깊은 프리젠테이션을 할 수가 없다. 최선을 다해 합의할 수 있도록 상호 노력해야 한다. 이때도 치열한 논리무장으로 표현카피와 메시지의 주도권을 잡기 위한 치열한 내부 전쟁이 일어난다. 외부 경제여건과 경영 상황에 민감할 수밖에 없는 광고회사는 광고주의 의도와 취향을 의식하지 않을 수 없다. 그래서 광고주는 신이라고 한다. 광고회사의 생사여탈권을 갖고 있기 때문이다. 그러나 광고표현의 수월성을 인정받은 회사는 다른 대접을 받기도 한다.

광고회사는 크게 두 가지 형태가 있다. 기업에 소속된 광고회사in house agency와 특정 기업에 소속되지 않는 독립 광고회사independence agency이다. 취급고billing를 기준으로 메이저 회사와 마이너회사라고도 한다. 특히 대기업이 만든 메이저 광고회사는 그 기업그룹의 광고업무를 총괄 대행하고 각종 상품과 기업 비밀을 유지하려고 한다. 그 만큼 광고물량이 독립 광고회사에 할당되지 않는다. 가장 우수한 광고표현물을 가장 값싸게 빨리 만들 수 있는 자유경쟁 환경을 조성해야 하지만,

이런 공정거래가 이루어지지 않은 것이다. 일종의 불공정거래가 이루어
지는 셈이다. 독립 광고회사의 도전이 필요하고, 특화전략特化戰略으로
생존방법을 도모해야 할 것이다.

> 나라기획 유재하 상무 : "새해 첫 PT기 때문에 테이프를 끊는 거
> 니까 잘하고 싶은 게 당연하죠. 저희뿐만이 아닐 거예요. 그리고
> 두 번째는 '메이저 회사가 아니라 독립광고회사가 첫 탄을 따냈다.' 이런
> 거 갖고 싶고요. 또 회사 내부적으로는 첫 번째 PT이기도 하고 지난 IMF를
> 지나오면서 심리적으로도 어렵고 그랬는데 좋은 선물이 되지 않을까."

광고회사에서 경쟁 프리젠테이션에서 성공하면 1년 농사를 다 지
었다고 말한다. 1년 단위로 광고대행 계약을 함으로써 그 대행 수수료fee
를 고스란히 챙기기 때문이다. 연말에 경쟁설명회에 참여요청을 받고
대행계약을 확정하면, 새해 새벽부터 이미 확정된 광고안을 제작하고
집행하면 된다. 한 달 농사지어서 1년을 수확하는 셈이니 부가가치가
높은 업종임에 틀림없다. 광고인크리에이터은 기획과 창작에 대한 열정과
자부심이 유난히 크다. 업무 만족도도 크다. 업무집중도와 몰입도는 밤
샘 작업으로 확인할 수 있다. 승부욕은 둘째가라면 서러울 정도다. 타의
추종을 거부한다. 경쟁 프리젠테이션 결과는 금방 업계에 소문나고, 누
가 가장 기여했으며, 누구의 크리에이티브 아이디어가 뛰어났다는 것을
알게 된다. 광고현장은 '프로들의 창조적 긴장'으로 술렁거리게 된다. 광
고회사는 나름대로 각 책임 CD와 AE들의 승률을 공개해서 자긍심을 자
극하기도 한다. 모두 개인의 근무평정과 인사고과에 반영되는 것이다.
크리에이터는 승부를 즐기는 검투사gladiator가 되어야 한다. 일을 하지

말고 즐거라^{Don't work, Enjoy}. 크리에이터의 좌우명이 되어야 한다.

광고 대행사에서 가장 중요한 건 보안. 그만큼 출입이 쉽지 않다. 정보가 새어나가 상대편에 알려지기라도 하는 날엔 공들여 만든 제작물이 한낱 쓸모없는 휴지조각이 되고 만다. 대기업의 계열사인 LG애드는 국내 광고업계의 2인자. 며칠 새 생성된 수십 개의 아이디어가 벽면에 붙여졌다.

광고전쟁은 정보전쟁이다. 누가 프리젠터이며 무엇을 콘셉트로 하며 어떻게 경합에 참여할 것인지를 인맥을 활용하여 경쟁 광고회사에 탐문해야 한다. 예상 시나리오를 만들어 프리젠테이션 자체를 차별화하는 방안도 찾아봐야 한다. 공격적인 접근이냐 수성적인 접근이냐에 따라 PT의 성격이 확연히 달라진다.

광고 기획은 통합마케팅^{IMC}의 하위개념으로서 마케팅부터 시작된다. 소비자와 시장과 경쟁 그리고 경제사회 환경을 통합한 4C 분석을 한다. '우리는 어디에 있는가, 왜 거기에 있는가?'를 분석한다. 그리고 '우리는 어디로 가야 하는가, 왜 거기에 가야 하는가?'를 천착해야 한다. 소비자의 구매동기와 사회흐름^{social trend} 파악과 경쟁상품과의 강약점 ^{SWOT} 분석을 해야 한다. SP와 매체까지 감안하여 기획의 실행 가능성을 종합 검토해야 한다. **광고 브리프**^{Ad. Brief}**를 써야 한다**. 광고 브리프는 광고주와 합의 사항이다.

여기서 AP와 카피라이터의 날카로운 통찰력이 절실하다. 쉽게 지나칠 수 있는 소비자 심리를 심층적으로 파악하여 독특한 관점을 찾아내야 한다. 상품 콘셉트와 광고 콘셉트를 개발하고 어떤 표현^{creative}과 카

피 메시지^{key word}를 남겨야 할지가 광고목표와 연계해서 작성해야 하기 때문이다. 기획 단계에서 설득할 메시지가 구체화되기 쉽게 표현될 수 있어야 한다. 차별화가 다시 강조되는 시점이다. 카피라이터가 **표현 브리프**^{creative brief}를 써야 한다. 표현 브리프는 광고회사 내부 팀원의 합의 사항이다. 카피라이터는 소비자 편익을 찾기 위해 카피 플랫폼을 작성해야 한다. 그리고 키워드와 핵심 메시지를 개발하여 리뷰를 준비해야 한다. 회의 안건을 주도하고 자기가 주장하고 싶은 방향을 위한 설득논리 개발하고, 트렌드 및 소비자 라이프스타일 관련 자료를 요약해서 발표하고 팀원들에게 배포하는 게 좋다. 카피라이터는 멀티 플레이어가 되어야 한다.

 LG 애드 옥달혁 상무 : "그건 다른 경쟁사들도 다 할 거 아니야? 똑같이 할 거면, 우린 거기에 하나 더 플러스 알파를 만들어야 될 거 아니야."

제작팀의 아이디어가 첫 선을 보이는 자리. 몇 번의 회의를 거치고 기획팀과 의견을 조율하면서 최초의 아이디어는 조금씩 다듬어진다. 십수 년의 노하우를 가지고 있는 선배들의 조언도 한몫 거든다.

증권회사의 경쟁 프리젠테이션에 참가한다면 으레 나올 수 있는 기본발상이 있을 것이다. 고수익과 안정성과 신뢰의 콘셉트가 그렇다. 그러나 신생 K조흥증권이 주장하기에는 객관적 설득력이 없다. 이제 광고회사의 고민이 시작된다. 신생 회사가 입어도 좋은 '**메시지 착용감**'을 생각하지 않을 수 없다. '플러스알파'의 의미는 새로운 관점^{perspective}이어야 한다.

기획방향에서 새로운 전략적 시각을 발굴하는 방법으로 **STP**가 있다. STP는 시장세분화^{segmentation}와 목표고객 설정$^{targeting\ audience}$, 경쟁과의 위치 정하기^{positioning}이다.

기본은 **차별화**^{differentiation}가 열쇠다. 차별화는 광고회사에서 가장 많이 쓰이는 개념 가운데 하나다. 차별화는 청개구리 심리가 아니다. '소비자가 거부할 수 없는 확실한 약속'이다. 자기 브랜드가 해결할 수 있는 소비자 편익이다. 남들은 인정하지 않는 차별화를 위한 차별화는 짝퉁 차별화이고 속임수 차별화$^{deceptive\ differentiation}$일 뿐이다. 알코올 농도 20° 순한 소주는 소비자 기호가 변함에 따라 만든 제품차별화와 고객차별화의 성공작이다. 광고는 인식의 싸움이다. '지하 15m 천연암반수로 만든 하이트'로 **의제설정**$^{agenda\ setting}$을 하여 콘셉트를 차별화한 성공사례도 있다. 브랜드 개성 전략도 있다. 태평양세서 제조 판매하는 '미로'와 '마몽드'는 제품 종류나 목표고객이 거의 비슷하다. 다만 브랜드 개성$^{brand\ personality}$만 다를 뿐이다. '오염 없는 피부, 이슬 같아요'의 미로와

'산소 같은 여자'의 마몽드는 캠페인 슬로건이 만든 이미지 세분화가 다르다.

포지셔닝은 잠재고객의 머릿속에 경쟁과의 관계를 고려해서 상품의 위치를 잡아주는 것이다. 정보의 홍수 속에서 자기즈장을 확실히 전달하려는 전략이다. 밖에서 안을 보는 Outside-In 관점의 혁신이다. 내재적 드라마에서 상품관련성을 확인한 뒤, 기획방향을 정하는 안에서 밖으로 Inside-Out 전략과 반대라고 할 수 있다.

이런 광고전략은 세 가지 요건을 진정성 있게 점검해야 한다. 첫째, 경쟁브랜드의 개성과 차별화되어야 한다. 둘째, 자기 상품이 주장할 수 있는 가치나 편익이 있어야 한다. 셋째, 목표고객의 특성과 선호에 연관되어야 한다.

(주)선연 엄소희 카피라이터 : "금융 과학을 앞으로 내세우기에는 좀 어려울 것 같고요. 콘셉트 차원에서는."

선연에서는 카피라이터 출신의 김병희 부장이 제작팀의 중추. 작년에 대형 증권사 광고경쟁에서 패배한 뼈아픈 기억을 갖고 있는 선연에게 이번 경쟁은 실추된 자존심을 만회할 수 있는 절호의 기회다. 김부장이 고민 끝에 내놓은 광고콘셉트는 금융공학을 강조한 것. 문제는 어떻게.

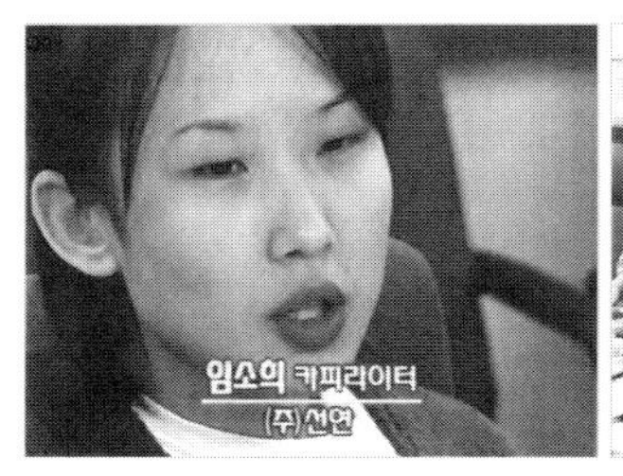

　　광고기획과 전략의 구상단계에서 이제 표현전략으로 넘어와야 할 시점이다. AP에게서 받은 애드 브리프를 중심으로 카피라이터가 표현브리프의 빈 칸과 항목들을 채워 넣어야 한다. 특히 표현 콘셉트를 찾아내는 게 어렵다. 기획단계에서 수행한 4C 분석자료를 바탕으로 하고, 카피라이터 개인이 고안해낸 콘셉트나 키워드를 점검해야 한다. 제작회의 할 때 콘셉트 시안을 리뷰하고 주위에 있는 동료나 친지들에게도 의미에 대해 의견을 청취해야 한다. 최근에는 인터넷과 블로그를 통해 실시간으로 타당성과 성공가능성에 대한 정보를 얻는다.

　　표현 콘셉트는 구체적인 편익과 그림이 연상되어야 한다. 추상어르 나열하거나 고객과 상품과의 관련성이 적어 무슨 광고인지를 알아채릴 수없는 경우가 생겨서는 안 된다. 간단명료하게 다섯 개 내외로 표현 콘셉트 테스트를 실시해야 한다. '금융공학'이라면 이런 요건을 갖추지 못한 사례라고 하겠다. 그림^{visual} 연상이 어렵고, 어려운 한자어이며, 개념어이기에 상품^{기업}이 소비자에게 해줄 수 있는 약속^{편익}이 구체적으로 드러나 있지 않기 때문이다.

(주)선연 김병희 부장 : "이거 되면, 내년부터 방학이야 방학. 이거 반드시 먹어야 된다고."
"우리말로 주님이라고 해요. 광고주. 광고주들이 머릿속에 생각하는 거 하

고 우리가 잡아가는 콘셉트가 과연 일치하는지. 뭐 광고주 머릿속에 들어
가 볼 수도 없는 일이고 이거에 대한 확신을 가져야 하는데 지금 단계에는
여러 가지의 가능성만 가지고 타진하고. 이점이 가장 힘든 점 같아요."

광고주는 '주님'이다. 주님은 주인님이고 군주君主이다. 계약주체인
'갑'이고 광고회사는 '을'이다. 광고는 수주산업이라 발주하는 광고주가
없으면 광고회사는 존재할 수 없다. 경쟁 프리젠테이션을 통해 선정될
뿐이다. 그나마도 공개와 공정과 공평을 통해 입찰 참여 기회라도 받으
면 다행이다. 군주의 절대권능을 갖고 있는 광고주는 자신의 기업역사
에서 마케팅을 계속 해왔기에 영업력과 판매전략을 탁월하게 수행하고
있다. 다만 광고 커뮤니케이션에서는 우월하기보다는 오히려 취약하다.
소위 영업이냐 기획이냐의 문제에 봉착하게 된다. 경쟁 프리젠테이션에
서 이기기 위한 입장이 무엇이어야 하는가 하는 문제다. 무조건 광고주
밀착 영업형이 유리한 것은 아니다. 그렇다고 **전략 기획형**이 더욱 친화
적인 것도 아니다. 광고주가 가지고 있는 **문제 해결형**이 간택될 가능성
이 높다고 본다. 기업과 상품은 장수해야 한다. 담당자product manager가
중요한 게 아니라 재품product이 중요하기 때문이다. 또한 프로덕트가 중
요한 게 아니라, 브랜드가 중요하다. 상품은 계속 소비자 기호에 따라
진화하기 때문이다.

아무도 예측할 수 없는 광고의 세계. 그러나 광고에는 세상을 읽
는 코드가 숨어 있다. 지금 광고계의 화두는 속도. 초고속 정보고
속도로를 질주하며 새로운 소비자로 떠오르는 N세대는 광고인들의 최대
관심사다. 미국의 한 정보사회학자가 정리한 N세대의 개념을 국내에 널리

알린 것도 바로 광고다. 소비자의 욕구를 파악한 것이 바로 광고였기 때문이다.

사이버로 대변되는 N세대를 겨냥하는 광고에는 몇백 년 후의 신인류가 등장하기도 한다. 속도를 따라가다 못해 아예 몇십 년 시간을 앞질러 버리자는 계산이다. 단 2주 동안 보여줄 15초짜리 광고를 위해 대작 영화에 버금가는 거액을 쏟아 붓는 게 요즘 광고계의 현실이다. 제품을 알리는 단순한 정보로는 시시각각으로 진화하는 N세대의 마음을 사로잡을 수가 없다. 영상 세대가 주목하는 이미지와 문화를 만들기 위한 끝없는 고민. 그것이 광고인들이 풀어야 할 숙제다.

소비자와 트렌드는 광고 기획과 카피의 용광로melting jar다. 소비자와 트렌드는 상호작용하면서 서로 영향을 주고받는다. 소비자는 개인 가치관과 경험에 따라 다양한 진화를 거듭한다. 트렌드는 사회 공동체가 따르는 기호嗜好와 기호記號를 통합하면서 색다른 사회흐름을 만든다. 최근 '대중의 지혜'와 대중민주주의가 강조되면서 집단의 힘에 호응하는 사례가 흔히 생기고 있다. 가수 팀은 다섯 명이 기본이다. 그룹 댄스 가수들의 인기가 놀랍다. TV 프로그램에서 진행자Master of Ceremony는 다수 집단이다. 누가 초청된 출연자이고 사회자인지 모를 정도다. 어느 특정 방송사의 프로그램만의 현상이 아니다. 꽃미남이 도시형 남성metro sexual의 상징으로 부각되면서 TV 드라마가 인기를 얻고 성형공화국이라는 별칭을 얻으며 남성전용 색조화장품까지 등장하게 되었다. '젊은 오빠'를 선호하는 루키즘lookism이 세대와 연령을 초월하여 신드롬이나 유행을 넘어서 트렌드가 되었다. 일자리 구하기가 어려워지자 아예 자유 단기 직업자freeter가 되는 비자발적 실직 상태가 오래 지속되고 있다. 아르바이트로 일하다가 생활비가 떨어지면 다시 일하는 자유족이다.

디지털 시대엔 변화의 속도가 '생각의 속도'만큼 빠르다. 인터넷 접속 속도가 3초 이상 느려지면 다른 사이트로 클릭한다고 한다. 입소문 마케팅은 아무것도 아니다. 정보의 속독력은 마치 정보의 생산량을 따라잡으려는 것처럼 보인다. 모바일 폰의 문자메시지 발송 속도는 1분에 800자를 넘는 사람도 있다고 한다.

이런 물리적인 속도의 변화는 소비자의 의식의 속도를 좌우하게 된다. 문화 변동의 속도가 빨라지게 된다. 지속가능하고 미래지향적인 성찰이 필요한 과제를 수행하는데도 인내심은 없어진다. 이런 흐름이

메가 트렌드mega trend가 되어 우리 사회를 주도하게 된다. 시대의 거울
이고 사회의 반영인 광고는 트렌드를 너무 앞서가도 안 된다. 3~6개월
정도 보조를 맞춰서 가면 좋다. 선도하면서도 현실을 반영하고, 반영하
면서 선도하는 것이다. 시대정신을 보여줄 때 소비자의 공감이 커지고
학습된 사실과 오브제를 통한 이해가 쉽기 때문이다.

LG팀의 2차 전략회의 : 정보를 담은 캔

일반적으로 AE는 카피라이터와 논쟁을 많이 하는 편이다. 광고콘
셉트 개발자와 표현 콘셉트 개발자 사이에 일어나는 충돌이다. 서로 자
존심을 건 논리 경쟁이기에 긴장이 생기기 마련이다. 이는 바람직할 뿐
만 아니라 권장해야 할 '창조적 긴장'이다. 자신의 주장이 일방적이고
주관적인 판단이 아니라. 공감이 있는 객관적 설득임을 이해시켜야 한
다. 그런 면에서 '캔'은 증권회사의 정보를 담는 그릇으로 연상 이미지
가 작게 느껴지고, 너무 소품적인 소재이기에 불만을 표출한 것으로 보

인다.

　　광고 콘셉트와 표현 콘셉트 사이에 자연스런 연결고리^{natural connection}가 있어야 한다. 단일집약적 소구점^{single minded proposit on}이 명쾌해야 한다. 이 소구점을 다양한 전략모델에 적용하고 표현 콘셉트로 숙성시켜야 한다. 물론 콘셉트 테스트를 거쳐 카피라이터 자신의 의견을 객관화시키고 정교화하는 단계를 거치는 게 좋다. 이때도 목표고객 심리와 트렌드와 상품 관련성의 3대 요소를 필수적으로 점검허야 한다. 이것을 메시지로 카피화하여 크리에이티브 리뷰 회의를 할 때 토론하고 수정해야 한다.

이제는 대부분의 광고회사가 국제화되어 있어 국내외 업무 구분이 과거처럼 명확히 나누어져 있지는 않다. 홍콩의 대주주처럼 외국인 회사의 업무는 거의 국제국에서 담당한다. 통역 문제와 외국생활을 한 직원이 많이 배치되어 있기 때문이다. 이렇게 외국 광고주 업무는 인바운드inbound 광고 업무라고 말한다. LG애드처럼 관계사가 외국에 진출할 때 현지 광고를 비롯한 마케팅 커뮤니케이션을 지원하기 위한 국외진출 업무를 아웃바운드outbound 광고라고 한다. 현대 우리나라의 광고회사는 광고시장 개방에 따라 외국계 광고회사와 전면전을 펼치고 있다. 국내 상위 10대 광고회사 가운데 인하우스 회사가 다섯 개 외국계 광고회사가 네 개로 팽팽한 시장점유율을 갖고 있다. 우수인재를 확보하고 전세계 캠페인을 전개하기 위한 터전이 마련되었다고 할 수 있다. 각 나라마다 고유문화를 반영한 광고 커뮤니케이션을 하는 현지화 전략과 단일 콘셉트와 비주얼과 카피로 전개하는 표준화 전략을 쓴다. 절충형으로 글로컬라이제이션glocalization을 쓰기도 한다. 문화 차이와 기후 차이가 크고 상품의 사용습관이 달라 동일한 콘셉트를 사용할 수 없기 때문이다. 외국 광고시장도 현지인에게 맞춤형 콘셉트를 개발하지 않으면 공감이 생기지 않기 때문이다.

광고는 탁월한 기획과 독창적인 표현이 필수요건. 기획팀과 제작팀이 머리를 맞대고 고민을 나누는 이유가 바로 여기에 있다.

"기존 것을 무시해 버리고 이게 새롭습니다 하는 걸 알려 줘야 하는데 이론만 달랑 알려 주는 것이 부족하다는 거지. 두 가지 콘셉트 가지고 광고할 수도 있는 거야."

"크리에이티브가 뭐냐면, 다른 게 아니라 소비자들이 잘 알 수 있게 풀어 주는 거야. 하나만."

무언가 다른 것을 보여 주어야 한다는 부담은 광고인들의 영원한 숙제. 언쟁이 벌어지는 것은 다반사다.

"1차 기획 때 부국장님이 뭐라고 하셨어요?"

"이 사람아, 당신이 말하는 건 지금….."

카피라이터와 담당 AE혹은 AP의 논쟁은 4~5번 제작회의브레인스토밍회의를 통해 합의되지 않으면 할 때마다 팽팽한 긴장감이 계속된다. 각자 자신의 광고 크리에이티브 관에서부터 성공사례 경험까지 총동원하여 상대방을 설득시키려 한다. 이성과 감성의 세계를 넘나들면서 변론과 신문 수준의 설전을 벌인다. 아무래도 AE^AP 쪽은 이성적이고 명료한 개념에 익숙하다. 카피라이터는 표현을 의식하고 감성적인 메시지를 주장하게 된다. 결국 과거와 단절을 통한 새로운 혁신이냐 브랜드 자산을 이어가는 유지냐의 문제다. 논쟁은 계속되지만 최종 판단기준은 고객의 욕구와 편익이 되어야 한다. 또한 소비자가 쉽게 이해할 수 있는 콘셉트가 되어야 한다. 기존 광고이론으로 보면 콘셉트도 한 개가 맞지만, 특수 상황임을 부각시켜 두 개의 콘셉트도 갈 수 있다고 주장하는 것이다.

IMF관리 체제를 겪었고 증권투자에 실패한 고객이 많다는 현실을 무시할 수 없기 때문이다.

아이디어의 세계에서는 직위와 나이가 통하지 않는다. 오직 최고의 아이디어를 위한 노력만 있을 뿐이다. 열린 조직만이 치열한 경쟁에서 살아남을 수 있다.

최창환 부국장 : "일반 기업 같으면 함부로 과연 저럴 수 있겠나 차원이지만 광고회사이고, 창의적인 집단이고 크리에이티브 집단이니까, 그런 게 어느 정도는 수용되고 하기 때문에 좋은 아이디어가 나올 수 있고, 심지어는 직급에 상관없이 좋은 아이디어가 나와서 성공한 케이스도 많이 있기 때문에 그런 거는 순순히 받아들일 마음가짐이 되어 있고…."

프로페셔널의 세계는 한 치의 양보가 없다. 프로는 연습을 실전처럼 하고, 실전은 연습처럼 해야 한다. 최고의 업무성과를 창출하기 위해서는 자유토론밖에 대안이 없다. 경쟁 프리젠테이션에서는 오직 1등만이 살아남는다. 2등은 아무도 기억하지 않는다. 적당주의나 타협주의는 개망신의 지름길이다. 오로지 총성 없는 광고전쟁에서는 성공해야만 원원효과win-win effect를 낼 수 있다.

나라기획팀 2차 전략회의 : 굿닥터와 세계적 코치

작년 한 해 동안 두 배나 급증한 증권사 광고. 그만큼 광고 경쟁도 치열하다. 수십 개의 증권사 광고들과 확연하게 구별되는 광고를 만드는 것이 이들에게 주어진 과제다.

나라 팀은 증권사에 그럴듯한 이름을 붙이기로 했다. 굿 닥터Good Doctor

와 세계적인 코치를 두고 의견이 분분하다.

광고 자체의 경쟁 상대는 누구일까? 같은 업종의 다른 경쟁사 광고일까? 증권회사 광고는 다른 증권사 광고만 고려해서는 안 된다. 메시지는 경쟁사와 차별화하면 되겠지만, 표현은 모든 업종의 광고와 경쟁해야 한다. 우리나라에서 1년에 새로 만들어지는 TV CM은 500개 내외로 알려져 있다. 여기서 기억되는 CM은 세 개 정도라고 한다. 경쟁률이 167 대 1이다. 이런 무한경쟁의 광고시장에서 독특한 메시지와 카피가 없다면 광고는 휴지조각일 뿐이다.

그래서 표현콘셉트를 잘 정해야 한다. 그 방법의 하나가 나라기획팀이 사용한 브랜드 에센스를 추출하는 기법이다. 브랜드휠^{wheel}로서 '제품 특성 – 소비자편익 – 가치 – 개성 – 에센스'로 이어지는 바퀴 모양의 콘셉트 발상법이다. 브랜드 '개성^{personality}'은 광고할 상품을 인물로 비유하는 기법이다. 성격이나 태도나 심리를 알 수 있는 구체적인 인물이 누구냐 하는 것을 발상한다. 개성은 증권사의 별명이 되고 캐릭터로 발전할 수도 있다. 증권 투자가들에게 가이드가 되고 멘토가 될 수 있는 사람인 것이다. 증권사라는 기업을 인물로 비유했다는 발상이 신선하고 고객과의 친밀도가 높아지는 효과가 있다. 증권 업종의 속성을 반영하고 있어 관련성도 높아 보인다. 인물은 기억하기도 쉬운 장점이 있다. 증권 정보와 국제적 네트워크를 활용한 지원 시스템은 K조흥증권사의 상품정보일 뿐이다. 이 상품정보가 구체적인 투자가의 생활정보로 전환되어 크리에이티브가 강해 보인다.

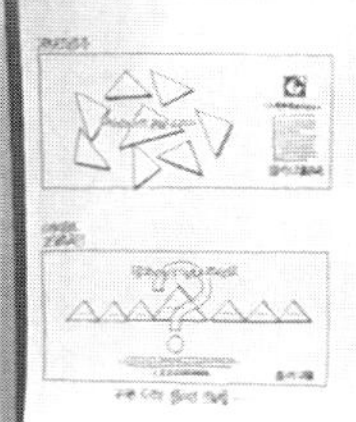

나라기획팀 유재하 상무 : "세계적인 코치라고 이야기 할 것이냐, 굿 닥터라고 할 것이냐."
유재하 상무는 이번 경쟁에 참가한 각 팀의 대표들 중에 홍일점. 이번 프레젠테이션을 위해서 평소에는 관심도 없던 증권사 객장을 드나들었다. 투자자를 직접 만나 정보를 수집하고 전문가의 의견도 참고했다.

카피라이터는 실무적으로 팀장인 크리에이티브 디렉터^{creative director}를 보좌한다. 특히 3P^{Planning, Presentation, Producing}를 수행해야 한다. 광고기획팀에서 기획을 AP와 함께 하지만, 표현전략을 짤 때는 카피라이터가 맡아서 한다. 각종 상품정보와 프리젠테이션 정보를 많이 알고 있는 카피라이터가 프리젠터가 된다. 그리고 향후 실제 제작과 촬영을 하게 될 때도 카피라이터는 함께 출장을 가고 사전 제작회의인 PPM^{Pre Production Meeting}을 주도적으로 실시하여 광고물의 완성도를 높이는 책임을 져야 한다. 녹음할 때도 필히 참석하여 최종 카피를 확정해 주어야 한다.

카피라이터는 카피를 발로 써야 한다. 직접 현장 조사를 하고 소비자 인터뷰를 하며 직접체험 함으로써 업무를 실감해야 한다. 마치 10년 이상 겪었던 것처럼 현장감이 살아나야 한다. 생생한 육성^{肉聲} 카피를 발굴하려면 땀과 눈물을 흘려야 한다.

금강기획 2차 전략회의 : 개미들의 전쟁

> 한편 나라기획과 이웃한 금강 팀에서는 빠른 진전을 보이고 있었다. 제작팀에서 제시한 안은 모두 네 가지. 그 중에서 개인투자자들을 가리키는 일명 개미군단의 전투를 피하는 아이디어를 최종 결정하는 것에 의견이 일치했다.

광고 콘셉트에서 표현 콘셉트로 전환되었고 '개미군단의 전투'라는 객장의 혼돈에 이정표를 세워 투자가를 성공시키겠다는 메시지다. 이는 아직 투자가의 현황설명에 머물고 있다. 일반적인 증권사의 업무방침 수준이다. 특별한 차별점이 없고 실리를 추구하는 투자가에게 매력 포인트$^{\text{sweet spot}}$를 주지 못하고 있다. 광고의 매력드^{attractiveness}는 메시지와 영상일진데 광고다운 재미나 미학이 없고 너무 서사적敍事的이다. 특정 고객을 한정해서 개인 프로파일을 설명할 수 있어야 하는데 미흡하다고 본다. 이 개인을 광고화하여 생활정보로 도약^{take off}하는 힘이 부족하다고 본다.

업계 3위의 금강기획은 빠른 추진력이 강점이다. 대대적인 물량투입과 공격적인 PT기법으로 광고계에서는 정평이 나 있다. 거리낌 없이 의견을 꺼내는 자신감은 광고인의 필수소양. 이런 자신감은 아이디어로 직결된다.

잠재고객의 심리를 잘 파악하고 있다. 혹독한 투자 실패를 경험했던 고객의 참담함과 절망을 묘사하고 있다. 아무도 책임지지 않는 투자의 세계에서 컨설팅해 주겠다는 메시지를 주장하고 있다. 이 스토리와 메시지를 어떻게 영상으로 담아낼 것인가에 대한 고민이 부족하다. 압축과 절제와 내면의 갈등을 표출해내는 광고화^{Ad. translation}가 무르익지 않았다. 투자에서 투자 실패까지의 과정을 시계열적으로 보여준 것에 불과하다. 이를 광고 수사학으로 풀어야 한다.

금강기획 기획팀 엄익수 대리 : "지면은 개인적으로 자존심 상하는 것도

있고, 회사도 그런 차원이 있고, 그런 생각을 가지고 있어요. 언제나 자신 있게 하는 게 중요한 것 같아요."

광고현장에서는 경험이 유효한 경우가 많다. 모든 경쟁 프리젠테이션은 경험축적의 한 과정이라고 할 수 있다. 그러나 '승자의 저주'처럼 과거 승리에 취하면, 현재 경쟁 상황을 낙관적으로 착각하는 악수를 두게 된다. 또한 동물적 본능에 의한 직관이 묘수를 발휘하기도 한다. 기획팀과 제작팀의 합의 도출이 어려울 경우, 설명회 날까지 시간이 부족이 예상되면 일단 제작팀 주도로 광고시안을 만들게 된다. 향후 일부 수정하거나 추가 시안을 만들 작정이기 때문이다. 경쟁 입찰일 막바지에 이르면 전체 TFT 팀원들은 극도로 과민하게 되고 책임감에 잠 못드는 경우가 자주 생긴다. 광고인은 긍정적 사고로 수평적 사고를 잘해야 한다. 광고는 팀 크리에이티브는 조직의 임파워먼트empowerment를 잘 관리해야 나온다. **개인역량 발휘와 팀장의 리더십과 조직 분위기를** 자유롭게 하고, 경쟁 프리젠테이션 후에 **특별성과급**incentive **지급** 등을 감안해야 한다. 크리에이티브는 자존심을 먹고 살지만 크리에이터는 보너스를 먹고 산다.

(주)선연 2차 전략회의 : 달마와 나비

(주)선연 김동완 제작이사 : "달마대사와 포대화상, 이 두 상을 대비를 해 가지고 저희가 크리에이티브를 만들어 본 안입니다." 선연 팀의 첫 번째 아이디어는 증권과는 사뭇 거리가 먼 달마대사와 포대화상. 홍콩의 대주주를 겨냥한 아이디어다. 두 번째는 현대과학의 대표적인 이론인 카오스 이론.

"카오스, 혼돈 이론이라는 데에서 나비효과라는 것이 있습니다. 우리가 예측치 못한 아주 사소한 것 때문에 전체적인 결과가 달라진다고 하는 철학적인 이론인데."

모두의 이목이 상무에게 집중된다. 3초 안에 반응이 터지지 않으면 묵살되고 마는 것이 광고 아이디어.

(주)선연 창작팀 김병희 부장 : "우연으로 가득 찬 증권시장을 필연으로 만들어 주는 것을 설명하기 위해서는 좋은 안인 것 같습니다."

(주)선연 김세민 상무 : "여의도 증권가 나오는 건 빼라고."

김부장의 지원사격에 힘입어 두 개의 안이 통과됐다.

"묻어놓고 기다리는 건 아니다 이거야."

(주)선연기획팀 임종근 국장 : "그만큼 일반 투자자들의 경우는 그 정도의 바보짓이다, 이것을 비유한 거죠. 말하자면."

아이디어의 허점을 파고드는 김상무의 날카로운 지적. 서른 중반만 넘어도 정년을 바라본다는 광고계에서 살아남은 비결인지도 모른다.

(주)선연 김세민 상무 : "돈을 실제로 묻어 놓고 기다리는 사람이 있느냐 말이야, 현실적으로."

(주)선연 김동완 제작의사 : "상무님 의도를 정확하게 모르겠어요. 아까부터."

(주)선연 김세민 상무 : "모르겠다고? 말도 안 되는 소리…. 그래 가지고 이사가 어떻게 되나?"

머릿속에 있는 것을 남에게 설득하는 일이 어디 그리 쉬운 일인가. 어떤 표현으로 광고주와 소비자를 설득할 것인가. 이들에게 던져진 공통의 숙제다.

TV 프로그램인 '광고전쟁'에서는 광고에 대한 현장체험이 부족해서 그런지 내용 전개에 있어 심도 있는 이해가 부족하다. 가장 중요한 '표현 콘셉트를 어떻게 만들어야 할까?'에 대한 언급이 없다. 표현 콘셉

트는 몇 가지 요건을 갖고 있어야 한다. 첫째, 구체적이어야 한다. 소비자 편익을 말하면서 어떤 영상이 떠올라야 한다. "K증권은 투자수익을 올리는 길을 알고 있습니다."처럼 문장화되어 있으면서 편익을 말해야 한다. 둘째, 영상에서 상품과 연관성을 갖고 있는 사물을 제시해야 한다. '객관적 상관물'이 있어야 한다. '달마와 나비'의 대비는 좋지만, 그 유기체가 K증권과 어떤 연관성이 있는지는 알 수가 없다. 셋째, 투자가 소비자의 심리 측면에서 어떤 효과를 줄 수 있는지가 명확하게 받아들여지지 않는다. 굉장히 어렵게 느껴지고 생소하다. 특정 종교의 분위기를 연상하는 수도 있을 것이다. 더구나 혼돈이론이라는 새 개념은 광고를 통해서 물리학이론을 강의해야 하는 엄청난 커뮤니케이션 비용을 낮게

된다. 그리 경쟁력이 있는 카피 메시지 같지가 않다.

스토리보드 리뷰 내용도 밀도가 적어 표현에 도움을 주는 것 같지가 않다. 리뷰하는 사람은 카피 언어와 크리에이티브 관련 이론으로 점검해야 한다. 리뷰위원은 회사의 40대 임원급인데 무조건 비판으로 일관하면서도 깊은 통찰력을 보여 주지 못하고 있다. 과거 성공사례와 외국 사례를 인용하면서 현실적인 대안을 제시해야 생산적인 스토리보드 리뷰가 가능해진다. 실무 크리에이터들도 즐거운 자세로 리뷰를 받게 될 것이다. 리뷰 시간은 젊은 크리에이터가 창안한 우수안을 선정하거나 보완점을 찾고자 하는 것이다. 리뷰위원들의 사전 분석과 문제해결 능력을 과시하는 시간으로도 활용되어야 할 것이다. 그래야 리뷰 시간에 의견과 관점의 충돌과 갈등이 융합되면서 새로운 크리에이티브가 생성되는 것이다. 카오스 이론처럼 '혼돈의 가장자리'까지 가봐서 창발적인 아이디어를 발굴해 내는 것이다. 이것이 신·구세대의 조화이고 광고계가 원숙해지는 길이라고 본다.

PT를 위한 광고물 촬영과 편집

금강 팀이 은밀히 촬영에 들어갔다. 스토리보드로 제시하라는 광고주의 지시에 어긋나는 일.

노영화 부장 : "오, 이병헌 씨."

금강 팀이 내세우는 비장의 무기는 톱스타 이병헌. 인기 연예인인 그가 아무런 대가 없이 촬영에 응한 이유는 금강의 제작팀장인 노영화 부장과의 친분 때문이었다.

"액션."

이병헌 : "이게, 바로 해야 되는데 아래 거 잡고 위에 거 잡고 하는 게 안 되는데요."

"아까 넥타이 하는 거 좋았어, 다시."

전쟁 상황을 그림으로는 설명할 수 없다며 촬영을 강행한 금강 팀. 과연 이 빅카드가 통할 수 있을 것인가.

성우 : "국경에 나비가 몰려옵니다. 뉴욕의 주가가 폭락합니다. 우연일까요? 세상엔 우연은 없습니다. 이젠 한 치의 오차 없는 금융공학이 성공투자를 확신한다."

선연 팀에서도 나름의 무기를 준비하고 있었다. 심사위원을 그럴듯하게 설득하기 위해서는 광고문안을 멋지게 읽어 주는 것이 주요할 것이라는 판단이었다.

시안준비에 드는 비용은 고스란히 광고회사의 몫. 프레젠테이션에서 떨어져도 아무런 보상이 없다. 2등은 존재하지 않는 경쟁의 세계. 오직 승리만이 있을 뿐이다.

　　경쟁 프리젠테이션의 입찰이 과열될 경우, '스토리보드 두 개 시안 제시'라는 기본 약속을 깨뜨리는 사태가 발생하기도 한다. 경쟁은 생존 전쟁이기에 무조건 이기고 보겠다는 심보다. 이를 광고주가 악용하여 약속을 파기해도 별 불이익을 주지 않는다. 광고주 입장에서는 손쉽게 다양한 아이디어를 영상자료^{reference video}로 확보할 수 있어 나쁠 것이 없다는 안이한 생각 때문이다. 이는 광고 선진국에선 볼 수 없는 불공정 거래에 해당한다. 더구나 거부 수수료^{rejection fee}도 주지 않는다면 광고 회사에서는 엄청난 피해가 된다.

　　프로들의 게임에서 규칙^{rule}을 엄정하게 적용해야 한다. 사전에 광고주와 광고회사 간에 신뢰가 우선이고, 신사협정을 맺어 크리에이티브 향상이라는 핵심역량에 충실할 수 있는 광고계를 만들어야 할 것이다.

　　금강의 '금융공학'이라는 표현 콘셉트와 '나비'라는 오브제 사용은 영상미를 과시할 수 있겠지만, 메시지가 너무 일반적인 사실이다. 더구나 금융공학이 투자 담론을 제시하고 있어 일반 투자가에게는 '메시지 접근성'이 멀게 느껴진다. '개인화된 에피소드'가 아니다. 광고가 대중

커뮤니케이션이지만, 표현에서는 일대일 대화형 커뮤니케이션이 되어야한다. 목표고객 한 사람이 선택된 듯한 착각을 일으켜야 효과적이기 때문이다.

표현소재 '나비'도 흔히 들어봤지만 생소한 물리학 이론에 등장한적이 있어 신선하지 않다. 다른 증권사와 비교해서 메시지 점유율이 올라갈 것 같지 않다는 생각이다. 우연과 필연, 금융공학 등이 너무 난해한카피라 투자가의 공감을 얻기는 어려워 보인다. 표현은 항상 수사학을생각해서 쉽게 이해될 수 있게 해야 한다는 점을 잊지 말아야 할 것이다.

마무리와 PT 준비

유 상무의 발걸음이 빨라진다. 며칠째 밤샘 작업한 결과물이 드디어 만들어졌다.

유 상무 : "그 사람들이 세계적인 코치라는 것만 볼 줄 안다면."
"이야…. 가슴이 떨린다. 될 것 같아요."
유 상무는 기획부터 광고문안 작성, 디자인 작업까지 전 과정을 혼자서 책임진다. 이런 부지런함 때문에 광고계에서 유래 없는 초고속 승진의 신화를 남겼다.
하늘 아래 새로운 것은 없다. 다만 남다른 표현이 있을 뿐이다. 자신들의 아이디어가 승산이 있을지 멀리 떨어져서 다시 바라보는 자세, 끝없이 의심하고 끝없이 도전하는 것이 창조의 세계다.

크리에이티브란 무엇인가? 단순한 아이디어가 아니다. 창의력이 뛰어난 카피가 아니다. 그러면 창의력이란 무엇인가? 꼬리에 꼬리를 무는 질문이 가능하다. 크리에이티브의 정의가 무엇인가에는 논란이 많다. 이론적으로 보면 광고 크리에이티브는 문제해결력이다. 소비자가 생활 속에서 겪는 불편함과 어려움을 해결해 주는 창의력이다. 그리고 크리에이티브를 어떻게 창안할 것인가? '기대하지 않은 조합unexpected combination'을 말한다. 의외성을 주어야 소비자의 시선을 잡을 수 있기 때문이다. '낯설게 하기'도 이런 효과를 낼 수 있다. 상품과의 관련성을 주면서도 구매욕구에 불을 당기는 기법이라고 하겠다.

한 달에 한 번 꼴로 PT를 준비하는 금강 팀의 노영화 부장. 그가 귀가를 미루고 들린 곳은 신문광고물의 인쇄를 맡은 출력실. 광고대행사들의 하청업체 선정은 극비사항이다. 경쟁에 들어가면 하청업체까지도 보안유지에 신경을 곤두세운다.
"이런 라인 부분들이 다 죽어버린다고."
"긴장되거나 그러진 않으십니까?"

"시간이 이렇게 되니까, 경쟁사들은 어떻게 하고 있나가 차츰 궁금해져요."

경쟁에서 승리하기 위해서는 최선만으로 모자란다. 최상을 만들어 내야만 광고주는 만족한다. 아니 신뢰한다. 프로로 인정해 주고 향후 광고물의 완성도에 대한 기대치를 정할 수 있기 때문이다. 그래서 정밀 시안comprehensive sketch보다 더 정밀한 완성단계의 인쇄 출력물을 준비한다. 기회는 한 번뿐, 다시 오지 않는다는 벼랑 끝 전략을 가져야 한다.

그 시각, LG 팀의 제작팀은 회의에 열중이다. 지금까지 제출한 아이디어만도 수십 개. 그러나 제작팀 모두의 무릎을 치게 만드는 아이디어를 만들기 위해 또 다시 머리를 맞대었다. 이번 경쟁에 참가한 회사 중 가장 규모가 큰 LG로서는 승부에 대한 부담도 더 크다.
LG애드 정호림 : "우선 자신이 생각한, 고민한 아이디어는 다른 어떤 것보다도 최고라고 생각을 하거든요. 물론 나중에 어떤 경쟁에서 졌을 때 이긴 회사의 광고는 어떤가라고 보는 경우가 있습니다. 그럴 때 '아, 이건 우리가 진짜 졌구나'라는 생각이 들게 할 때에는 평가를 스스로 하는데, 그 전까지는 뭐 항상 자신 있습니다."

메이저 광고회사는 나름의 자부심 때문에 더 큰 업무 부담감을 갖게 된다. 만약 실패할 경우, 패인은 자신의 능력부족으로 귀착되기 때문이다. 조직 인프라가 잘 갖춰진 메이저 회사가 마이너 광고회사에 졌다면 감수해야 할 요인이다. 또한 프로는 더 좋은 안이 있다는 것을 알고 있기에 마지막 순간까지 포기하지 않는다. 새로운 크리에이티브를 개발하고 제작해 낸다.

광고인 신년 하례회

 나라기획 유재하 상무 : "안녕하세요, 지난번에 세미나 때 뵈었던 거 같아요. 건강하시죠? 제가 명함이 바뀌어 가지고."
경쟁에 참여한 각 팀의 수장들이 한 자리에 모였다. 5조 원이 넘는 거대한 광고시장을 이끌어 가는 핵심인사들이 모인 신년모임이다.
"옥 상무님, 안녕하세요. 새해 복 많이 받으세요, 어떠세요? 요번 일 진두지휘하셨죠?"
옥 상무 : "네네 그렇죠, 월요일에 언제 하시나요?"
나라기획 유재하 상무 : "두 번째요. 제작, 기획 따로 하세요?"
광고인들끼리 친목을 위해 마련된 이 자리는 상대팀을 탐색할 수 있는 절호의 기회. LG 팀의 기획을 맞은 최창환 부국장도 참석했다.
나라기획 유재하 상무 : "LG같이 큰 회사에서 독립광고회사에 가끔 양보도 좀 하시지…. 걱정이 많이 됩니다만 열심히 하겠습니다."
옥 상무 : "광고회사의 생리 아니겠습니까?"
나라기획 유재하 상무 : "그렇습니다. 뭐, 피티 있으면 이겨야 되는 거고, 월요일에 뵙겠네요."

2000년 1월 광고인 신년하례회 때는 업계 중진들이 다 모인다. 여기서는 '광고전쟁'이 '정보전쟁'으로 바뀐다. 유 상무는 나라기획의 대표 프리젠터이다. 경쟁 광고회사의 담당자가 누구인지를 파악하기 위해 일부러 회사를 옮겼다고 말한다. 상대방의 명함을 얻기 위한 전술이다. 일종의 하얀 거짓말이다. 경쟁 광고회사의 담당자와 그 라인을 알면 그들의 전략을 가늠할 수 있기 때문이다. 과거 경쟁 프리젠테이션했을 때는 무슨 상품이었으며, 어떤 개성과 기획 스타일과 광고 표현을 사용하는지를 예측할 수가 있다. 예상되는 기획방향과 카피 스타일을 정리해서 나

라기획의 프리젠테이션 할 때 사용하려는 것이다, 사전에 예상 기획방향으로 검토했다고 광고주 앞에서 말해버림으로써 경쟁사의 기획방향을 폄하하거나 신선미가 없는 기획과 카피로 매도할 수 있는 것이다.

또한 프리젠테이션 순서를 파악하여 진행상의 혁신을 할 수 있는 방안을 찾고자 한 것이다. 기획부터 할까, 마케팅부터 할까, 아니면 크리에이티브만 강조할까 등 광고 프리젠테이션은 하나의 통과의례이면서 의식 자체가 하나하나 기발하고 새롭게 느껴져야 성공확률이 높아지는 것이다.

나라기획은 마이너 광고회사로서 겸손한 태도를 보여준다. 경계심을 늦추도록 유도하고, 동병상린의 광고인으로서 격려로 마무리하고 있다. 프로로서 신년하례회를 정보수집의 기회로 포착하며 대인관계와 업무태도가 노련하다고 본다. 바쁜 경쟁 PT 준비 시간임에도 불구하고 그가 참석한 이유다.

결전을 하루 앞둔 일요일 아침. LG 팀은 막판 정리 작업이 한창이다. 그런데 며칠 새 아이디어가 완전히 뒤집혔다. 개미군단을 상징하는 사이버 개미를 내세워 전혀 새로운 안을 만들어 낸 것이다.
"아이디어가 굉장히 많이 바뀐 것 같은데 왜 이렇게 많이 바뀌었습니까?"
LG애드 정호림 부국장 : "전의 아이디어는 너무 기업의 입장만 이야기를 했고요, 투자자들은 역시 자신의 돈으로 투자를 하는 건데, 고객의 입장을 좀 많이 이야기해 줘야 되지 않겠느냐, 이런 방향으로 보강하다 보니까 처음의 안과 전혀 다르게 됐습니다."
"혹시 상대회사의 전략이나 정보를 듣고?"
"아닙니다. 전혀 없습니다. 아는 거 있으면 좀 알려 주시죠."
LG 팀 최고의 카드 사이버 개미. 과연 승리는 누구에게 돌아갈 것인가.

광고인에게는 '최선을 다했다'는 말은 자기변명의 도피처다. 항상 더 좋은 게 있다는 태도가 중요하다. 방향에 문제가 있으면 당연히 수정해야 되겠지만, 감感으로 봐서도 부족한 게 발견되면 과감히 재작업하는 용기를 가져야 한다. 그 기준은 역시 소비자수용자의 관점이 제일 크다. 기존의 광고안이 부족하게 판단되는 이유는 첫째, 고객의 입장에서 볼 때다. 일단 정보과잉의 크리에이티브인 경우가 많은데 소비자는 한 개만 기억한다. 광고시안이 복잡하고 부족하게 보일 수밖에 없다. 둘째, 아이디어의 숙성기간이 짧아서 그렇다. 크리에이티브는 시간 전쟁이다. 네 번, 다섯 번 발상의 전환을 해야만 탄탄한 아이디어로 진화한다. 경쟁 PT는 시간 부족으로 적당한 아이디어를 선정하는 사례가 종종 있기 때문이다. 셋째, 디테일에서도 부족함이 느껴진다. 프로는 디테일에 강해야 한다. 프로의 세계에서는 '100−1=0'이다. 하나가 부족해서 전체가 사라지는 게 광고 업무이다. 타협하지 말고 최상의 크리에이티브를 위해서 매진해야 한다.

최종 리허설과 전쟁

리허설^{rehearsal}은 연극·무용·방송용어로 쓰인다. 프리젠테이션에서 발표자^{presenter}가 주도하며 발표내용을 요약한 대본을 보면서 함께 읽은 후 실전처럼 순서에 따라 음악과 효과를 넣어 연습하는 것이다. 일차연습은 발표자가 혼자서 광고시안과 영상자료를 보면서 연습하며 어림잡는 드라이 리허설$^{\text{dry rehearsal}}$이 있다. 다음에 녹화할 경우에 대비해서 카메라 리허설$^{\text{camera rehearsal}}$, 정장을 입고 화장을 하여 예의를 갖추고, 참석 예정자 전원이 모여 실전처럼 총연습하는 드레스 리허설$^{\text{dress rehearsal}}$이 있다. 발표시간 점검도 하고, 가상 질문자를 정해 질의응답도 실시해야 한다. 물론 수정사항이 생기면 바로 재작업해야 한다. 이제 발표내용보다도 발표형식이 더 중요한 시점이다.

나라기획 최종 리허설

유재하 상무 : "안녕하십니까, 유재하입니다. 지금부터 나라기획의 크리에이티브를 설명 드리겠습니다. 핵심은 메시지의 힘에 있습니다. TV광고는 특히 비주얼과 메시지로 연결되어 있습니다. 두 가지는…."

PT 전날에는 밤을 꼬박 새우는 게 유 상무의 오랜 습관이다. 발표시간

30분 동안 심사위원의 시선을 사로잡을 수 있는 완벽한 PT를 펼치기 위해선 철저한 PT 준비가 필요하다.

나라기획 유재하 상무 : "요즘 그 유행하는 노자에 의하면 고뇌하는 불안정이 완전보다 우위에 있다. 그럴듯하게 다가오더라고요. 우리는 완전을 위해서라기보다는 도달하기 위해선 끊임없이 좌절을 하고 그거 자체가 희열인 것 같아요. PT가 된다든지, 도달했다는 것 그 자체보다는 과정에 희열을 느끼고, 우리끼리는 마약이라고 해요. 좋은 표현은 아니지만, 마약처럼 중독되어야 하지. 누가 시킨다고 매일 밤새우고 이런 걸 할까? 과연?"

프리젠테이션에서 첫머리에 무엇을 말할까가 굉장히 중요하다. 보통 화두話頭를 던진다. 이슈나 트렌드가 될 만한 키워드나 키 비주얼을 던진다. 시선을 잡은 뒤, 간단한 설명과 함께 발표할 내용과 연계해서 오프닝을 공식적으로 설명하는 것이다. 일종의 아이스 브레이킹ice breaking이다, 모든 화법話法은 '우리', '우리 회사'를 사용하여 한 가족이 되었음을 기정사실화하고 친근감을 주는 게 좋다. 광고주에게 일찍 질문을 던지면 건방지다는 오해를 받기 쉽다. 조심해야 한다. 설혹 질문을 하더라도 바로 프리젠터가 대답을 함으로써 광고주 참석자가 당황하지 않도록 해야 한다.

그런데 나라기획팀은 첫 멘트가 너무 어렵다. 乙 시간 설명이 필요하고 최근 관심사가 아닌 것처럼 보인다. 광고 비주얼과 메시지도 광고인이 광고주를 교육시키는 듯한 평범한 소재거리다. 노자와 과정과 마약 같은 어휘는 별로 주목받을 수 없는 내용이다.

좌절하면서도 PT에 몰두하는 것은, 승부의 판가름이 금방 나온다는 것 때문이 아니다. PT 그 자체 때문도 아니라고 했다. 프리젠테이션 준비하면서 관련 크리에이터들이 회의를 통해 모두 참여해서 의사결정을 한다는 데 있다. '과정의 공유'다. 모두가 카피라이터이고 모두가 아트 디렉터가 될 수 있다. 자신의 아이디어를 관철시키려는 '보이지 않는 지적 게임'이기에 마약이라고 했다. 그래서 밤 새워 일해도 지지치 않는 것이다.

"가자."
마침내 결전의 날, 모든 준비는 끝났다.
금강기획 제작팀 노영화 팀장 : "연말하고 연초에 걸쳐서 우리가 최선을 다해서 준비를 했습니다. 그리고 가족들한테 정말 미안한데요. 그 가족들을 위해서 꼭 승리하겠습니다."
첫 번째 발표자인 금강 팀은 일찌감치 발표회장으로 떠났다.
"자, 갑시다."
옆 건물 나라기획에서도 출발을 서둘렀다. 밤새 한숨도 못 잔 유 상무의 얼굴에는 오히려 생기가 돈다.
나라기획 유재하 상무 : "잘 될 것 같습니다. 파이팅."

> 이번 프레젠테이션은 50명의 사원들이 심사위원으로 참석했다. 이렇게 많은 사람들이 심사에 참여한 것은 이례적인 일이다.
> 최종 결정권을 쥐고 있는 사장단과 홍콩에서 온 대주주도 함께 자리했다.
> "그렇다면 이런 상황에서 저희가 어디로 가야 하는가?"
> PT에 들어가면 발표자는 광고주를 당신들의 회사가 아니라 저희 회사로 표현한다. 단어 하나하나도 광고주의 입장을 배려해서 선택된 것이다.

    '저희 회사'가 아니다, '우리 회사'라고 해야 맞고 강하다. 광고주에게 광고회사는 전략적 파트너요 공동운명체다. 광고회사가 우수한 캠페인을 수행하면 광고주는 수익배분 차원에서 특별포상금으로 커미션commission을 주기도 한다. 적은 광고비를 쓰는 소형 광고주는 광고 성공 여부에 따라 대형 광고주로 성장하는 경우가 많다. 상생효과win-win effect를 내고 동반 성장하겠다는 의지를 공유할 필요가 있다. 어휘 하나에도 고객지향 사고가 담겨 있어야 한다.

 한편 멀리 떨어진 대기실에서는 나라기획 팀이 초조하게 순서를 기다리고 있다.

주식 투자를 급박한 전쟁 상황으로 묘사한 금강 팀의 광고시안은 홍콩에서 온 대주주에게도 호기심을 불러일으켰다. 이병헌을 내세운 두 번째 안이 연이어 상영됐다. 두 가지 안 모두 직원들의 시선을 붙잡는 데는 일단 성공했다.

금강기획 오창일 본부장 : "A안이든, B안이든, 기본적으로 정보 선진국 KGI 조흥증권을 알리는 데 최선을 다 할 것을 여기서 다시 한 번 약속드립니다. 감사합니다."

발표는 무리 없이 끝났다. 채점자들의 반응을 살피던 노 부장의 얼굴이 그제서야 밝아진다.

TV CM안은 스토리보드로 제안한다. 비주얼과 오디오 부문으로 나뉘는데 스토리 전개과정을 잘 설명하고 묘사해야 한다. 먼저 비주얼의 전체 상황^{context}에 관해 설명한다. 주요인물과 스토리를 컷에 따라 설명한다. 2~3컷을 묶어서 설명해도 좋다. 일러스트그림에 그려진 인물과 사건과 스토리를 말해 주면 광고주는 다 이해한다. 주요 카메라 촬영의 테크닉과 컬러의 의미를 추가함으로써 영상 전문가의 권위를 의도적으로 노출시켜야 한다. 키 비주얼과 상품과의 연관성을 정리해서 설명함으로써 메시지 커뮤니케이션 전문가의 위상을 실감하게 한다.

그리고 비주얼 설명이 끝난 뒤, 오디오 부문카피을 따로 한꺼번에 쭉 읽고 설명한다. 이때 실제 전문 성우聲優가 녹음하는 '목소리 연기'를 넣어서 충분한 간격과 소리의 강약 고저를 살려야 한다. 이런 스토리보드 설명으로는 이미지 연상이 부족함으로 참고 영상 자료reference video를 사용한다. 비슷한 분위기와 인물이 나오는 영화나 비디오 자료를 편집한 것이다. 이것도 부족할 경우, 제작기간이 더 걸리지만 만화처럼 컷을 동영상 분위기를 살린 애니매틱animatic과 움직임이 없는 사진을 편집한 포토매틱photomatic을 사용하기도 한다. 광고주를 설득하기 위한 최상의 영상물을 제안하려는 시도다.

경쟁 PT의 마무리 멘트는 상품판매와 브랜드 자산에 관한 내용을 담아 기업의 수익 창출과 연계된 크리에이티브 전략임을 강조하는 게 좋다.

두 번째 발표는 나라 팀. 그런데 진행자로부터 잠깐 나가있어 달라는 주문이 떨어진다. 예정에 없던 일이다.

진행자 : "저희가 처음 전략 기획물을 제출하라고 했을 때에는 제일 중요하게 생각했던 것은 전략 상황에 따른 아이디어였습니다. 금강이 약속 하나를 어겼습니다. 실제로 완성단계의 광고를 제작해 왔습니다. 다음부터 하실 분들은 저런 판으로 된 스토리보드를 가지고 아이디어 위주로 설명을 하게 될 겁니다. 이점 양지해 주시고 아이디어 위주로 채점해 주시기

바랍니다."

조흥증권 채병윤 사장 : "어떤 팀은 저렇게 해오고, 어떻게 채점이 가능하냔 말이야."

사실 프리젠테이션 도중에는 수시로 키맨$^{key\ man}$과 눈 맞춤^{eye} ^{contact}을 유지해야 한다. PT 내용을 어떻게 받아들이고 있는지, 공감인지 불감인지. 언제쯤 한 번 질문을 날릴 것인지. 어떤 광고표현안에 호감을 갖고 있는지 알아서 발표 뒤에 광고회사가 추천하는 광고표현안과 일치시켜야 하기 때문이다. 그래야 코드가 맞는 걸 확인할 수 있다.

광고주의 핵심인사$^{key\ man}$에 대한 사전 정보를 수집하여 적절히 대응해야 한다. 키맨은 항상 대표이사^{CEO}가 되는 것이 아니다. 광고 상품의 매니저나 광고전문가가 지적하는 내용에 따라 딜라질 수 있다는 것이다. 특히 질문을 잘하는 직원이나 입찰 PT 내용에 대해 날카로운 비판을 하는 직원이 있으면 미리 대응할 필요가 있다.

사전에 영상자료를 보여드리겠다고 양해를 구하고 보여 주면 된다. 설득을 위한 프로의 정성으로 포장하면 오히려 신뢰를 얻을 수 있다. 약속위반이 아니라 광고계의 서비스라고 말한다. 최상의 창작작품을 최선을 다해 설득하겠다는 태도를 진정성 있게 보여 주면 된다. 겉으로는 싫어해도 속으로는 좋아한다. 광고주 심리나 인간심리나 똑같다.

영상과 아이디어의 전달력은 천양지차. 발표회장에 잠시 소란이 인다. 다음 팀은 훨씬 불리한 상황. 나라 팀의 발표가 시작됐다.
나라기획 유재하 상무 : "PT를 시작하기 전에 질문 하나를 던지겠습니다. 내 이름 말고 한 가지 말로만 나를 소개하는 것에 대해 고민해 보셨습니까? 광고의 크리에이티브라는 것은 이런 패러다임 속에서 잊혀 지지 않는 그런 장치를 만드는 거죠."

광고주를 교육시키려고 해서는 안 된다. 표현 콘셉트와 카피로 직원심사위원을 감동시키고 지지하도록 유도해야 한다. '내 이름 말고 한 가지 말로만 나를 소개' 같이 말로만 설명하려고 해서는 안 된다. 직접 공이나 펜이나 옷이나 현장에 있는 소품으로 연출해야 주목하고 효과가 높다. 분위기를 역동적으로 만들면 다소 흥분되고 긴장감을 조성하여 설명회가 진지해질 수 있다.

나라기획 유재하 상무 : "PT하는 날을 SHOW라고 해요. 그날 쇼를 잘 해야 되요. 그래서 발표자한테 부담이 많이 가죠. 아무리 좋은 아이디어라도 잘 팔아야 하기 때문에. 게다가 평범한 그림엽서 같은 것을 붙여 놓고 설명을 하기 때문에 굉장히 발표자 역할이 중요하죠. 이게 메인 비주얼이에요. 15초가 지나간 후에 컷 하나와 메시지 하나가 기억에 남아야 되겠죠."
광고의 목적은 제품을 파는 것이지만 광고가 상대하는 것은 사람이다. 철저한 자료 분석과 참신한 아이디어보다 더 중요한 것은 사람의 마음을 읽는 것이다.

광고 표현안의 설명은 광고회사의 마지막 선물이다. 이 선물을 좋아할지 거부할지는 오로지 프리젠터에게 달렸다. 주어진 시간동안 최선을 다하고 정성을 다하는 모습을 보여 줘야 한다. 마지막에 남는 순인상을 무엇으로 할지 경쟁 프리젠테이션 목표를 미리 정해서, 그 목표를 향해 수렴되도록 연출해야 한다. 단순한 쇼^{show}가 아니다. 처음에 던진 화두와 마지막 멘트를 연결시켜 수미상관^{首尾相關}의 수사학을 쓰면 좋다. 소비자의 마음을 읽을 수 있으려면, 광고주 마음을 읽는 법을 알아야 한다. 광고회사의 1차 소비자는 광고주이다.

발표 순서를 기다리는 이때가 가장 긴장된 시간. 밖은 벌써 어두워졌다.
"항상 준비를 하지만 항상 부족한 것 같아요. 최선을 다 해야죠, 뭐."
LG애드 정호림 부국장 : "심정이요? 학생을 가르치러 가는 심정입니다."
광고주에게 새로운 영업전략을 제시하는 것에 승부를 걸었다. 지난 몇 주 동안의 고생을 헛되이 보내지 않기 위해서는 주어진 30분 동안에 모든 것을 쏟아 부어야 한다.
LG애드 정호림 부국장 : "정말 내가 만든 광고가 사람들이 봐주었으면 정말 좋은 광곤데…. 규모와 상관없이 그 느낌은 항상 같다고 봅니다. 광고라는 것은, 그 표현물들은 저의 새끼나 다름없거든요."

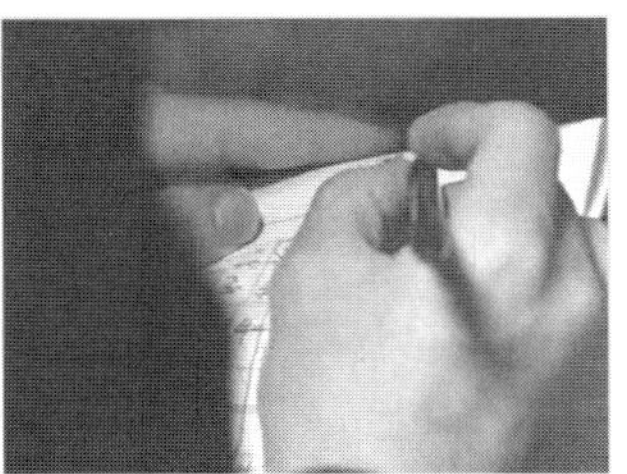

　　광고창작물은 순수예술이 아니고 상업예술이지만 '작품'이라고 부른다. 크리에이터의 장인정신이 담겨 있는 독창물이기 때문이다. 산고産苦 끝에 태어난 자식이다. 광고주에게 설득할 때, 이 진정성眞情性을 잘 알려야 한다. 아니 느끼게 해야 한다. 프리젠테이션은 제로섬 게임의 종착지가 될 수도 있지만, 윈윈효과의 출발지가 될 수도 있기 때문이다.

 선연 팀의 김동완 이사가 분위기 메이커로 나섰다. 아직 경험이 미숙한 젊은 직원들에게 김이사의 재치와 유머는 든든한 힘이 된다.
"투자하는 사람들이 고민이 많겠죠. 안전인가 수익인가."
선연 팀의 발표가 마지막 순서. PT가 끝나자마자 곧 바로 점수를 집계하기로 했다.
채점은 네 개 항목에 각각 5점 만점으로 점수를 매기는 방식. 채점 결과는 이튿날 발표될 예정이다. 50명의 심사위원들은 어떤 아이디어에 표를 던질까.
쇼는 끝났다. 이제 결과를 기다리는 일만 남았다.

　　프리젠테이션을 평가할 때, 주요 핵심인사가 전결하는 경우와 K증권회사처럼 일반 직원의 다수결로 하는 경우가 있다. 심사위원이 어떻게 구성되는지를 파악해서 PT의 수준과 내용을 미리 정해야 한다.

경쟁 PT, 그 후

금강기획

 PT가 끝난 지 사흘이 지났다. 바로 다음날 있을 것이라던 결과발표가 예상보다 늦어지고 있었다. 규정을 어기고까지 무리수를 던졌던 노 부장은 더욱 초조하다.

(전화 울림) 애타게 기다리던 소식. 노영화 부장의 목소리가 밝아졌다. 그런데….

"두 개 팀이 다시 재경합하는 걸로요? 네, 알겠습니다."

경쟁에 참가한 네 개의 회사 중에 두 개의 팀이 다시 경합을 벌여야 한다는 소식이었다.

"이걸 어떻게 말해야 되지? 지금 재PT를 해야 되게 생겼는데. 두 개 팀을 선정했다고 하는데 한 개의 회사가 어딘지는 잘 모르겠어. 근데 재PT를 해야 될 거 같아."

재경쟁^{PT}은 가끔 있는 일이기는 하지만, 네 개 팀의 경쟁에서 설명회 재입찰은 흔하지 않다. 응찰한 광고전략안이 미흡한 것도 이유가 될 수는 있다. 이때는 광고 표현안을 대폭 수정하여 새로운 면모를 보여주는 것이 좋다. 다만, 첫 입찰에 주장했던 광고콘셉트와 표현 콘셉트를 번복하는 우매함을 보여줘서는 안 된다. 콘셉트는 장기적이고 지속가능하게 유지되는 개념이므로 광고회사의 신중하지 못함을 자인하는 꼴이 되기 때문이다.

그 피 말리는 경쟁이 다시 시작된 것이다. 재PT는 가끔 있는 일. 우열을 가리기 힘든 박빙의 싸움에서는 광고주로서도 선택에 고심을 할 수밖에 없다.

금강과 함께 결승에 오른 팀은 나라. 두 번째 제비뽑기에서도 금강이 1번을 차지했다. 결승전은 앞으로 1주일 후. 승자에게도 패자에게도 고단한 승부가 다시 시작된 것이다.

"어떠세요 소감이?"

나라기획 유재하 상무 : "유감이네요. 그렇지만 옥석을 가리자고 하는 거니까 열심히 해야겠죠."

금강기획 기획팀 엄익수 대리 : "이번에는 재PT를 하지 않도록 저희가 확실히 이기도록 노력하고 준비를 해서 이길 수 있게끔 하겠습니다. 이 건물 로비를 향후 몇 년간은 계속 다닐 수 있게끔 그렇게 준비를 해 오겠습니다."

아직 가야 할 길은 멀다. 경쟁에서 이기고 광고가 만들어졌다고 해서 승부가 끝난 것은 아니다. 소비자의 마음을 움직여 기업의 수익을

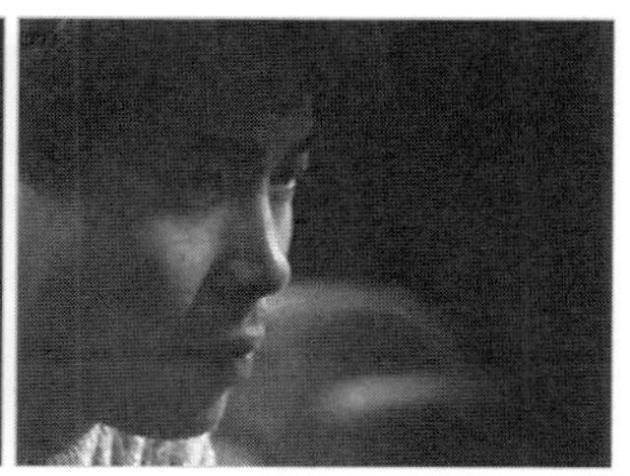

올리는 그 순간까지 이들의 경쟁은 계속된다. 소비자와 광고주를 동시에 만족시키는 광고, 그것이 이 전쟁의 진정한 승리이다.

간혹 광고 기획과 표현 이외의 변수로 광고회사 선택이 이루어지는 경우가 있다. 사실 아무도 그 내막을 정확히 알 수 없겠지만, 일부 관련 광고회사의 소문 만들기나 흠집 만들기도 있겠지간, 우리 광고계도 합리적인 거부료rejection fee 지급 문제, 매체 대행 수수토 배분 문제, 빈번한 경쟁 프리젠테이션 실시 시 과다 참여 문제, 광고회사 간의 제로섬 게임 문제 등에서 선진화하여 건전한 경쟁문화가 확립되길 바란다.

2차 재경쟁 프리젠테이션은 1주일 후에 진행되었다. 나라기획의 승리로 끝났다. 하지만 프리젠테이션이라는 **광고전쟁**이 끝났다고 해서 **광고경쟁**이 끝난 것은 아니다. 소비자와 광고주가 모두 만족하는 **광고효과**가 나오고 판매증진이라는 **마케팅 성과**가 나왔을 때, 진정한 광고전쟁의 승리자일 것이다. 카피라이터크리에이터가 크리에이티브 디렉터 관점에서 사고하고 명심해야 할 덕목이다.

제12강
캠페인 광고 사례 분석,
하이마트의 TV CM 시리즈 광고

광고 캠페인의 성공 여부를 판정하는 기준엔 여러 가지가 있다. 광고가 나간 뒤 제품 매출이나 브랜드 인지도를 조사하면 짐작할 수 있다. 하지만 소비자들은 광고의 효과를 일상생활에서 피부로 느끼는 경우가 많다. 하이마트 광고 때문에 비교 평가되어 부담스럽다는 사람도 많았다고 한다. '하이마트 광고처럼 만들라'는 최고경영자^{CEO}의 주문에 자존심 상한 광고담당자들과 제작사들도 있었다고 한다, 대학생들의 리포트 자료 요청에 시달리는 하이마트 광고팀은 즐거운 비명이다. '하이마트 송'은 각종 이벤트 행사에서 개사되어 불리기도 했다. 직장이나 학교에서 광고 내용과 음악이 화제가 되는가 하면 코미디 프로그램 소재로도 활용되었고, 요즘엔 인기 광고 음악을 핸드폰 멜로디로 다운받는 젊은이도 많을 정도로 하이마트의 광고는 성공가도를 달리고 있다.

이런 관점에서 전자양판점 하이마트의 TV CM은 성공작으로 평가받기에 충분하다. 2002년도 각종 **대한민국 광고대상**을 수상함으로써 객관적 우수성을 인정받았으며, 최근까지 새로운 표현기획으로 브랜드 주목률과 광고 선호도를 제고하며 성공사례로 기억될 것이다.

하이마트는 전국 직영 매장의 매출액이 광고가 나간 뒤 30% 정도 늘어났다고 밝혔다. 광고를 보고 처음으로 매장에 들렀다는 사람도 많아, 내부고객인 직원들의 사기를 높이는 데도 광고가 큰 역할을 했다. 생소했던 가전 전문양판점인 하이마트 매장을 소비자들이 친밀감을 갖고 찾도록 해 시장진입에 성공했다고 본다.

시장진입부터 2003년까지 '카피발, 비주얼착'의 1차 분석내용에 새로운 자료를 추가 보완하여 2009년까지 광고를 종합적으로 분석했다. 한국 광고사에서 **카피 중심의 TV CM 구성**과 참신한 **신형식**New Form**을 도입**한 사례로 평가할 수 있다. 향후 지속적인 성공요인과 마케팅 커뮤니케이션 배경에 관한 분석이 필요하다고 본다. 또한 카피라이터는 베껴 써 보기rewriting를 통해 카피 작법과 카피 폴리시에 대한 연구를 실천해 봐야 할 것이다.

마케팅 커뮤니케이션 전략

1990년대 초반 이후 한국의 유통시장은 과히 혁명적이라고 할 만큼 신업태가 속출하고 있었다. 가전시장도 양판점量販店 형태로 새로운 유통시장을 형성하고 있었다. 가전 시장은 신규 수요가 40% 그리고 대체 수요가 60%를 이루고 있는 고관여高關與 시장이다. 하이마트도 가전시장에서 대기업 직영점 중심의 선진 유통시장에 진입했다. 국내 소비자들은 전체적인 틀에서 크게 벗어나지 않는 전자제품의 구매패턴을 보이고 있는 시점이었고, 첫 TV CM을 제작하던 6월은 대체 수요의 절정기인 여름상품 판매의 집중기였다. 제품을 직접 제작하는 메이커와는 달리 유통업인 하이마트를 소비자에게 소구하기 위한 것은 '하이마트'라는 브랜드였다.

하이마트는 200~300평에 이르는 넓은 공간에 진열된 상품 디스플레이와 고객 편의성을 확보한 채 여유 있는 비교와 선택이 보장되고, 쾌적한 쇼핑 통로를 갖춘 매장이다. 전국 240여 개 직영매장과 29개 물류센터를 가진 편리한 양판점이다. 2003년 매출 1조 7,000억 원이라는 초대형 유통전문점이다.

캠페인 테마 선정

일단 하이마트는 가전유통의 혁명을 선도하는 업계 1위 기업임을 알려야 한다. 그래서 **가전유통의 일반명사**로 만들고 **대표 브랜드**로 인식시키고자 했다. 신뢰성과 전문성을 핵심 과제로 선정하고, 이에 맞는 캠페인 테마와 콘셉트 개발 및 브랜드 슬로건을 고민하게 되었다.

캠페인 테마는 '**전자제품 살 땐 하이마트로 가요**'로 잡혔다. 마인드 점유율Mind share과 인지도의 열세를 극복하기 위해 '**전자제품=하이마트**'로 떠올릴 수 있게 의도했다. 특히 총 가전시장의 1/4의 판매 비중을 가지고 있는 하이마트의 규모가 소비자들에게 잘 인식되고 있지 못한 만큼 '**대한민국 전자유통의 리더**'라는 **브랜드 슬로건**을 통해 대기업의 직영점에 대응하는 선진유통의 선도기업임을 전달하고자 했다.

상품 콘셉트

이제 쇼핑은 곧 생활문화이다. 고객은 소비를 하나의 생활로, 문화로 생각한다. 미래 전자 유통의 신업태를 보는 재미, 구매와 쇼핑의 즐거움,

고객감동이 충만한 서비스와 생활 그 자체가 되어야 한다. 하이마트는 주어진 변화에 순응하기보다는 신 고객 가치를 선도하여 새로운 생활문화를 열고자 했다. 그래서 **'하이마트에는 원스톱 쇼핑의 편익이 있다'**가 상품 콘셉트이다. 그래서 다음과 같은 편익을 제공할 수 있다.

첫째, 하이마트에 오면 재미있는 쇼핑, 즐거운 쇼핑을 하게 된다. 휴게실에서 은은히 들리는 정담, 유아 놀이공간에서 넘쳐 나오는 행복한 아이들의 웃음소리가 있다.

둘째, 다양한 제품을 비교하면서 살 수 있는 원스톱 쇼핑이다. 비교하니까 상대적으로 저렴한 가격으로 구매할 수 있다.

셋째, 하이마트에 오면 쇼핑 공간의 고객지향성을 알게 된다. 고객의 마음을 읽어 주는 각종 코너와 부스, 결혼을 앞둔 새내기 부부를 위한 혼수상담실 등이 있기 때문이다.

넷째, 하이마트에 오면 특별한 만족을 느낄 수 있다. 유통점 브랜드 강화 전략으로 하이마트의 '친근감'을 강화하고 전문성과 신뢰성 강화하는 것이다.

다섯째, 쉽고 경쾌한 커뮤니케이션으로 이웃사촌 같은 편안한 분위기를 연출한다. 광고 커뮤니케이션을 브랜드 이미지 형성에 우산효과 umbrella effect를 주도록 했다.

광고 콘셉트

가전제품 살 때 가는 유통점의 대표브랜드로서 자리잡으려고 했다. 가격을 보거나, 상품을 비교 구매하거나, 쇼핑의 편의성을 보거나, 신뢰할 수 있는 제품으로 보거나 하이마트는 모두 경쟁력이 있었다. 이 모든 경쟁력을 광고 커뮤니케이션에서 남겨야 할 마인드 점유율^{mind share}로 카피화하면 광고 콘셉트가 될 것이다. 이에 광고 콘셉트는 '**전자제품 살 땐 하이마트로 가요**'가 된다.

표현 콘셉트

광고 표현과 제작에서는 어떤 메시지를 남겨야 할지가 중요하다. 브랜드의 개성을 생각하면 어떤 인물^{personality}로 비유될까를 고려해야 한다. **사회흐름**^{social trend}을 읽고 고객 심리를 파악하고 브랜드의 비전과 특성을 종합하여야 한다. 형식은 오페라나 뮤지컬이고, 모델은 지향 목표가 1위이고 선도 기업이기에 **빅모델 전략**이 대안이었다. 그리고 메시지에서 시장 진입기에는 슬로건으로 '**전자제품 살 땐**'을 **넣었다.** 하지만 브랜드 인지도가 높은 상황에서 굳이 '**전자제품 살 땐**'을 넣을 필요가 없다고 판단했던 것 같다. 음악과 개그와 친근함을 표현목표로 삼으면 된다. 하이마트 가는 이유가 뭐냐에 대한 대답이 필요하다. 그렇다면 **표현 콘셉트는 '하이마트는 즐거운 쇼핑이다'**이다. 그렇다면 **키워드**^{key word}는 그냥 '**하이마트로 가요**'로 확정된다. 하이마트는 전자제품 쇼핑만이 아니라, 생활문화 자체가 즐거운 공간이다. 고객에게 친근하고 인구에 회자되는 속효성을 위해서 CM송을 쓰기로 했다. **키 비주얼**^{key visual}은 개별 광고물에 뮤지컬의 스토리를 담아내고 핵심메시지와 연계되는 그림을 강조하면 될 것이다.

광고 내용 분석

하이마트는 2000년 6월부터 '전자제품 살 땐, 하이마트로 가요' 라는 캠페인 테마를 가지고 현재까지 총 세 편의 TV CM을 진행해 왔다. 당시 과제는 두 가지였다.

첫째, 총 4조 5,000억 시장인 가전 시장에서 1조 7,000억 원[2003년 예상]의 매출을 달성하는 하이마트가 실질적인 구매의향 점유율[Mind share]에서는 3위를 기록하고 있어 실체와 인식 사이에 커다란 차이가 존재하고 있었다는 것이다.

둘째, 기존의 '다 있다, 더 싸다[1999]'라는 양판점의 속성과 물류센터를 자랑하는 메시지로 인해 생긴 상대적인 저급감 이미지를 벗어나는 것이었다. 고급 가전시장을 지향한다면 장애요인이 될 위험한 이미지였다. 연도별 광고를 참고하고 카피 중심으로 스토리텔링의 구조를 파악한다.

1999년

IMF 관리체제의 경제불황과 구조조정으로 소비가 극도로 위축되어 있을 때, 1999년 하이마트는 오히려 매장을 130개로 늘였다. 또한 유통망에 투자하고 광고를 집행하여 양적 성장을 했다. 그 결과 2000년 매출[1조 2,000억 원]은 1999년[6,900억 원]보다 두 배 정도 늘었고, 회사는 가전유통업계 1위 기업으로 떠오른다. 초기 카피는 다음과 같았다.

다 있다. 더 싸다. 결혼준비도 하이마트.
없는 제품이 없다. 다 있다. 더 싸다.

다 있다. 더 싸다. 결혼준비도 하이마트. / 없는 제품이 없다. 다 있다. 더 싸다.

이것은 전자유통의 조용한 혁명입니다. 전국 어느 곳에서도 가장 좋은 제품을 고객은 선택할 권리가 있습니다. 전자유통의 리더. 하이마트.

199년 말에는 이전보다 감성적인 카피를 전개했다.

이것은 전자유통의 조용한 혁명입니다. 전국 어느 곳에서도 가장 좋은 제품을 고객은 선택할 권리가 있습니다. 전자유통의 리더. 하이마트.

2000년

이제 새천년을 여는 하이마트의 새로운 TV CM이다. 전자유통의 리더로서 전국 어느 곳에서든 가장 좋은 제품을 부담 없는 가격으로 소비자에게 전하겠다는 하이마트의 새천년 의지를 한 편의 영화처럼 잘 담아내고 있다.

결혼을 앞둔 예비 신랑신부를 대상으로 다양한 혼수제품을 한 곳에서 더 싸게 구입할 수 있는 하이마트의 장점을 강조하고 있다.

자칫 번거로울 수 있는 혼수준비가 한 곳에서, 더 싸게 해결된다는 편익benefit을 강조하고 있다. 전편은 제품의 다양성과 가격의 저렴함을 강조한 설명식 론칭launching 광고였다. 속편은 김원희를 함께 등장시켜 예비 신혼부부에게 소구하는 목표고객 지향적 광고라 할 수 있다.

고소영 : TV, 냉장고…. / 남 1 : 대충하자! / 고소영 : 야! 우리가 쓸 건데 어떻게 대충 사. 세탁기, 오디오…. 근데 어디 가서 다 사지? / 남 2 : 하이마트로 가시죠? / 여 Na : 전자제품 살 땐, / 남 Song : 하이마트로 가요~

고소영 : TV, 냉장고….

남 1 : 대충하자!

고소영 : 야! 우리가 쓸 건데 어떻게 대충 사. 세탁기, 오디오…. 근데 어디 가서 다 사지?

남 2 : 하이마트로 가시죠?

여 Na : 전자제품 살 땐,

남 Song : 하이마트로 가요~

예비신부로 변신한 고소영이 톡톡 튀는 매력 외에 리얼리즘에 코믹터치가 결합된 '리얼코믹' 포맷이다. 카메라 앵글을 고정시킨 원신 원컷one scene, one cut 기법과 영화를 보는 듯한 시네마스코프 기법 등이 광고 주목률을 노렸다.

2001년

전국 230여 직영점을 가진 국내 1위의 가전 유통업체 하이마트는 2001년 매출 목표 1조 5,000억 원 달성을 위해 공격적 경영을 표명하면서 기존 광고의 스타일에서 탈피, 소비자들에게 더 쉽고 친근하게 다가갈 수 있는 소재로 시트콤 스타일을 광고에 도입해 화제성과 재미를 주는 파격적인 변신을 시도했다. 기존 모델인 고소영을 주축으로 시트콤 〈세친구〉에서 맹활약중인 안연홍과 영화 〈투캅스 3〉의 여주인공 권민중을 추가로 캐스팅하여 이들의 밀고 당기는 이야기 속에서 **'혼수준비는 하이마트에서'** 라는 메시지를 소비자들에게 전달했다.

남 Na : 참! 김치냉장고 산다며? / 여 Na 1 : 여기 저기 알아봤는데…. 딱 믿고 살 만한 데 어디 없나? / 고소영 : 하이마트로 가세요. / 여 Na 2 : 전자제품 살 땐, / 남 Song : 하이마트로 가요~

남 Na : 참! 김치냉장고 산다며?

여 Na 1 : 여기 저기 알아는 봤는데…. 딱 믿고 살 만한 데 어디 없나?

고소영 : 하이마트로 가세요.

여 Na 2 : 전자제품 살 땐,

남 Song : 하이마트로 가요~

비현실인 TV속의 상황과 현실상황을 결합한 형태의 이중광고인

'액자광고' 기법이다. 상황 속의 상황까지 두 개의 상황이 동시에 연출되는 TV CM의 스토리텔링 기법이다.

하이마트 CMF에서는 현실의 세계거실와 가상의 세계TV 속 영화가 만나 하나의 스토리를 이루는 상황으로 연출되고 있다. TV 속 영화가 어디선가 눈에 익숙한 장면이라는 것도 중요하다. 영화 〈바람과 함께 사라지다〉를 패러디한 장면으로 목표고객들이 이미 명장면으로 학습했고 감동한 사항이라 광고 주목률과 이해도가 높았다는 것이다. 현실적으로 빅 모델의 모델료 없이 싸게 영상을 사용할 수 있는 이점도 있었다고 본다.

남 Na : 하이마트가 펼치는 세 여자 이야기. 얼굴 이쁜 맛에 사는 여자. 시집 못 가 안달 난 여자. 무작정 결혼하고 싶은 여자. / 고소영 : 혼수는 걱정 마. 하이마트가 있으니까. 전자제품 살 때, / 남 Na : 하이마트로 가요~ / 고소영 : 컴퓨터도 하이마트에서.

남 Na : 하이마트가 펼치는 세 여자 이야기. 얼굴 이쁜 맛에 사는 여자. 시집 못 가 안달 난 여자. 무작정 결혼하고 싶은 여자.

고소영 : 혼수는 걱정 마. 하이마트가 있으니까. 전자제품 살 때,

남 Na : 하이마트로 가요~

고소영 : 컴퓨터도 하이마트에서.

국내최초로 시도되는 시트콤 광고 '3인의 신부'는 하이마트의 주 타깃인 혼수구매고객을 상대로 기업 이미지를 높이는 데 적격이라는 평가다.

권민중 : 드디어 시집가는구나!

안연홍 : 기집애, 화장발 세워 가니?

고소영 : 화장발은 무슨…. 혼수 덕이야.

합창 : 혼수 덕? 맞아, 하이마트!

고소영 : 혼수가 산다.

여 Na : 전자제품 살 땐,

남 Song : 하이마트로 가요~

광고 모델들이 그 동안 연기생활을 해오며 굳어진 캐릭터 이미지로 인해 '하이마트 시트콤'이란 개성이 묻힐 수도 있고, 15초란 짧은 시간 때문에 캐릭터가 잘 살지 않을 수도 있기 때문이다.

여 Na : 올여름 열대야현상을 잠 못 이루는 밤이 계속되는 가운데….

안연홍 : 덥지도 않나?

이동건 : 잠도 없나?

안연홍 : 더운데 잠이 오나?

이동건 : 더워 에어컨 없나?

안연홍 : 에어컨 샀나?

권민중 : 어디서 샀나?

이동건 : 하이마트 모르나?

남 Na : 하이마트로 가요~

권민중 : 드디어 시집가는구나! / 안연홍 : 기집애, 화장발 세워 가니? / 고소영 : 화장발은 무슨…. 혼수 덕이야. / 합창 : 혼수 덕? 맞아, 하이마트 / 고소영 : 혼수가 산다. / 여 Na : 전자제품 살 땐, / 남 Song : 하이마트로 가요~

하이마트 새 시트콤 CM '3인의 신부' 시리즈 잠 못 드는 밤 편가 두

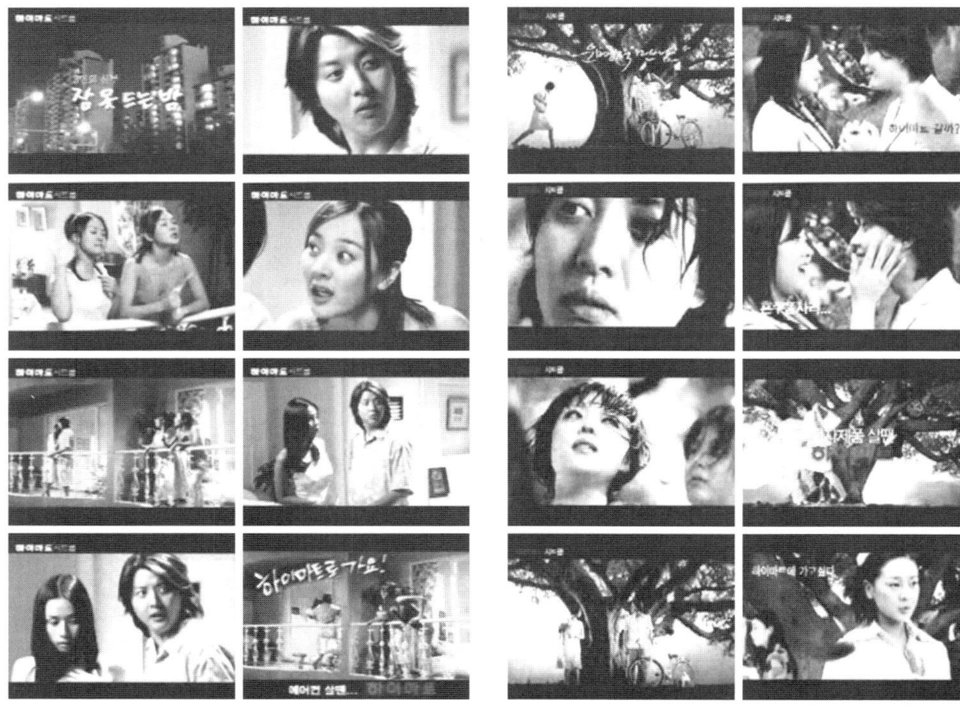

여 Na : 올여름 열대야현상을 잠 못 이루는 밤이 계속되는 가운데…. / 안연홍 : 덥지도 않나? / 이동건 : 잠도 없나? / 안연홍 : 더운데 잠이 오나? / 이동건 : 더워 에어컨 없나? / 안연홍 : 에어컨 샀나? / 권민중 : 어디서 샀나? / 이동건 : 하이마트 모르나? / 남 Na : 하이마트로 가요~

여 Na : 그들의 사랑은 운명처럼 시작됐다. 여름이 가고 혼수의 계절 가을이 왔다. / 이동건 : 하이마트 안가? 혼수품 사러. / 여 Na : 전자상품 살 땐, / 남 Song : 하이마트로 가요~ / 권민중 : 나도 하이마트 가고 싶은데….

가지 면에서 화제를 불러일으켰다. 첫째, 국내 최초의 시트콤 형식의 정착이다. 둘째, 빅 모델^{고소영} 교체이다. 광고의 효과를 위해 선택하는 무조건적인 빅 모델 전략에 대한 반성이다. 기업^{상품}의 메시지와 적합성을 검토해야 한다. 주 방문고객 층에 대한 개인 프로파일이나 구매양태와 심리를 분석이 선행되어야 한다. 광고의 성공 여부는 모델 선택이 아니라 메시지임을 다시 한 번 확인 시켜준 셈이다.

여 Na : 그들의 사랑은 문명처럼 시작됐다. 여름이 가고 혼수의 계절 가을이 왔다.

이동건 : 하이마트 안가? 혼수품 사러.

여 Na : 전자상품 살 땐,

남 Song : 하이마트로 가요~

권민중 : 나도 하이마트 가고 싶은데….

여 Na : 올겨울 본격적인 김장처리가 시작되 면서….

이동건 : 김치 묻어야 제 맛이지.

합창 : 어머머머머~

안연홍 : 지금 뭐 하지?

이동건 : 김장독 묻지.

안연홍 : 하하하~

여 1 : 김치냉장고 안 샀나 보지?

안연홍 : 우리 벌써 샀지?

이동건 : 어디서 샀지!

임현식 : 하이마트지!

남 Na : 하이마트로 가요~

이동건 : 김치냉장고도

임현식 : 하이마트!

여 Na : 올겨울 본격적인 김장처리가 시작되면서…. / 이동건 : 김치 묻어야 제 깟이지. / 합창 : 어머머머~ / 안연홍 : 지금 뭐 하지? / 이동건 : 김장독 묻지. / 안연홍 : 하하하~ / 여 1 : 김치냉장도 안 샀나 보지? / 안연홍 : 우리 벌써 샀지? / 이동건 : 어디서 샀지! / 임현수 : 하이마트지! / 남 Na : 하이마트로 가요~ / 이동건 : 김치냉장고도 / 임현식 : 하이마트!

    국내 최초의 시트콤 형식 TV CM 시리즈인 하이마트의 광고는 새로운 장르에 도전하는 기업 이미지와 명성을 쌓는 데 기여했다. 광고계에서도 하이마트의 인지도와 선호도를 높이는데 이바지한 것으로 평가했었다.

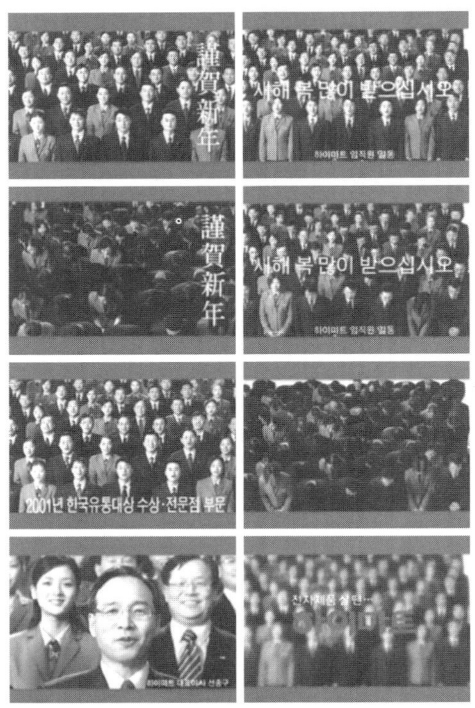

하이마트 직원들 Song : 좋은 제품, 좋은 가격. 믿을 수 있답니다, 하이마트. / 하이마트 사장 : 새해 복 많이 받으십시오. / 하이마트 직원들 Song : 새해 복 많이 받으세요. / 남자 Na : 하이마트로 가요~

2002년

'하이마트 시트콤' 캠페인에 이어 '하이마트 오페라'라는 새로운 크리에이티브 그릇을 통해 차별화를 시도했다. 기존에 시도하지 않았던 오페라 연출기법으로 전환한 것은 '형식이 내용을 구축한다'는 개념을 적용한 것이다. 항상 새로운 형식을 개발해 내는 이미지가 기업과 상품의 신선미로 연결되어 인식된다는 것이다. 표현 크리에이티브가 중요한 이유다.

하이마트 직원들 Song : 좋은 제품, 좋은 가격. 믿을 수 있답니다, 하이마트.

하이마트 사장 : 새해 복 많이 받으십시오.

하이마트 직원들 Song : 새해 복 많이 받으세요.

남자 Na : 하이마트로 가요~

하이마트의 새로운 기업광고 TV CM '새해인사—합창' 편이다. 다른 광고들이 유명 모델을 앞세워 인사하는 것과는 달리 실제 임직원들이 출연하였다. 프로 모델을 기용하지 않고 정직하고 친근한 이웃사촌의 이미지가 더 중요했기 때문이다. 가공되지 않고 보통사람의 리얼리티reality가 살아 있을 때 다른 기업광고와 차별성을 가질 수 있기 때문이기도 하다. 기존 광고 포맷인 오페라 형식은 동일하고, 소비자들을 향한 다짐과 함께 새해인사를 합창하는 스토리라인이다. '메시지 착용감'과 '모델 적합성'이 하이마트에 어울렸다고 본다.

유준상 : 시간 좀 내 주오, 갈 데가 있소~

김현수 : 거기가 어디오?

유준상 : 하이마트~

김현수 : 아니 그럼 지금, 결혼하잔 얘기? 좋
　　　　아요 가요~

학생들 : 딱 걸렸네.

여 Na : 전자제품 살 땐,

남 Song : 하이마트로 가요~

유준상 : 시간 좀 내 주오, 갈 데가 있소~ / 김현수 : 거기가 어디
오? / 유준상 : 하이마트~ / 김현수 : 아니 그럼 지금, 결혼하잔
얘기? 좋아요 가요~ / 학생들 : 딱 걸렸네. / 여 Na : 전자제품
살 땐, / 남 Song : 하이마트로 가요~

　　처음 시도되는 오페라식 CM임을
감안하여, 남녀 선생님으로는 뮤지컬 경
험이 풍부하고 노래 잘하기로 소문난 탤
런트 유준상과 성악을 전공한 김현수가
고심 끝에 내정되었다.

유준상 Song : 모기도 많은데 들어가 잘까나?

김현수 Song : 에어컨 사주면 들어가지.

유준상 Song : 그럼 하이마트 또 가자는 얘기?

김현수 Song : 당연한 얘기~

합창 : 딱 맞췄네~

여 Na : 에어컨 살 땐,

합창 : 하이마트로 가요~

　　더위의 정점인 열대야 현상을 나타내는 서울의 한강 고수부지를
배경무대로 촬영했다. 해마다 여름철에 TV 뉴스의 단골메뉴로 등장하는
고수부지는 에어컨의 구매동기인 무더위를 인식하는 데 있어 상징이고

유준상 Song : 모기도 많은데 들어가 잘까나? / 김현수 Song : 에어컨 사주면 들어가지. / 유준상 Song : 그럼 하이마트 또 가자는 얘기? / 김현수 Song : 당연한 얘기~ / 합창 : 딱 맞췄네~ / 여 Na : 에어컨 살 땐, / 합창 : 하이마트로 가요~

유준상 Song : 처제의 남자는 누구? / 김현수 Song : 만날 때마다 하이마트 가자는 남자. / 남 1 Song : 결혼해 달라고 노래를 불렀죠. / 유준상 Song : 처제 딱이야. / 합창 : 딱이야, 딱이야. 정말 잘 골랐네. / 여 Na : 전자제품을 살 땐, / 합창 : 하이마트로 가요~

코드로 작용한다. 또한 '학교' 편 프로포즈에 이은 유준상, 김현수 신혼 부부의 오페라식 연출을 통한 일관성 있는 캠페인을 통해 전편과의 자연스러운 연결을 꾀함으로써 전편의 후광효과를 누릴 수 있도록 하였다.

유준상 Song : 처제의 남자는 누구?

김현수 Song : 만날 때마다 하이마트 가자는 남자.

남 1 Song : 결혼해 달라고 노래를 불렀죠.

유준상 Song : 처제 딱이야.

합창 : 딱이야, 딱이야. 정말 잘 골랐네.

여 Na : 전자제품을 살 땐, 하이마트로 가요~

새로운 하이마트 TV CM '처제의 남자' 편은 기존의 유준상, 김현수 커플에 새로운 김성택, 최지연 커플의 합세로 모델 파워가 커지고, 고객들의 시선 집중 효과를 유도했다. 모델의 집단화를 시도하여 소비자들이 '밴드왜건 효과 bandwagon effect'를 가지도록 했다고 본다.

유준상 : 엄마 요거?

사미자 : 오, 시었어.

김현주 : 그럼 이건?

사미자 : 오, 안 익었어. 오, 김치는 김치냉장고에 익혀야지.

합창 Song : 하이마트 김치냉장고~

남 Song : 김치냉장고 살 땐, 하이마트로 가요~

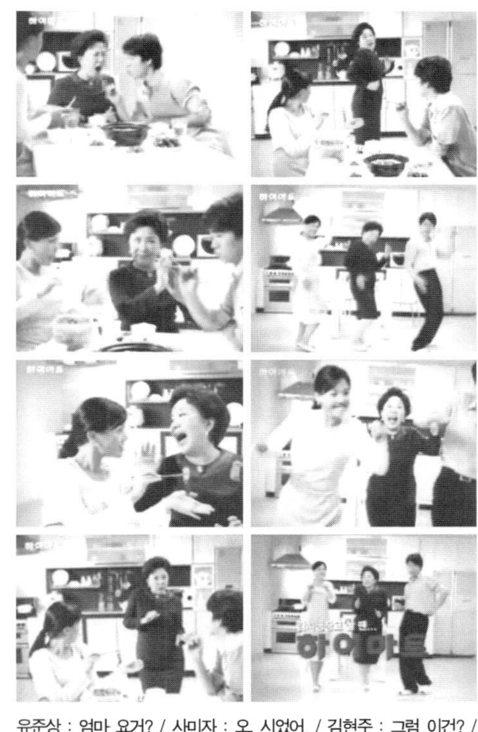

유준상 : 엄마 요거? / 사미자 : 오, 시었어. / 김현주 : 그럼 이건? / 사미자 : 오, 안 익었어. 오, 김치는 김치냉장고에 익혀야지. / 합창 Song : 하이다트 김치냉장고~ / 남 Song : 김치냉장고 살 땐, 하이마트로 가요~

가존 오페라 곡이 자칫 식상해질 수 있는 시점에 과감히 오페라 명곡을 버리고 새로운 형식의 곡을 통해 유머가 있는 CM을 제작하였다. 김치냉장고의 성수기인 김장철을 겨냥하여 제작된 금번 '수지큐' 편은 전편들과의 연결성을 유지하여 폴리시를 지키면서, 기존의 오페라 곡과는 다른 올드 팝송에 의한 유머를 통해 차별화를 시도했다.

2003년

남 Na : 아하, 주말의 명화가 시작되면, 헐레벌떡 신혼부부는 외출준비를 시작하고, 그때 결정적 한마디.

유준상 : 역시 디지털 TV야.

남 Na : 그렇다 디지털로 사야 했다.

남 Song : 하이마트로 가요~

유준상 : 올 여름도 부채질로 버티나?

홍은희 : 하이마트 가서 에어컨을 골라봐.

유준상 : 원하는 에어컨 모두 다 있네.

남 Na : 아하, 주말의 명화가 시작되면, 헐레벌떡 신혼부부는 외출
준비를 시작하고, 그때 결정적 한마디. / 유준상 : 역시 디지털 TV
야. / 남 Na : 그렇다 디지털로 사야 했다. / 남 Song : 하이마트로
가요~

유준상 : 올 여름도 부채질로 버티나? / 홍은희 : 하이마트 가서
에어컨을 골라봐. / 유준상 : 원하는 에어컨 모두 다 있네. / 합창 :
에어컨 사봐라~ / 유준상 : 하이마트~ / 남녀 : 에어컨 살 땐, 하
이마트로 가요~

유준상 : 옆집 이사에, / 홍은희 : 앞집 혼수에, / 합창 : 동네가 들썩들썩~ / 유준상 : 전자제품 장만할 땐, / 홍은희 : 하이마트 딱이라고 / 합창 : 알려 줘야지~ / 임혁필 : 알고 있어. / 남녀 : 전자제품 살 땐, 하이마트로 가요~ 이번에는 한꺼번에 산다!!

합창 : 에어컨 사봐라~

유준상 : 하이마트~

남녀 : 에어컨 살 땐, 하이마트로 가요~

유준상 : 옆집 이사에,

홍은희 : 앞집 혼수에,

합창 : 동네가 들썩들썩~

유준상 : 전자제품 장만할 땐,

홍은희 : 하이마트 딱이라고

합창 : 알려 줘야지~

임혁필 : 알고 있어.

남녀 : 전자제품 살 땐, 하이마트로 가요~ 이번에는 한꺼번에 산다!!

　　　　광고 기획에서 가장 큰 고민은 어떠한 메시지를 알릴 것이냐에 있다. 계절별로 판매를 위한 주력 상품 하나만을 광고하는 것도 중요하지만 하이마트가 가전제품 전문 유통매장으로서 다양한 제품을 한번에 살 수 있는 곳이라는 점도 간과할 수 없다. 이러한 문제의식 아래 탄생하게 된 콘셉트가 바로 전자제품 '원스톱 쇼핑one stop shopping'의 편리성이다. 이번 하이마트 광고의 해결 과제는 '전자제품 한꺼번에 살 땐, 하이마트'라는 광고 콘셉트를 효과적으로 알려야 한다는 것이었다. 이는 가전제품을 혼숫감으로 일괄 구입하는 신혼부부와 교체구매하고자 하는 중년부부를 대상으로 하고 있다.

유준상 Song : 올해는 부모님 댁에 김치냉장고를 / 홍은희 Song : 하이마트에서 사드린다면 / 합창 Song : 비교해보면서 믿고 살 수 있네~ / 백일섭 : 딴 데는 가지 말어, 응? / 합창 Song : 김치냉장고 살 땐, 하이마트로 가요~

임혁필 : 컴퓨터 살 땐 / 권진영 : 어디서 살까? / 유준상 : 하이마트 딱이지. / 합창 Song : 하이마트~ / 유준상 : 모두 컴퓨터 / 합창 Song : 예~ / 유준상 : 비교해 보고 / 합창 Song : 예~ / 유준상 : 믿고 살 수 있으니까요. / 합창 Song : 대단해요~ / 남녀 Song : 컴퓨터 살 땐, 하이마트로 가요~

유준상 Song :　올해는 부모님 댁에 김치냉장고를

홍은희 Song :　하이마트에서 사드린라면

합창 Song :　비교해보면서 믿고 살 수 있네~

백일섭 :　딴 데는 가지 말어, 응?

합창 Song :　김치냉장고 살 땐, 하이마트로 가요~

　　김치냉장고를 둘러싼 4인의 가족, 아니 5인?의 가족이 보여준 포근한 사랑 이야기는 겨울이면 생각나는 노래, 조하문의 '눈 오는 밤'과 함께, 우리를 따뜻하게 해주는 한편의 시처럼 시청자들의 머리가 아닌, 가슴을 파고드는 힘이 느껴지는 TV CM이다.

임혁필 : 컴퓨터 살 땐
권진영 : 어디서 살까?
유준상 : 하이마트 딱이지.
합창 Song : 하이마트~
유준상 : 모두 컴퓨터
합창 Song : 예~
유준상 : 비교해 보고
합창 Song : 예~
유준상 : 믿고 살 수 있으니까요.
합창 Song : 대단해요~
남녀 Song : 컴퓨터 살 땐, 하이마트로 가요~

하이마트의 컴퓨터는 사용자와 구매자가 다른 시장이다. 컴퓨터는 하이마트의 주 고객층인 주부들보다 어린이 소비자층에 어필할 수 있어야 한다. 임혁필과 권진영의 등장은 그러한 시장상황에 대응한 결과였다. 이번 TV CM은 목표고객의 세분화가 중요한 것을 잘 보여 주고 있다.

2004년

2004년 국내 가전 유통시장의 규모는 약 8조 원이었다. 하이마트의 2004년 매출 목표액은 2조 원이었다. 국내 가전 유통시장의 4분의 1을 차지한 셈이다. 하이마트는 이때 250곳의 직영 점포를 운용하면서 5,000여 개가 넘는 전자 상품을 취급했다고 한다. 거래업체도 300여 개에 달했다. 창업

송승헌 Song : 올핸 결혼해야지. / 신하균 Song : 누굴 만나야 하나? / 송승헌 Song : 하이마트 같이 갈 그녀. / 송승헌, 신하균 Song : 사랑하고 싶다. / 박은혜 : 골라 봐? / 남녀 Song : 전자제품 살 땐, 하이마트로 가요~

한 지 불과 5년 만에 거둔 성과다.

2004년 광고 테마를 결정하는 데에는 많은 어려움이 있었다. 오페라 CM은 2년을 넘기면서 더 이상 처음처럼 많은 사람들의 관심을 끌기에는 진부함이 느껴졌다. 또한 이제까지 하이마트가 지속적으로 광고했던 '전자제품 살 땐, 하이마트'라는 슬로건은 많은 사람들이 인지하고 있기 때문에 새로운 메시지 개발이 요구되었다. 하이마트만의 경쟁력과 차별성을 통해 보다 강화시켜야 할 필요가 있었다.

이러한 과제를 해결하기 위해 하이마트의 '비교편의성'과 '신뢰성'을 연결시켜 '비교해 보면서 믿고 살 수 있는 곳'이란 광고 콘셉트를 결정했다. 이를 표현하기 위해 구체적 표현 아이디어를 찾아내었다.

송승헌 Song : 올핸 결혼해야지.

신하균 Song : 누굴 만나야 하나?

송승헌 Song : 하이마트 같이 갈 그녀.

송승헌, 신하균 Song : 사랑하고 싶다.

박은혜 : 골라 봐?

남녀 Song : 전자제품 살 땐, 하이마트로 가요~

　　이 캠페인은 송승헌, 신하균과 여주인공 박은혜를 등장시킨 드라마식 구성이다. 1년간 유명 히트 드라마의 배경음악$^{O.S.T}$의 가사를 개작하는 하이마트만의 드라마 광고이다. 이 드라마 CM은 젊은이들의 사랑을 통해 여주인공이 사랑을 선택하는 과정을 보여줌으로써 '비교하면서 믿을 수 있는'이라는 하이마트의 콘셉트를 은유적으로 광고에 담아내고자 하였다. 각각 차별적 캐릭터를 가진 두 남자도 광고 주목률과 메시지 선호도에 영향을 주었다고 본다.

송승헌 Song : 으늘은 말할 거야, 하이마트가자고. / 박은혜 Song : 여자 마음 아는 이 남자, 센스 있는 걸? / 송승헌 Song : 사랑은 이렇게 쟁취하는 거야. / 신하균 : 좋아, 찍었다 이거지. / Song : 전자제품 살 땐, 하이마트로 가요~

송승헌 Song : 오늘은 말할 거야, 하이마트가자고.

박은혜 Song : 여자 마음 아늘 이 남자, 센스 있늘 걸?

송승헌 Song : 사랑을 이렇게 쟁취하늘 거야.

신하균 : 좋아, 찍었다 이거지.

Song : 전자제품 살 땐, 하이마트로 가요~

　　드라마 O.S.T 캠페인으로 주목을 받고 있는 하이마트 CF가 시도한 '사랑 만들기'다. 1탄에서 등장했던 송승헌, 신하균, 박은혜가 회사에서 우연히 만난 이후의 사랑 이야기가 바로 2탄의 내용이다. 송승헌의 하이마트식 '사랑 쟁취법'과 신하균의 반격을 예고하는 마지막 장면^{last}

박은혜 Song : 못 견디겠네, 더운 날씨~ / 박은혜 : 어? / 신하균 Song : 그럼 가 볼까, 하이마트? / 송승헌 : 어? / 박은혜 Song : 에어컨도~ / 신하균 Song : 하이마트~ / 박은혜, 신하균 Song : 내 생에 더위는 없다~ / 송승헌 : 어휴! 끓는다, 끓어. / 여 Na : 에어컨 살 땐, / 다같이 : 하이마트로 가요~

scene으로 15초 드라마를 완성한 하이마트 CF 2탄이다. 과연 박은혜는 결국 누구를 선택할 것인가. 다음 편에서 신하균은 어떤 식으로 반격을 할 것인가. 1탄에 이어 궁금증은 커지기만 할 뿐이다. 연속 드라마식 광고와 티저[teaser]형 광고의 복합형식이다.

박은혜 Song : 못 견디겠네, 더운 날씨~

박은혜 : 어?

신하균 Song : 그럼 가 볼까, 하이마트?

송승헌 : 어?

박은혜 Song : 에어컨도~

신하균 Song : 하이마트~

박은혜, 신하균 Song : 내 생에 더위는 없다~

송승헌 : 어휴! 끓는다, 끓어.

여 Na : 에어컨 살 땐,

다같이 : 하이마트로 가요~

송승헌 : 아~ 더워.

신하균 Song : 에어컨 빨리 가서 사야지.

송승헌 : 에어컨?

박은혜 Song : 이제는 하이마트 가야지.

신하균, 박은혜 Song : 에어컨도 비교하고 믿고 사야지~ 딱 하이마트지~

송승헌 : 함께 가지~

Song : 하이마트로 가요.~

송승헌 : 아~ 더워. / 신하균 Song : 에어컨 빨리 가서 사야지.
송승헌 : 에어컨? / 박은혜 Song : 이제는 하이마트 가야지. / 신하균, 박은혜 Song : 에어컨도 비교하고 믿고 사야지~ 딱 하이마트지~ / 송승헌 : 함께 가지~ / Song : 하이마트로 가요.~

송승헌 Song : 돌아와 그대~ 내게로 돌아와~ 나 항상 그대 생각뿐이야. 같이 가주오, 하이마트~ / 박은혜 : 비교 되네. / 여 Na : 전자제품 살 땐, / Song : 하이마트로 가요~

하이마트의 새로운 CM '정류장' 편은 7월 초 장마도 끝나고 본격적인 무더위가 시작될 시기에 방영되었다. 기존의 에어컨 광고보다 판매 메시지^{sale talk}를 강화해 매출에 기여하고, 무위에 지친 소비자들에게 행복한 웃음을 선사해줄 수 있었다. 광고가 문화 콘텐츠 역할을 수행할 수 있다는 점을 보여 주었다.

송승헌 Song : 돌아와 그대~ 내게로 돌아와~ 나 항상 그대 생각뿐이야. 같이 가주오, 하이마트~

253

신하균 Song : 여기저기 다녀 보니 다리만 아파. / 박은혜 Song : 한 곳에서 볼 순 없나, 김치냉장고. / 유준상 Song : 같이 가요, 비교하면서 믿고 사는 그곳. / 다같이 : 난 하이마트가 좋더라~ / 여 Na : 김치냉장고 살 땐, / Song : 하이마트로 가요~

박은혜 : 비교 되네.

여 Na : 전자제품 살 땐,

Song : 하이마트로 가요~

신하균 Song : 여기저기 다녀 보니 다리만 아파.

박은혜 Song : 한 곳에서 볼 순 없나, 김치냉장고.

유준상 Song : 같이 가요, 비교하면서 믿고 사는 그곳.

다같이 : 난 하이마트가 좋더라~

여 Na : 김치냉장고 살 땐,

Song : 하이마트로 가요~

2004년 하이마트 가을 TV CM김치냉장고 편엔 가수 변진섭의 '희망사항'이 개사되었다. 남자들의 희망사항을 담았던 이 곡에 김치냉장고를 한 곳에서 비교해 보면서 사고 싶어 하는 소비자의 '희망사항'을 담았다. '난 하이마트가 좋더라'라는 카피로 대변해 주고 있다.

신하균 : 이제는 가야지.

다같이 : 하이마트~

박은혜 : 컴퓨터 살 때는 가야지.

다같이 : 하이마트~

유준상 : 비교해 보면서 믿고 사는 곳.

다같이 : 좋아요, 하이마트. 데스크 탑 살 때도, 노트북을 살 때도~

여 Na : 컴퓨터 살땐,

다같이 : 하이마트로 가요~

　　　이번 하이마트 컴퓨터 편은 안방 시청자들을 눈이 펑펑 내리는 환상의 나라로 초대해, 귀여운 아이들의 모습과 흥겨운 노래로 눈과 귀를 즐겁게 만들어 주고 있다.

2005년

그 동안 하이마트 광고가 해온 CM송을 중단하고, 임시 단발spot 광고로 기업광고를 선보였다. 전자 유통점 1위 및 500만 가구 구매라는 기업의 실체를 보여주는 상품기업 콘셉트로 했다. 하이마트 전자제품을 구매한 집들 위에 수많은 로고를 띄우는 '로고' 편이었다.

신하균 : 이제는 가야지. / 다같이 : 하이마트~ / 박은혜 : 컴퓨터 살 때는 가야지 / 다같이 : 하이마트~ / 유준상 : 비교해 보면서 믿고 사는 곳. / 다같이 : 좋아요, 하이마트. 데스크 탑 살 때도, 노트북을 살 때도~ / 여 Na : 컴퓨터 살땐, / 다같이 : 하이마트로 가요~

유준상 : 하이마트에서 산 전자제품이 있는 집 위에 하이마트 로고를 띄워 보겠습니다. 가전제품 판매 1위, 전국 250여 개 직영매장, 오늘도 많은 분들이 하이마트 갑니다.

Song : 전자제품 살 땐, 하이마트로 가요~

　　　2005년 하이마트 에어컨 광고에는 모델 교체가 이루어졌다. 드라마 〈굳세어라 금순아〉로 시청자 인기 순위 1위인 탤런트 한혜진과 〈원

유준상 : 하이마트에서 산 전자제품이 있는 집 위에 하이마트 로고를 띄워 보겠습니다. 가전제품 판매 1위, 전국 250여 개 직영매장, 오늘도 많은 분들이 하이마트 갑니다. / Song : 전자제품 살 땐 하이마트로 가요.~

한혜진 Song : 에어컨 없어 집에 가기 정말 싫어. / 유준상 Song : 에어컨을~ / 다같이 : 사 봐, 사 봐. / 이지훈 Song : 어디로 가야 잘 샀다고 소문날까? / 다같이 : 하이마트, 가 봐, 가 봐.

더풀 라이프〉 등에 출연했던 가수 겸 배우인 이지훈이다. 앞으로 1년간 유준상과 함께 하이마트 광고를 이끌고 갔다. 시리즈 광고에서 모델 교체는 신중해야 한다. 다만 카피 포맷과 폴리시가 일관성을 유지하면 모델 교체는 새로운 화젯거리가 되고 스토리라인 전개에 활력이 될 수 있다. 이번 모델 교체는 기존 유준상의 이미지를 단절시키지 않고, 자연스럽게 젊은 새 모델 이미지를 구축하고자 하는 숨은 전략이 있었다고 본다.

한혜진 Song : 에어컨 없어 집에 가기 정말 싫어.
유준상 Song : 에어컨을~

다같이 : 사 봐, 사 봐.

이지훈 Song : 어디로 가야 잘 샀다고 소문날까?

다같이 : 하이마트, 가 봐, 가 봐.

　　이제 전자제품 하면 누구나 떠올리는 이름, 하이마트. 이번 하이
마트 가을 기업광고 TV CM은 지붕 위에 수많은 하이마트 로고를 띄웠
던 봄 기업 광고 CM의 2차로서, 봄 편의 '오늘도 많은 분들이 하이마트
갑니다'라는 카피를 보다 구체적인 이미지로 보여줌으로써 가장 많은 소
비자들이 찾는 대한민국 넘버원[No. 1] 전자유통전문점 하이마트라는 것을
경쾌하게 보여 주고 있다.

Song : 다함께 가는 거야, 하이마트~ 즐겁게
　　　사는 거야, 하이마트~ 비교해 믿고 사니까,
　　　전자제품은 하이마트~

유준상 : 오늘도 많은 분들이 하이마트 갑니다.

Song : 하이마트로 가요~

Song : 다함께 가는 거야, 하이마트~ 즐겁게 사는 거야, 하이마
트~ 비교해 믿고 사니까, 전자제품은 하이마트~ / 유준상 : 오늘
도 많은 분들이 하이마트 갑니다. / Song : 하이마트로 가요~

　　유준상의 코믹한 트로트 가락과
금순이 한혜진의 밝은 미소는 김장철을
전후해 김치냉장고를 구입하려는 주부
들의 큰 관심을 끌었다.

Song : 김치 시어만 가고 있지, 김치 넣어 둘
　　　데가 없지. 가야 해, 가야 해, 하이마트 가야
　　　해. 하이마트로 가요~

Song : 김치 시어만 가고 있지, 김치 넣어 둘 데가 없지. 가야 해, 가야 해, 하이마트 가야 해. 하이마트로 가요~

한혜진 Song : 꿈으로 가득 찬 졸업 입학 선물로는 / 유준상 Song : 모두가 좋아하는 컴퓨터 딱이지. / 이지훈 Song : 컴퓨터 어디서, 어디서 사야 할까? / 조영빈 : 하이마트 가고 싶네. / 이재형, 한현민 : 나도, 나도. / 남녀 : 컴퓨터 살 땐, 하이마트로 가요~

한혜진 Song : 꿈으로 가득 찬 졸업 입학 선물로는

유준상 Song : 모두가 좋아하는 컴퓨터 딱이지.

이지훈 Song : 컴퓨터 어디서, 어디서 사야 할까?

조영빈 : 하이마트 가고 싶네.

이재형, 한현민 : 나도, 나도.

남녀 : 컴퓨터 살 땐, 하이마트로 가요~

2006년

월드컵의 해. 하이마트에도 월드컵 바람이 불었다.

정준호 : 축구 시원하게 보려고

현영 : 하이마트 다녀왔습니다.

다같이 : 하이마트~

현영 : 에어컨, 최신형으로 샀지.

정준호 : 에어컨, 비교해보며 샀지.

다같이 : 에어컨, 하이마트로 갔지, 잘 샀네,

우리가~

현영 : 바람 잡아 봐라.

남녀 : 최신 에어컨 살 땐, 하이마트로 가요~

세계 스포츠 이벤트의 절정인 월
드컵 바람을 타야 한다. 에어컨 바람과
함께 이중 시즌의 광고전략이다.

현영 : 달려라 달려, 하이마트.

정준호 : 디지털 카메라도, MP3도,

현영 : 노트북, PMP, 전부 다 있네.

다같이 : 디지털 천하무적 하이마트~

현영 : 오빠 쏴!

여 Na : 최신 디지털 제품 살 땐,

Song : 하이마트로 가요~

정준호 : 축구 시원하게 보려고 / 현영 : 하이마트 다녀왔습니다. 다같이 : 하이마트~ / 현영 : 에어컨, 최신형으로 샀지. / 정준호 : 에어컨, 비교하보며 샀지. / 다같이 : 에어컨, 하이마트로 갔지, 잘 샀네, 우리가~ / 현영 : 바람 잡아 봐라. / 남녀 : 최신 에어컨 살 땐, 하이마트로 가요~

    TV CM의 스토리라인 상황전개는 클래식 스쿠터를 탄 정준호와
현영이 이국적인 거리를 돌아다니면, 각종 디지털 상품들이 투명한 방울
속에 담겨 하늘로 날아오른다는 설정이다. 진열 상품이 다양함을 보여
주는 기법으로 군중효과demonstration effect를 주고 있다. 그리고 디지털 기

현영 : 달려라 달려, 하이마트. / 정준호 : 디지털 카메라도, MP3도, / 현영 : 노트북, PMP, 전부 다 있네. / 다같이 : 디지털 천하무적 하이마트~ / 현영 : 오빠 쏴! / 여 Na : 최신 디지털 제품 살 땐, / Song : 하이마트로 가요~

현영 : 준~ 어저께 담가 놓은 김장김치를 보았소? / 정준호 : 보았지. / 현영 : 어쨌소? / 정준호 : 믿고 사는 하이마트 김치냉장고에 두었지. / 현영 : 잘 했군, 잘 했군, 잘 했어. / 남 Na : 하이마트요~ / 여 Na : 최신 김치냉장고 살 땐, / Song : 하이마트로 가요~

기들의 대표 유통점으로서 인식시키기 위한 카피로 '천하무적'을 쓰고 있다.

현영 : 준~ 어저께 담가 놓은 김장김치를 보았소?

정준호 : 보았지.

현영 : 어쨌소?

정준호 : 믿고 사는 하이마트 김치냉장고에 두었지.

현영 : 잘 했군, 잘 했군, 잘 했어.

남 Na : 하이마트요~

여 Na : 최신 김치냉장고 살 땐,

Song : 하이마트로 가요~

　　CM의 로고송$^{logo song}$ '잘했군, 잘했어' 편이다. 애교 섞인 현영의 목소리와 무게감 있는 정준호의 목소리가 부조화 속의 조화를 이루면서, 대화교환 형식의 노래가 주는 특징을 잘 살렸다.

다같이 : 하늘 천 따지, 데스크 탑 노트북.

정준호 : 숙제 못해, 컴퓨터 느려서.

현영 : 바꿔야지, 최신형 컴퓨터.

정준호 : 어디서 살까? 컴퓨터.

다같이 : 하이마트~

현영 : 컴퓨터 세대교체, 최신 컴퓨터 살 땐,

다같이 : 하이마트로 가요~

다같이 : 하늘 천 따지, 데스크 탑 노트북. / 정준호 : 숙제 못해, 컴퓨터 느려서. / 현영 : 바꿔야지, 최신형 컴퓨터. / 정준호 : 어디서 살까? 컴퓨터. / 다같이 : 하이마트~ / 현영 : 컴퓨터 세대교체, 최신 컴퓨터 살 땐, / 다같이 : 하이마트로 가요~

　　하이마트 TV CM 컴퓨터 편은 겨울 시즌에 학생들의 방학과 연계된 학습용 컴퓨터 판매 전략이다. 텔레비전의 연속 드라마 가운데 사극 열풍은 꾸준하다. 지난 가을 '김치냉장고 천하통일'이라는 카피로 사극 TV CM을 선보인 하이마트는 신기술을 채용한 컴퓨터 신제품의 대거 출시에 맞춘 판촉대책으로 사극 CM을 방영했다. 교체수요가 많아질 것을 기대하여 '컴퓨터 세대교체'라는 카피 포맷^{format}과 폴리시를 지켜 누적효과를 노리고 있다.

2007년

남 Song : 깜찍한 최신형 디지털로 모두 바꿔 봐.

여 Song : 주문을 외워봐, 하이마트야.

남 Song : 디지털카메라,

현영 : 전자사전, PMP까지.

다같이 Song : 전부 디지털은 모두 하이마트 얍~

남녀 : 최신 디지털 제품 살 땐, 하이마트로 가요~

현영 : 무더위에 지쳤어요, 땡볕. 땡볕.

정준호 : 에어컨을 사달라고? 사줄까? 말까?

남 Song : 깜찍한 최신형 디지털로 모두 바꿔 봐. / 여 Song : 주문을 외워봐, 하이마트야. / 남 Song : 디지털카메라, / 현영 : 전자사전, PMP까지. / 다같이 Song : 전부 디지털은 모두 하이마트 얍~ / 남녀 : 최신 디지털 제품 살 땐, 하이마트로 가요~

현영 : 무더위에 지쳤어요, 땡볕. 땡볕. / 정준호 : 에어컨을 사달라고? 사줄까? 말까? / 현영 : 에어컨이 없는 여름 너무 너무 싫어요. / 유해진 : 아, 주민들 다 하이마트 갔어요, 빨리 가. / 다같이 : 하이마트~ / 남녀 : 최신 에어컨 살 땐, 하이마트로 가요~

현영 : 에어컨이 없는 여름 너무 너무 싫어요.

유해진 : 아, 주민들 다 하이마트 갔어요, 빨리 가.

다같이 : 하이마트~

남녀 : 최신 에어컨 살 땐, 하이마트로 가요~

시즌 상품 에어컨 광고다. 다습 고온의 한여름 땡볕을 피할 수 있는 에어컨을 광고했다. 광고 주인공들의 코믹 연기와 영화 '비열한 거리'에서 조인성이 불러 온 국민의 노래가 된 '땡벌'의 흥겨운 멜로디가 환상적인 조화를 이룬 광고였다. 무더위로 짜증낼 고객의 심리를 자극하면서 고관여 상품을 저관여 상품으로 만드는 인식변화를 시도했다고 볼 수 있다.

다같이 : 노트북, PMP, 휴대폰, 하이마트~ / 정준호 : 아, 많다 많아. 최신 디지털. / 현영 : 모두 함께 갑시다! / 다같이 : 디지털 하이마트~ / 현영 : 전자제품 살 땐, / 남 Song : 하이마트로 가요~

다같이 : 노트북, PMP, 휴대폰, 하이마트~

정준호 : 아, 많다 많아. 최신 디지털.

현영 : 모두 함께 갑시다!

다같이 : 디지털 하이마트~

현영 : 전자제품 살 땐,

남 Song : 하이마트로 가요~

하이마트의 심볼 컬러인 흰색과 빨강색으로 이루어진 디지털 시티라는 가상공간과 최신 곡의 리듬으로 연출되었다. 마지막 장면에 등장하는 디지털 캐릭터들이 더해져 기존 타 TV CM에서 보지 못한 참신

정준호 : 아니, 중전. 저 물건은 무엇에 쓰나? / 현영 : 저게 요즘 잘나가는 김치냉장고. / 정준호 : 이 세상에 저런 물건 어디서 사나? 으흠~ / 현영 : 최신 김치냉장고는 하이마트지. / 여 Na : 전제자품 살 땐, / Song : 하이마트로 가요~

정준호 : 아이고, 형님. 컴퓨터를 사야 하니 어디로 가오리까. 이 엄동설한에. / 현영 : 예끼, 하이마트도 모르시오? / 정준호 : 컴퓨터, 하이마트. / 현영 : 컴퓨터, 하이마트. / 여 Na : 전자제품 살 땐, / Song : 하이마트로 가요~

성과 차별화로 젊은 층을 공략했다. 청유형의 카피 기법으로 구매를 권유하는 수사학이 돋보인 영상이었다.

정준호 : 아니, 중전. 저 물건을 무엇에 쓰나?

현영 : 저게 요즘 잘나가는 김치냉장고.

정준호 : 이 세상에 저런 물건 어디서 사나? 으흠~

현영 : 최신 김치냉장고는 하이마트지.

여 Na : 전제자품 살 땐,

Song : 하이마트로 가요~

정준호 : 아이고, 형님. 컴퓨터를 사야 하니 어디로 가오리까. 이 엄동설한에.

현영 : 예끼, 하이마트도 모르시오?

정준호 : 컴퓨터, 하이마트.

현영 : 컴퓨터, 하이마트.

여 Na : 전자제품 살 땐,

Song : 하이마트로 가요~

한국고전 이야기에서 빼놓을 수 없는 흥부전을 패러디해서 연출하고 있다. 밥이 아닌 컴퓨터를 달라고 재해석해서 지금까지와는 다른 작품을 보여 주었다. 고전을 현대적으로 재해석하는 것은 예술의 존재 이유가 되고 광고창작의 임팩트가 될 수 있다. 커뮤니케이션 윌이 제작한 '하이마트 TV CM컴퓨터 편'이다.

2008년

이 해 하이마트 캠페인은 이번 하이마트 광고는 2002년 대한민국 광고대상을 수상한 하이마트 대표 광고인 '시간 좀 내주오' 편을 7년 만에 소비자의 감각에 맞게 재활성화된 스토리보드로 연출되었다. 평범한 부활revival이 아니라 재생renewal되어 방영되었다.

남 : 휴대폰 멋진데 어디서 샀소?

여 : 아직도 모르오, 하이마트.

남 : 아니 그럼 이젠, 휴대폰까지. 당연한

남 : 휴대폰 멋진데 어디서 샀소? / 여 : 아직도 모르오, 하이마트 /
남 : 아니 그럼 이젠, 휴대폰까지. 당연한 얘기~ / 다같이 : 하이마트~ / 남녀 : 휴대폰 살 땐, 하이마트로 가요~

다같이 : 하이마트~

남녀 : 휴대폰 살 땐, 하이마트로 가요~

2007년부터 광고목표는 하이마트의 사업영역 확장에 따라 휴대폰 판매사업을 고객들에게 알리는 것이었다. 3사 이동통신사 서비스와 다양한 최신휴대폰이 갖추어진 국내 넘버원No. 1 전자제품 유통점으로서 '이제는 휴대폰도 믿을 수 있고 최신형 제품이 모두 구비된 하이마트'라는 메시지를 알리고자 했다. 친숙한 오페라와 뮤지컬 형식의 멜로디를 이용하고 있다. 광고 패턴을 폴리시policy로 일관되게 유지하면서 개별 광고물을 재생renewal하는 방식이다.

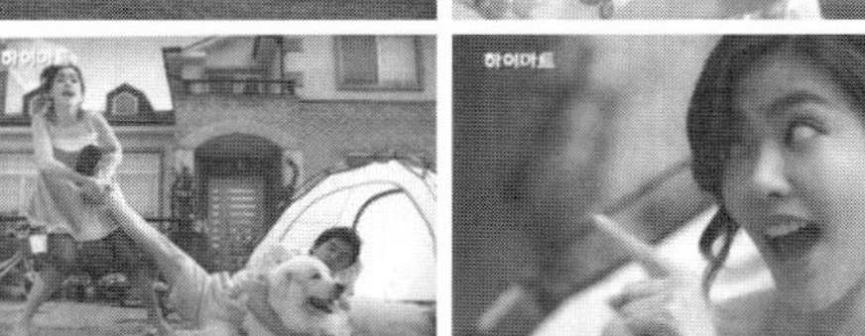

이윤지 : 집에 가자, 당장. / 이필모 : 안 갈 거야, 더워. 에어컨을 사줄 때까지. / 이윤지 : 당신이 원하면 달려갈 거야. / 이필모 : 에어컨, / 다같이 : 하이마트야~ / 여 Na : 전자제품 살 땐, / 남 Na : 하이마트로 가요~

이윤지 : 집에 가자, 당장.

이필모 : 안 갈 거야, 더워. 에어컨을 사줄 때까지.

이윤지 : 당신이 원하면 달려갈 거야.

이필모 : 에어컨,

다같이 : 하이마트야~

여 Na : 전자제품 살 땐,

남 Na : 하이마트로 가요~

이윤지 Song : 최신 대형 TV는 어디 가서 사나요?

다같이 Song : 하이마트~

이필모 Song : LCD, PDP 모두 비교할 수 있

느 곳

다같이 Song : 하이마트

여 Na : 전자제품 살 땐,

Song : 하이마트로 가요~

이윤지 Song : 최신 대형 TV는 어디 가서 사나요? / 다같이 Song : 하이마트~ / 이필모 Song : LCD, PDP 모두 비교할 수 있는 곳 / 다같이 Song : 하이마트 / 여 Na : 전자제품 살 땐, / Song : 하이마트로 가요~

텔레비전 시장에서 LCD와 PDP의 생존경쟁은 예측할 수 없었다. 화질과 전기료와 고장 시 부품 문제 등으로 선택을 망설이고 혼란스러워하는 고객들에게 편리한 비교쇼핑을 제안하고 있다. 일부 제품의 재고처리 문제도 내재해 있었다고 본다. 또한 하이마트의 기존 광고 콘셉트를 유지하면서도 블록버스터급의 스케일과 완성도가 느껴진다. 광고물의 제작규모는 기업의 규모와 연계되며, 광고물의 완성도는 상품의 품질 완성도와 자연스럽게 이어지는 전이효과轉移效果가 있음을 알아야 한다.

남 Song : 하이마트 다녀온 멋쟁이 서방님, 김치냉장고 사왔네,

여 Song : 하이마트 갔더니 최신형 다 있네, 비교해 보고 잘 샀네,

여 Na : 전자제품 살 땐,

Song : 하이마트로 가요~

남 Song : 데스크 탑이야.

여 Song : 노트북이야.

남 Song : 다함께 가보자, 하이마트.

여 Song : 최신형 컴퓨터 다 있는 곳.

남녀 Song : 마음껏 비교할 땐, 역시나 하이마트~

어린이 : 딱이야.

여 Na : 전자제품 살 땐,

Song : 하이마트로 가요~

경기침체와 장기불황기에는 사회흐름에 맞는 광고 테마를 개발해야 한다. 웃음과 사랑을 선사하는 광고가 소비자에게 공감을 얻는다. 하이마트 광고는 시청자들에게 아이들의 밝은 웃음소리와 경쾌한 음악을 보여 주고 있다.

2009년

초고속 성장을 거듭한 하이마트가 2006년경부터 매출 증가율에서 정체에 들어섰다. 시장 진입 초기 20~30%의 성장세를 이어갔던 거래 규모가 지난 2006년부터 10% 이하로 떨어졌다. 2006년에 2조 1,500억 원이던 매출이 2007년에 2조 3,000억 원, 2008년에 2조 4,500억 원을 기록했다. 올해는 2조 7,000억 원이 목표라고 한다. 매년 6~7%씩 성장해 왔지만 매장 수 확대와 시장 규모 확장에 비하면 성장 동력이 깊이 둔화되었다.

하이마트가 변화의 전환점에 섰다고 본다. **영화 '과속스캔들'의 주연들을** 기용하여 빅 모델 전략을 이어가고 있다. 화제작의 명성에 편승하고 젊은 고객을 겨냥해서 코믹 스타일의 경쾌한 라이프스타일을 소구하고 있다. 이미지 누적효과를 올리기 위한 장치로서 작동하고 있다.

차태현 Song : 휴래폰 사 달라고!
왕석현 : 알았어.
박보영 Song : 하이마트 가잔 얘기?
차태현 : 진작 그러지.
차태현 Song : 휴래폰은 하이마트,
다같이 Song : 최신 휴래폰, 맘껏 비교해 봐요~
왕석현 : 웃으며 삽시다!

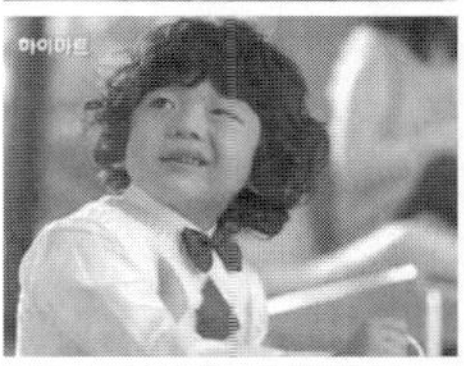

차태현 Song : 휴대폰 사 달라고! / 왕석현 : 알았어. / 박보영 Song : 하이마트 가잔 얘기? / 차태현 : 진작 그러지. / 차태현 Song : 휴대폰은 하이마트, / 다같이 Song : 최신 휴대폰, 맘껏 비교해 봐요~ / 왕석현 : 웃으며 삽시다! / Song : 하이마트로 가요~

　　이번 하이마트 휴대폰 편의 광고 목표는 소비자들에게 하이마트에서 3사 이동통신사 서비스와 다양한 최신휴대폰 판매를 한다는 것에 대하여 지난해 보다 더 적극적으로 알리는 것이었다. 따라서 '휴대폰도 역시 하이마트'라는 메시지를 보다 효과적으로 알리기 위하여 경쾌한 song과 유쾌한 상황으로 내용을 구성했다.

　　때문에 어느 누구보다 인지도 있고 친숙한 이미지와 연기력 있는 배우들을 캐스팅 하게 되었다. 친숙한 빅뱅의 '붉은 노을'을 선택하여 모든 이에게 공감을 불러일으키고자 하였다. 또한 지금까지 계속 되어 오던 하이마트 커플의 이미지를 탈피하여 한 가족을 이야기하면서 그 전 광고와는 다르게 특색 있는 볼거리를 제공하였다.

왕석현 : 3단! / 차태현 Song : 바람이 약하십니까? / 박보영 Song : 회전~ 그쪽만 신경 씁니까? / 차태현 Song : 그래, 내가 졌다. / 왕석현, 박보영 : 하하하~ / 차태현 Song : 최신 에어컨, 하이마트로. / Song : 하이마트로 가요~

왕석현 : *3단!*

차태현 Song : *바람이 약하십니까?*

박보영 Song : *회전~ 그쪽만 신경 씁니까?*

차태현 Song : *그래, 내가 졌다.*

왕석현, 박보영 : *하하하~*

차태현 Song : *최신 에어컨, 하이마트로.*

Song : *하이마트로 가요~*

Song : *최신제품 모인 곳,*

다같이 Song : *하이마트지~*

Song : *100% 직영점,~*

Song : 최신제품 모인 곳, / 다같이 Song : 하이마트지~ / Song : 100% 직영점,~ / 다같이 Song : 하이마트지~ / 차태현 Song : 품질도 좋아, / Song : 믿을 수 있지~ / Song : 전자제품 살 때는, / 다같이 Song : 하이마트지. / Song : 하이마트로 가요~

차태현 : 아아~ 다들 김장들은 담근 겨? 이~ 그려 담근 겨? 어따 둔 겨? 아유~ 더따 둔 겨? / 박보영 : 하이마트 김치냉장고, 얼른 와서 구경해 봐요. / 왕석현 : 좋아 부러~, 하이마트로 가요.

다같이 Song : 하이마트지~

차태현 Song : 품질도 좋아,

Song : 믿을 수 있지~

Song : 전자제품 살 때는,

다같이 Song : 하이마트지.

Song : 하이마트로 가요~

2000년부터 지금까지 '전자제품 살 땐 하이마트로 가요'라는 징글 jingle을 지속적으로 노출하며 '친근감'을 높여 온 하이마트는 이번 '전국

일주 편' 광고에서는 친근한 하이마트가 믿을 수 있는 좋은 제품과 서비스를 제공한다는 '신뢰감'을 높이겠다는 전략이다.

차태현 : 아아~ 나들 김장들을 담글 겨? 이~ 그려 담글 겨? 어짜 둔 겨? 아유~ 어짜 둔 겨?

박보영 : 하이마트 김치냉장고, 얼른 와서 구경해 봐요.

왕석현 : 좋아 부려~, 하이마트로 가요.

김치냉장고 편 TV CM의 배경은 시골 이장 댁 스토리다. 시골이나 도시나 주부들의 고민 중 가장 큰 김장철의 고민을 하이마트 김치냉장고가 속 시원히 해결해 주려 하는 것이다.

캠페인 광고의 종합분석

첫째, 사회흐름social trend을 반영했다. 2000년 뉴 밀레니엄 시대는 역사의 분기점이다. 새로운 각오와 삶의 질 향상을 위한 사회 캠페인이 활발히 진행되었고, 새로운 문화 예술의 향유로 변화와 개혁의 시대에 부응하려는 의식이 만연했다고 본다. 뮤지컬 오페라의 유령이 히트작으로 흥행에 성공하여 화제가 되기도 했다. 서구의 재즈 댄스가 대유행이었다. 서구의 대중문화가 유입되면서 누가 왜 보는지를 간파했던 것이다. 광고는 기존 예술장르를 학습한 고객을 상대로 후광효과halo effect를 얻고자 했다.

　　둘째, 국내최초의 오페라 패러디 CM이다. CM송은 오페라를 패러디해 만들었다. 광고에 사용된 베르디의 오페라 〈리골레토〉 제3막에 나오는 '여자의 마음', '수지 Q', '최진사댁 셋째 딸' 등 클래식에서 팝송과 한국 가요까지 익숙한 멜로디로 널리 알려진 곡들이다. 서양 뮤지컬에서 한국의 고전극까지 장르의 한계를 긋지 않고 있다. 모델의 율동과 댄스는 생동감 있는 화면으로 압축하여 시선을 잡고 있다. 낯선 장면이면서도 친근한 이중성이 매력이다.

셋째, **로고 송**^{logo song} '**하이마트로 가요**'는 광고를 기억하는 데 그치지 않고 CM송까지 흥얼거리게 만들었다. 소비자들이 브랜드에 대한 거리감을 없애고 전국 240개 하이마트를 찾도록 하는 데 CM송이 큰 위력을 발휘했다. 전체 CM을 관통하는 정체성^{identity}으로 기능하여 호의도 이미지의 누적효과를 얻고 있다.

넷째, **청유형 슬로건**이다. 로고송^{logo song}으로 사용되었지만, 청유형 슬로건 역할도 했다. 친구와 이웃사촌과 애인과 함께 하이마트로 가자는 부드러운 명령형이다. 정말 좋은 걸 권할 땐 지시하지 않는다. 판단을 고객 여러분에게 맡기지만 너무 좋기에 강요하거나 반복해서 권하지 않겠다는 자신감을 전할 수 있었다.

다섯째, **빅모델 전략**이다. 전문 양판점은 시장에 조기 정착하기 어려웠다. 대기업 유통점이 아니기에, 선입견으로 갖고 있는 기존의 저급 이미지를 반전시키기 위한 필수 조건이다. 고소영, 유준상, 송승헌 등으로 이어지는 유명모델의 호감도와 인지도는 기업의 규모와 신뢰를 형성하는 데 필요했다.

여섯째, **리얼 코믹과 스토리텔링의 완성도**이다. 신혼부부, 친구, 애인, 이웃사촌, 시부모 등이 등장하면서 그들이 공유하고 있는 상황을 치밀한 이야기체로 전개하고 있다. 잠재고객들은 자기만의 일상사로 감정이입하면서 유사체험을 나누게 된다. 그 스토리가 코믹하고 속마음을 드러내 놓고 고백하고 있어 재미있게 수용하고 있다. 또한 가전 시장은 계절적 수요가 항상 명확한 패턴을 보이고 있다. 그 시즌성을 살려 현장감 넘치게 구성하여 더욱 재미있다. 극적 구조와 작법^{dramaturgy}이 치밀하여 한편의 영화를 보는 듯했다.

　　　일곱째, 카피의 각운과 리듬의 반복력이다. '다 있다, 더 싸다¹⁹⁹⁹'라는 물량적인 메시지에서 질적인 소구로 바뀐다. '전자제품 살 땐 하이마트로 가요²⁰⁰⁰'를 슬로건으로 하고 수많은 시리즈 카피를 전개했다. '뭘 보나?', '덥지도 않나?', '에어컨도 없나?', '에어컨 있나?', '하이마트 모르나?^{2001, 잠 못이루는 밤 편}'처럼 모델들이 서로 쏘면서 던지는 구어체의 살아있는 카피다. '~나?'로 끝나는 코믹한 어법이 실소를 금치 못하게 한다. '기집애, 화장발 세우더니', '화장발은 무슨', '실은 혼수 덕이야.^{2001, 헬스클럽 편}' 하면서 결혼 적령기의 여성 심리를 송곳처럼 잘 잡고 있다. '오~, 시었어, 오, 안 익었어^{2001년 수지 큐 편}'는 어색할 것만 같은 가사에도 세대 간의 격차를 이겨내고 있다. 또한, '하지', '샀지', '보지' 등 '지' 각운에 맞춘 대화 교환체는 재미가 점입가경이다.

　　　2002년에 와서도 카피 파워는 계속된다. '처제의 남자 친구는 누구~', '만날 때 마다 하이마트 가자는 남자', '처제 딱이야~', '딱이군 딱이야~', '정말로 잘 골랐네' 등이다. 하이마트를 잘 선택했다는 말과 신랑감을 잘 선택했다는 이중의미^{double meaning}를 활용하고 있다. 고수부지 편은 한 여름 밤 섹스어필하려는 유준상의 눈빛을 간파하고 '에어컨 사주면 들어가지!' 하는 새댁의 말이 애교스럽다. '그럼 하이마트 가자는 얘기?'에 '당연한 얘기'로 화답하는 카피다. 학교 편에서는 '시간 좀 내주오?', '갈 데가 있소~'로 이어지는 총각 선생님의 프러포즈에 기다렸다는 듯 여선생님이 말한다. '아니 그럼 지금 결혼하자는 얘기~'라고. 이런 상황이 학생들에게 '딱 걸렸어'가 된다. 역시 연애와 하이마트가 잘 선택되었다는 이중의미다.

2003년엔 개그맨이 동원되어 **CM의 반전과 상투성을 극복**하고 있다. '알고 있어' 같은 어법이다. 목표고객의 확장과 계절성을 감안한 CM들이다. '올 겨울엔 부모님 댁에 김치냉장고를 하이마트에서 사드리면 좋겠네' 등이다.

2004년은 송승헌, 신하균과 여주인공 박은혜를 등장시킨 **드라마식 구성**이다. 사랑방정식에서 누가 연결될까 하는 궁금증은 커지기만 할 뿐이다. 연속 드라마식 광고와 티저^{teaser}형 광고의 복합형식이다. 카피 라인은 '사 **봐**, 사 **봐**', '가 **봐**, 가 **봐**' 등으로 **하이마트식 카피 대구의 미학**을 보여 주고 있다. 이지훈의 Song '어디로 가야 잘 샀다고 소문날까?'처럼 자랑을 애교 있게 늘어놓는다.

2005년에도 모델 교체와 CM송 일시 중단으로 분위기를 쇄신한다. 카피 포맷과 폴리시가 일관성을 유지하면 모델 교체는 새로운 화젯거리가 되고 스토리라인 전개에 활력이 될 수 있기 때문이다.

2006년은 세계 스포츠 이벤트의 절정인 월드컵 바람을 타야 했다. 카피 라인은 고전극의 대화체를 패러디하고 있다. '보았소? 보았지, 어쨌소?, (믿고 사는 하이마트 김치냉장고에) 두었지'의 **언어 리듬과 각운의 반복효과**이다.

2007년은 진열 상품이 다양함을 보여 주는 기법으로 군중효과^{demonstration effect}를 주고 있다. 광고목표는 하이마트의 사업영역 확장에 따라 휴대폰 판매사업을 고객들에게 알리는 것이었다. 카피 포인트는 '**땡볕, 땡볕**', '에어컨을 사달라고, **사줄까? 말까?**'의 **반복리듬**이다.

2008년 LCD와 PDP의 생존경쟁은 예측할 수 없었다. 화질과 전기료와 고장 시 부품 문제 등으로 선택을 망설이고 혼란스러워하는 고객들에게 편리한 비교쇼핑을 제안했다. 카피의 대구는 계속된다. '사 **왔네**, 하이마트 갔더니 최신형 다 **있네**, 비교해 보고 잘 **샀네**'의 '**네**' 후렴구다.

2009년 새로운 10년을 맞이해야 한다. 변화의 전환점에 섰다. **영화 '과속스캔들'의 주연들**을 기용하여 빅 모델 전략을 이어가고 있다. 젊은 고객을 겨냥한 코믹 스타일의 경쾌한 카피와 라이프스타일을 소구하고 있다. 화제작의 사투리를 모방하고 대구를 이용한다. '이~ 그려 담근 **겨**? 어따 둔 **겨**? 아유~ 어따 둔 **겨**?'의 반복 카피가 재미와 힘을 더한다.

향후과제

지난 10년을 결산하면 하이마트는 한국의 중견기업으로서 마케팅에서나 커뮤니케이션에서나 성공사례로 남을 수 있는 여건을 가지고 있다. 이제 2010년을 넘어서 어떤 변신전략을 구사해야 하는지 과제를 생각할 때다.

첫째, 마케팅 상으로 포화상태인 국내시장에 머무르지 않고 **국제화**를 시도할 만하다. 글로벌 소싱 시대이고 국내외 택배시대인 만큼 새로운 유통점 아이디어를 창안하면 기회가 생길 것이다.

둘째, **광고 시즌과 판촉시즌**을 앞당길 필요가 있다고 본다. 대기업 유통점은 일부 제품의 사용시점보다는 앞서 집행하고 있다. 에어컨은 겨울에 주문받는다. 광고시점도 지금보다 조기 집행하여 조기 구매자를 확보하는 게 좋다고 본다.

셋째, 커뮤니케이션 상으로 **표현의 진화**가 이루어져야 한다. 뮤지컬과 오페라 형식을 해왔다면 이제 타 예술장르를 시도할 만하다고 본다.

넷째, **고객접점의 확대전략**이 필요하다. 이마트를 겨냥한 표현도

가능하리라 본다. 유통의 공룡으로 부각된 이마트오 경쟁상대로 봐야
한다. 시장규모를 확대하고 고객의 충성도를 바꾸도록 하는 메시지 개
발도 필요하다고 본다. 골목상권과 재래시장과의 경쟁, SSM^{Super Super}
^{Market}의 등장도 무시 못할 것이다, 커뮤니케이션 대책이 있어야 한다.

　　다섯째, **광고 형식과 내용의 대혁신**이 필요하다. 진부화^{cliche}되고
고착화되려는 기존 포맷을 생기 있게 변신시켜야 한다. 주인공 모델을
보조하는 인물의 설정과 스토리 전개에서 새로운 양념 요소를 개발하는
것이다. 인지도 문제를 해결했고 신뢰도와 친근감은 확보되었다고 본
다. 그러면 고급감을 살릴 수 있는 표현 소재개발과 전략이 필요하다.
실질적인 시장점유율 향상을 목표로 한 커뮤니케이션 전략도 수립해야
할 것이다. 카피도 일관성을 유지하면서 다양한 목소리 연기로 변별력
을 주는 방안이 요구된다. 이제 하이마트 광고 크리에이티브의 경쟁은
하이마트가 되었다고 본다.

제13강
대중문화는 광고의 백댄서

거침없는 동거로 엔드리스 러브를 즐긴다

〈쩐의 전쟁〉, 〈내 남자의 여자〉라는 드라마가 시청률 30%를 넘어 최고 인기작으로 떠올랐다. 〈쩐의 전쟁〉은 최근 고리 사채업의 횡포와 금전 만능주의에 대한 고발프로의 성격을 띠고 있다. 불가피하게 고리 사채

를 써야만 하는 소비자에 대한 지원은 없고, '무이자, 무이자, 무이자'를 연호하는 CM송으로 화제를 모았던 광고가 있다. 또한 〈내 남자의 여자〉라는 드라마는 불륜 공화국과 이혼율 최고의 불명예에 대한 문제제기와 여성심리를 폭로하여 성공한 셈이다. '닭이 먼저냐 달걀이 먼저냐'처럼 대중사회의 문화 현상과 드라마의 성공 사이에 상관관계가 크다고 본다. 이런 드라마를 보고 학습된 소비자들은 또 그런 광고에 익숙해지고 그 익숙함을 잘 아는 광고가 만들어지고 있다. **사회적 상호작용**interaction 이요, **간섭사슬**intervention chain 이라 하겠다.

광고의 배경화면과 상황은 문화와 사회흐름

광고 커뮤니케이션은 광고의 상황context에 해당하는 문화와 사회흐름 social trend을 떼어 놓고 생각할 수 없을 것이다. 광고는 사회의 거울이요 시대의 반영이라는 명제는 논쟁이 필요 없는 공리라고 하겠다. 사회문화 요소와 끊임없이 서로 가역반응을 하면서 영향을 주고받는 관계이기 때문이다. 여기에 대중문화라는 광고의 백댄서back dancer가 있게 된다. 주인공은 앞에 있지만 대중문화는 뒤에서 주인공을 화려하게 돋보이게 만들어 주는 역할을 한다고 본다. 드라마의 불륜관계 만큼이나 '뜨겁게 만나고 뜨겁게 헤어진다.'

대중문화를 상업화된 상품과 일치시키는 이론이 있다. 이 관점에서는 대중문화를 대중 소비를 위해 대량 생산된 상품으로, 수용자는 어떠한 특성으로도 구분되지 않는 동질적이고 수동적인 소비자로 규정한다. 그러나 현대사회에서는 능동적인 수용자로 바뀌었다. 적극적으로 의미를 해독하려고 하고 '프로슈머'로서 참여하려고 한다. 매스 미디어와의 접촉 빈도가 높다는 것이 문화의 대중화를 상징한다면 대중문화는 '**대중화된 문화**'라는 개념으로 보면 무난할 것이다. 그 표현 양태는 생활 속의 다양한 장르가 될 수 있다. 특히 방송 드라마, 영화, 인기소설, 가요, 패션, 뮤지컬 공연, 스포츠, 다수의 라이프스타일 등등이다. '족族', '세대', '유행', '사회 흐름social trend', '화제issue' 등으로 요약되는 삶의 모든 양태가 포괄적인 의미에서 대중문화라고 할 수 있을 것이다.

대중문화는 그 속성 가운데 저질작품kitsch, 쓰레기junk, 시시한 이야기trash 같은 내포의미도 갖고 있다. 대중문화는 클래식문화에 비해 통속적이고 진부하며 상업적인 특성을 갖고 있는 오락물이라는 한계도 갖고 있다. **아우라**aura도 없고 **스탕달 신드롬**Stendhal Syndrome도 없기 때문이다. 광고를 보고 눈물을 흘렸다는 얘기나 몸져누웠다는 얘기는 들어본 적이 거의 없다. 그러나 대중문화는 시대정신을 담고 있다. 다수 대중의 꿈과 비전과 욕망을 갖고 있다. '허위의식'이든 '가짜 행복'이든 삶의 현장에서 일어나는 에피소드는 그만큼 소중하고 공감하기에 좋다. 더구나 치밀한 전략과 표현으로 광고주는 STP 전략을 구사하고 있다. 고객세분화와 목표고객 설정과 포지셔닝이라는 기본 기획방향을 내포하고 있기 때문이다. 대중문화 속에서 살아가는 문제를 해결하고problem solving 있는 생활자의 구매심리를 자극하기 위해서다.

광고가 이렇게 대중문화와 결혼하는 이유는 그 자극을 극대화하기 위한 **'경험의 장'**을 공유해야만 하는 기본 속성 때문이기도 하다. 첫째, 광고는 불특정 다수에게 알리는 것이다. 둘째, 최대 다수에게 최소경비로 전달해야 하는 경제원칙을 지켜야 한다. 셋째, 주목률을 높이기 위해 대중의 기호를 읽고 반영해야 한다. 광고는 고객 중심의 사고여야 한다. 광고는 크리에이티브가 고객의 접점이다. 주파수를 맞추고 코드를 알아 '심리적 전율'을 느끼게 해야 하기 때문이다. 최근 오락entertainment 기능을 강화해야 한다는 주장도 소비자와 '전략적 동질화'의 하나라고 할 수 있다.

데이비 아크의 **브랜드 자산이론**이 있다. 기업의 인지도와 인지된 품질과 충성고객과 이미지 연상의 4요소다. 이 가운데 브랜드 이미지 연상은 광고 커뮤니케이션과 관계가 깊다. 앞의 세 개는 내부요인이라면 이미지 연상은 순수하게 외부요인이기 때문이다. 이 외부요인은 어떤 광고전략을 쓰느냐에 따라 다를 수 있다는 것이다. '**자의성**arbitrary'의 문제를 벗어나고 '**자연성**natural connection'이 기회를 얻기 위한 장치가 대중문화와의 호흡이다.

전방위적으로 '거침없는' 아이디어 공급처

테마, 인물, 콘셉트, 기법, 트렌드 등 대중문화의 차용법은 다양할 수밖에 없다. 다양성 자체가 크리에이티브의 필요충분조건이기 때문이다. 인기 드라마 '거침없는 하이킥'의 출연진을 모델로 캐스팅한 LG카드의 '거침없이 누려라'는 영화 매트릭스의 고속촬영 기법까지 이용한 패러디다. 빙그레의 바나나 우유도 거침없는 하이킥 팀의 인기를 이용했다. 개그 프로도 '거침없는 킥킥킥'이라는 패러디를 낳고 있다.

'UCC 세상으로 오라'는 다음의 UCC 강조 광고는 프로슈머로서의 대우를 해주고 각종 공모전을 통해 수집된 아이디어를 활용하여 참신한 크리에이티브의 영역을 확장시키고 있다.

애니콜의 미니멀리즘 광고는 미니스커트 붐과 뗄 수 없는 메시지를 담고 있다. 복고풍으로 직접 미니스커트의 길이를 자로 재는 모양을 보여 주지만, 휴대폰의 디자인을 강조하는 크리에이티브로 전환되어 있다. 대중의 심리를 자극하면서도 광고의 속성을 지키고 있는 셈이다. LG그룹의 생활 속의 예술을 강조한 '당신의 거실에서도 만날 수 있는 예술 혹은 기술' X캔버스퀴담 광고는 클래식 문화의 대중화라고 할 수 있을 것이다.

현대여성의 도발적인 사회진출과 양성 평등의식의 확대는 이제 더 이상 뉴스거리가 아니다. 남성의 성역이었던 사법시험 합격자나 대학교 학생회장이나 사관학교 합격생에서 여성의 진출은 당연시되고 있다. 일과 사랑에서 수퍼우먼의 역할을 부담 없이 즐기겠다는 의지로 읽힌다. 적극적인 의지는 **예쁜 남자**metro sexual, 특히 연하 꽃미남은 이들의 '작업 대상'이다. 하이트 맥주는 '연애는 매혹적인 작업'이라고 했다. 사회적인 성공과 성역할에서의 남녀구별을 인정하지 않으려는 것이다. 이런 여성들은 **남성적인 여성**contra sexual이다. 자신의 의견을 표현하는 데 당당해야 한다는 여성들의 사회의식을 반영한 결과라고 하겠다. 이런 코드를 과감하게 담아낸 현대차의 '투산' 광고는 카피도 도발적이다. 투산의 광고는 여성 직장상사와 남성 부하직원의 은밀한 관계를 부각시켰다. '강한 여자는 어린 남자에게 끌린다'는 것이다. 연하남성과 결혼하는 여성이 늘어나는 현실이 광고배경이다. 아직 수용하기엔 이른 감이 있지만 그 '아직 이르다는 의식'이야말로 비광고적이다. 도발적인 패션정신으로 미화도고 보수적인 소비자에게는 하나의 **스캔들 마케팅** 효과를 볼 수 있다. 인지도와 이미지 연상효과를 올려주는 것은 광고의 속성을 잘 활용했기 때문이다. 인간성의 개방과 노골화라는 트렌드를 반영한 결과라고 하겠다.

소위 명품 소비에 관한 한 인간의 과시욕구를 반영한 광고도 피할 수 없을 것이다. **베블렌 효과**Veblen effect는 아파트에서부터 패션에까지 다양하다. '그 이름이 당신을 말해 줍니다'는 래미안 광고에서부터 '당신의 H는 무엇입니까?'로 여성 소비자를 소비로 몰고 있다. 인간의 본질과

존재가치를 고가아파트로 평가하려는 물질주의를 비판 없이 받아들이게
한다. 아무 준비 없던 주부들에게 마치 '잃어버린 H를 찾도록 만드는
전략'이다. 'H'가 없으면 가치 있는 생활을 하는 게 아니고, 고급 주상복
합 아파트의 상류사회에 편입되지 못하는 실패한 인생처럼 만들어 버린
다. '집에 담고 싶은 모든 가치'라고 했는데, 사실은 '담고 싶은 모든 가
치'는 '집'이라는 논리다. 한국의 주택시장에서 아파트가 투자의 대상이
고 재산목록 1호라는 현실을 이용한 메시지라고 하겠다. '친구 따라 강
남가라'는 강요이기에 전형적인 **밴드왜건 효과**^{bandwagon effect}이다. '따라
하기'는 자녀 특목고 보내기에서 '10억 모으기 재테크'와 '30대에 꼭 해야
할 일' 등을 나열함으로써 '군중 속의 고독'을 느끼는 사람은 정신적 지체
자로 만들어 버린다. 현실의 자아가 이상적 자아를 추구하는 과정에서
매개역할을 하는 대상이 물질이라는 현실을 반영하고 있다. 욕망의 삼
각형에서 **전치된 의미론**^{displaced meaning}이다. 쾌락욕구만 충족시켜주면
만사가 용서되는 현대 대중사회의 경쟁원리와 생존논리이기 때문이다.
과정보다는 결과를 중시하는 문화현상을 그대로 반영하고 있다.

장르 간의 간섭현상과 복합화

장르 간의 간섭현상도 나타나고 있다. 인기 만화의 드라마화와 광고화
이다. 론칭 때부터 뮤지컬로 농축된 카피를 보여 주었던 하이마트 TV
CM은 뮤지컬 공연의 인기와 확산에 맞물려 있다. 클래식한 대중문화의
상징으로서 고객의 새로운 문화코드로 부상한 게 뮤지컬이었기 때문이
다. 이제 뮤지컬로 영어를 배운다는 '팅'까지 나오고 있다.

　'빛나는 TV는 김태희도 춤추게 한다'는 LG전자의 샤인 TV 사이언 광
고는 그 유명한 '코끼리도 춤추게 한다'의 패러디임에 틀림없다. 74463이라
는 숫자는 샤인의 목표고객 사이의 비밀번호^{pass word}이다. 수용자에게

그 의미를 **해독**^{decoding}해 내는 '기쁨'을 만끽하게 하는 물신숭배이고 상품미학이기도 하다. 인기 개그맨 최민수를 이용한 하나로 텔레콤의 하나 TV는 전형적인 패러디와 빅모델 전략을 합성한 광고다. 유행어를 민감하게 차용하고 개그의 학습효과를 노린 것이다.

목표고객의 심리학을 이용한 광고

스카이의 매직 키패드 광고는 라이프스타일의 한 장면을 극화해서 보여 주고 있다. '딱 걸렸을 때를 위해서' 다른 애인의 관심을 '돌려라'는 표현이다. 더블데이트를 즐기는 젊음의 라이프스타일과 감성이 과감하게 표현되어 있다. 은밀하지 않고 쿨^{cool}한 세대의 심리학이요 뮤직비디오다. 카스 맥주는 '부딪쳐라'는 메시지를 표현하면서 젊은 대학생들의 생활상을 사실적으로 보여 주고 있다. '부딪쳐라'는 신체적 충돌과 정신적 도전을 함께 담고 있는 이중의미다. 이 **'의미발견의 기쁨'**은 광고적 카타르시스이다. 미모지상주의와 이중의미를 해독하는 집단의 공통 코드로 연결시켜 공감을 얻으려고 했다. 레드 맥주는 파티장에 입장이 가능한 **'드레스 코드'**로 '레드' 컬러를 설정하고 문을 통과하는 의식으로 표현했다. 흔히 열리는 댄스파티에서 준거집단의 의식과 가치를 공유하고자 하는 의도라고 하겠다.

최근엔 웹 2.0 시대의 도래와 함께 '참여, 공유, 개방'이라는 새로운 패러다임으로 승부하는 광고물이 많아졌다. 디지털 기술의 도움으로 매체의 복합화가 가능해졌고 프로슈머의 활성화로 경계가 파괴되는 현상이 하나의 트렌드로 자리 잡았기 때문이다. 다양한 장르와의

대중문화는 광고의 백댄서

경쟁에서 살아남아야 하기에 광고는 시대를 앞서가는 표현을 강요받고 있다. **디지털 스토리텔링**이라는 과제에서도 삼성전자의 애니콜은 1등 전략으로 일관하고 있다. 15초의 압축영상에서 주저하지 않는다. 20대 고객의 다양한 욕구와 접촉 매체의 다양화에 부응하여 엔터테인먼트 기능을 강조한다.

수용자의 태도와 참여로 스토리텔링의 방향성과 결말은 물론 주제까지도 변할 수 있다는 **개방구조**open system를 가지고 있다. 애니모션의 경우 사전 예고편을 만들어 인터넷에 띄우고 다운로드를 받게 하여 뉴스밸류를 높이고 화제성을 촉발했다. 론칭 전에 호기심을 자극하며 각종 판촉물과 캐릭터를 만들어 목표고객의 감각을 현혹시키고 있다. 광고 길이도 30초에 한정하지 않고 60초와 3분 등 다양한 길이로 매체 특성에 맞는 열린 구조를 가져 신선한 기획으로 받아들이게 만들었다. SP 기능을 강화하여 오프라인에서도 광고 속의 댄스 배우기를 하고 광고용 춤과 음악을 따라하게 만들어 **IMC 전략**과 온·오프라인 복합화에 성공하고 있다. 그 다음 애니클럽과 애니모션으로 버전을 확장하고 애니콜 미스터리 등으로 전개하여 마치 영화 흥행기법을 따라하는 것 같다. 이는 최근 미극 드라마를 즐겨보는 '미드족'의 욕구를 예견한듯 시즌 1, 시즌 2 등으로 시리즈로 기획되도록 만들었다. 15초라는 한편의 장편掌篇이 아니라 장편長篇 영화처럼 호흡이 길게 기획된 크리에이티브라고 하겠다. 이는 현대생활백서가 무려 200편 가까이 제작되도록 한 SKT의 '생활의 중심' 기획과도 연결된다. 소비자가 직접 만들고 시리즈로 무한대처럼 기획된 것이다. 고객의 라이프스타일을 하나의 대중문화로 확인시켜준 역작이다. 소비자 참여광고의 원형이고 나아가 UCC 열풍의 원조라 하겠다.

대중문화 차용이 다양성과 창조적 수용으로 미화

한미 FTA와 국제화 물결은 기업들에게 영어 슬로건을 강요하고 있다. 오렌지족의 일반화와 어학연수 등으로 해외여행이 필수과목으로 자리잡고 있는 현상을 이용한 것이다. 서구적 세련됨을 요구하는 자동차와 화장품 패션광고에서 자주 사용되고 있다. 'enjoy', 'play', 'driving' 등 이미 공식 외래어로 등록해야 할 정도로 남용되고 있다. 이런 남용은 국제화와 개방화에 물려 주체성이 없는 대중문화의 유행화로 받아들여지고 있다. 다양성과 창조적 수용으로 미화되어 나타난 것이라고 하겠다.

　기업광고는 윤리경영과 환경경영과 인간존중을 트렌드로 받아들이고 있다. 대우증권의 철새 이동을 이용한 광고다. 소위 '**지속가능한 환경**'에서 자연의 소중함과 로하스족의 생활철학이 녹아난 광고다. 자연을 그대로 보여 주면서 선도자의 자세를 설파한 '생태학적 크리에이티브'의 수작이다. '지속가능한 광고'의 시작이라고 보면 지나친 찬사일까?

　포스코의 제3세계에 대한 관심과 지원을 소재로 세상을 움직인다는 것을 강조하고 있다. 사회적 책임을 다하는 기업으로서의 '해피 투게더'를 강조하는 삼성은 '함께 가요, 희망으로'의 연속편으로 '고맙습니다'를 시리즈로 보내고 있다. SK그룹의 '사람을 향합니다'는 매체 캠페인이다. 통화료 할인에 인색하지만 기업광고는 계속해서 '고객이 OK할 때까지'를 외치고 있다. 중견기업으로서의 동아제약이 공익성 캠페인을 사용하여 호평을 받았던 적이 있다. '너가 가서 키워라', '꼭 가고 싶습니다'는 메시지는 취업난과 중소기업 회피 풍조에 대한 반성의 기회를 제공하였다. 군 기피현상에 대한 젊은이의 도전정신을 강조하여 큰 호응을 얻었다. 사회공동체 의식은 사회와 시대의 키워드가 되고 있다. 이런 대중의 속마음을 읽고 표현했기에 광고효과도 컸다고 생각한다.

　프렌치 카페는 프리즌 브레이크의 주인공인 스코필드를 이용했다.

전혀 제품 관련성이 떨어지는 내용이지만 모델의 파워를 이용한 광고다. '치명적인 유혹의 본색'이라는 메시지를 제품과 모델의 감정이입을 통해 극대화된 표현을 쓰고 있다. 스코필드가 갖고 있는 '내면의 향기'도 자의적이지만 강조하고 있다. 이효리의 블랙빈 테라 티 광고는 다이어트의 대명사로서 빅모델의 인지도를 노리고 있다. 살찌지 않는 모델의 다이어트 효과를 위장 소구하고 있다.

TV 프로그램 스타일도 있다. 매일유업의 하얀 바나나 우유는 PD수첩의 시사 고발 프로그램이 전달하는 강력한 진실 소구 메시지 형식을 응용하고 있다. 부조리와 부정이 쌓여 있는 사회에 대한 반성이다. **'사실'과 '진실' 사이**에 엄청난 차이가 있다는 의식이 깔려 있다. 상품이 주장하는 그 '하찮은 사실'일지언정 광고가 주장하는 '괜찮은 진실'을 밝

힘으로써 만사에 진실을 규명하려는 가상한 욕구를 만족시키는 것이라고 하겠다.

　　최근 KTF의 쇼^{SHOW}는 '쇼를 하라', SKT 의 '누려라' 같이 범칭이지만 명령형의 뉘앙스를 담고 있는 것은 강압과 독려의 사회분위기가 반영된 카피라고 할 수 있다. 상대방을 인정하지 않고 자기중심의 독선으로 처신하는 리더십에 대한 반감이 담겨 있다고 보면 지나친 대중문화 분석일까?

결국 광고의 존재가치는 크리에이티브의 힘

이런 광고는 그 한계를 뛰어넘는 존재가치가 있다. 바로 크리에이티브 자체의 힘이다. 표현물 자체의 하드웨어가 아니라 그 속에 담긴 크리에이티브 파워에 대한 재평가가 중요하다. 이것은 간단히 비유적으로 공식화하면 "$E = mC^2$"이다. 광고효과E는 대중매체의 노출량m과 크리에이티브C의 제곱승에 비례한다는 것이다. 미약하나마 광크의 아우라와 스탕달 신드롬의 주체가 되리라 믿는다.

　　이렇게 대중문화는 광고에 전면적인 영향력을 미친다. 그 이유는 첫째, 이미 '대중화된 문화'의 **학습효과**이다. 짧은 시간에 카피와 아트를 알려야 하기에 이미 대중이 습득한 테마나 **문화코드**$^{culture code}$를 활용할 수 있기 때문이다. 둘째, **목표고객**의 공유이다. 대중문화의 소비자나 광고의 대상은 비슷할 때 더 효과적이다. 셋째, **입소문** 전파효과이다. 화제작이나 뉴스거리를 활용하여 크리에이티브로 전개하므로 트렌디한 시의성을 얻을 수 있다. 인지도를 높이고 쉽게 이해할 수 있으며 문화 속

에서 체험한 내용을 다시 한 번 확인함으로써 브랜드에 친근감을 가질
수 있게 된다. 대중문화와 광고의 '거침없는 동거'는 '엔드리스 러브'일
것이다.

제14강

21세기 광고회사의 역할과 기능

멀티미디어의 디지털 추격자, 멀티플레이어의 인터내셔널 캠프

지구는 둥글지 않다. '세계는 평평하다.' 단순한 공간이나 물리적인 비유
는 아니지만 세계를 움직이는 패러다임이 **코페르니쿠스적인 대전환**을
이루고 있다는 사실을 증명하고 있다. 이제 아웃소싱의 개념도 글로벌
소싱global sourcing으로 바뀌었다. 값싼 노동력을 따라서 자국 밖에 있는
저임금 국가에 공장을 짓고 상품을 생산하여 전세계로 수출하는 경영전
략이다. 미국에 본사를 둔 가전회사의 콜센터는 인도에 있다고 한다. 공
급사슬 관리나 브랜드 관리로 **수익모델**을 창출하는 것이다. 또한 특정
기업상품의 경쟁상대도 이제는 동종업계에 있지 않다. 국민은행의 경쟁
상대는 우리 은행이 아니고, 이종업종인 이동통신회사라는 것이다. 루틴
routine으로 남아 있는 입출금업무는 더 이상 부가가치를 올릴 수가 없다.
수천만 명이 매일 사용하는 교통카드 결재시장에 진입하여 이동통신회
사와 경쟁해야만 혁신적인innovative 신시장을 개척할 수 있기 때문이다.
자유무역협정은 물론이고 기업 생존질서의 콘셉트는 승자독식의 무한경
쟁이다. 이 혁명적인 변화의 기본은 **첨단 디지털 기술**이다. 현대사회에

서 광고는 시대의 반영이고 사회의 거울이다. 이런 첨단 디지털 시대의 광고회사는 어떤 모습이어야 할까? 결론을 미리 말하면 디지털 사고와 이에 연동된 국제화이다.

광고회사의 발전사는 국제화의 길로

먼저 광고회사의 발전사를 보면 예단할 수 있을 것이다. 1960~1970년대 '**광고대행사**' 시절이다. 초창기 광고업의 탄생지인 미국과 일본을 보면 글자 그대로 광고회사의 주요업무는 광고를 만들고 매체를 사서 집행해 주는 대행시스템이었다. '대행사'와 '회사'는 완전히 다른 개념이다. 누가 주체인가 하는 문제에서 근본적으로 다르다. '대행사'는 광고주의 요청이 있어야 일할 수 있는 수동태이다. '회사'는 동반자로서 의뢰인을 선도하는 주체요 능동태이다. 각종 광고전략을 제안하고 광고의 과학을 주창하며 기획과 크리에이티브의 전문성까지 강화했던 시기이다.

1980년대는 '**마케팅 회사**'였다. 상품 경쟁이 치열해지고 전략적인 마케팅 기법과 방법론을 제공하는 업무가 주였다. 일본의 2위 광고회사인 하쿠호도博報堂 사는 기업 슬로건으로 '마케팅 엔지니어링'을 사용했다. 광고기획서에서도 마케팅 부문이 중요하게 다루어졌다. 광고주에게 제출되는 보고서에서도 조사자료와 마케팅 분석이 책 한 권 분량의 별책부록으로 중요하게 취급되었다. 경쟁 프리젠테이션에서도 첫 발표자는 마케터였다. 마케팅 연구소가 앞다투어 설립되기도 했다.

1990년대는 '**커뮤니케이션 회사**'로 변신하게 된다. 상품의 균질화와 기술의 진보가 한계에 이르자 이미지와 홍보기능이 강화되면서 고객과의 커뮤니케이션을 중시하게 되었기 때문이다. 감성에 소구하고 설득함으로써 판매를 증진할 수 있다는 의식변화 때문이다. 일본의 1위 광고회사인 덴츠傳通 사는 슬로건을 '커뮤니케이션 엑설런스'로 정하기도 했다. 정보통신 기술의 비약적인 발달과 함께 미래사회를 예측하는 테마 가운데 커뮤니케이션이 키워드였다. 일본전기^{NEC}의 기업 슬로건으로 C & C^{Computer & Communication}가 채택될 정도였다. 차별화의 관점이 생기고 설득과 소통이 광고의 개념으로 바뀌면서 광고는 마케팅 커뮤니케이션이 되었다.

2000년대는 '**컨설팅 회사**'로 변신을 강요당하게 된다. 업종 변경과 이업종 간의 융합이 이루어지고, 경제상황에 따른 부침이 심한 이업종 간의 인수합병이 소용돌이를 치며 빈발했기 때문이다. 지식정보사회의 도래와 전략경영의 적용이 기업생존전략의 새로운 패러다임이 되면서 동반자의 역할이 바뀌게 된 것이다. 광고회사의 업무영역이 확장되는 경향을 보이게 된 것이다. 기업의 성장동력을 디자인에서 찾고, 기업의 사회적 책임과 환경경영과 윤리경영이 강조되면서 광고회사는 종합적인 컨설팅 기능이 없으면 파트너로서 생존할 수 없게 되었다. 여기서 광고회사는 핵심역량인 '크리에이티브'를 중심으로 지식정보사회에서의 큰 그림^{grand design}을 제안해야 한다. 제일기획의 기업 슬로건이 '크리에이티브 인텔리전스'가 된 이유라고 하겠다. 광고주가 원하는 것은 기업 문제의 종합적인 해결책이었다. 광고가 고객의 편익을 생각하듯, 광고회사는 광고주의 편익을 생각해야만 했다.

2010년대엔 광고회사는 글로벌 소싱을 하는 의뢰인의 해외 밀착 서비스를 위해서 뿐만 아니라, 자신의 번영을 위해서도 국제화를 이루지 않으면 안 되게 되었다. 이 국제화는 디지털 기술의 발달과 동시에 이루어졌다는 특징이 있다. 이에 디지털 기술을 바탕으로 '아이디어를 위한 열정^{passion for ideas}'을 발휘해야 할 때다. 이 아이디어는 좁은 의미의 디자인이 아니다. 광고회사의 고유 속성인 **문제해결사**^{problem solver}로서의 통합적 대안 제시력이다. 그래서 제일기획은 선진국 광고회사처럼 업종을 명시하지 않고 '제일 월드와이드'로 미리 개명했는지도 모른다. 시공간을 초월한 토털 서비스를 지향하는 멀티 플레이어들이 인터내셔널 캠프를 신축한 셈이다.

광고회사의 역할은 미디어 구매에서 미디어 관계 만들기로

디지털 기술과 멀티미디어 환경이 국제화와 통합되면서 미디어 개발로 이어질 것이다. 디지털 기술이 올드미디어 구매^{buying}를 무색하게 만들 것이다. 이제 개인화된 뉴미디어 환경에서는 미디어 구매 개념이 '미디어 사용자와의 **관계 만들기**$^{user\ relationship\ making}$' 개념으로 바뀔 것이다. 목표고객 개개인에게 직접 커뮤니케이션이 가능해지기 때문이다. 어느 광고인은 사회 환경의 변화에 따른 우리나라 광고회사의 역할을 크게 다섯 가지로 전망한 적이 있다.

첫째, 매체전문화이다. 중간광고와 가상광고와 광고 총량제는 물론 민영 매체 대행사$^{media\ rep}$의 설립으로 자유경쟁체제를 도입하게 될 것이다.

둘째, 관계마케팅이다. '관계'의 개념으로 광고와 광고주를 보는 관점이 필요해진다. 생활자의 요구와 소비자 중심사고로 고객관계관리 마케팅이라는 개념을 확산시키게 될 것이다.

셋째, 브랜드 육성이다. 매니어층을 확보하고 장기 충성고객을 확보하기 위한 전략이다. 고객 유지비용이 절감되는 효과가 있다.

넷째, 인터넷이다. 가상 공동체에서 온라인 세대의 구매행동을 알아야 한다. 디지털 시대의 뉴미디어 환경을 민감하게 수용해야 한다. CA TV와 IP TV의 진보는 놀랍다. 인터넷 광고의 활성화는 구글을 세계 최고의 회사로 만들었다. 한국의 NHN이 한국 최고의 기업이 된 것을 잘 분석해야 할 것이다.

다섯째, 대행사 보수체계이다. 복잡해지고 고도화되는 광고회사의 수익모델은 기존의 대행 수수료로는 한계가 있다. 서비스 수준이 컨설팅과 국제화로 고도화가 진행될 것이기에 최선의 수익을 보장해서 동반 성장의 길을 모색해야 할 것이다.

특히 매체 전문화와 인터넷의 활성화는 첨단 디지털 기술을 따라 가속화될 것이다. 이에 따른 소비자의 변화와 명품의 매스티지로 소비가 고급화될 것이며, 1인 휴대용 멀티미디어 보급의 확산으로 광고회사의 방향성은 명확해 보인다. '다매체 다채널 쌍방향성의 혁신'을 빨리 수용하고 광고주에게 제공해야 할 것이다.

광고는 다매체 다채널 쌍방향의 디지털 크리에이티브로

인터넷과 첨단 디지털 기술의 변화로 대변되는 광고매체의 변화는 온·오프라인의 통합과 방송 통신의 융합이라는 복합화로 나타난다. 온라인 광고가 맨 앞에 있다. 벌써 라디오 광고 시장을 앞서가고 **크로스 미디어**

전략의 단골메뉴가 되었다. 올드미디어의 광고전략에서 부품으로 취급되었던 온라인 광고는 이제 주인공으로 올라섰다. 대형포털과 전문 포털 사이트에만 집중되는 부작용도 있지만 대세로 자리잡았다. 이제 더 이상 목표고객이 집중도가 떨어지는 기계적 클릭 같은 인터넷 건너뛰기 zapping를 할 수 없는 크리에이티브 계발이 요구된다.

개인화 커뮤니티 경향이다. 광고회사는 이런 개인화 커뮤니티가 된 '디지털 매체의 추격자'가 되어야만 한다. 개인에게 문자를 보내듯, 맞춤형 크리에이티브를 계발해야 한다. 다소 사용이 주춤해진 것처럼 보이지만, '싸이질'과 '파도타기'는 20대 여성과 청소년을 중심으로 일상사가 되었다. 홈피나 블로그는 네티즌의 필수 커뮤니케이션 수단이 되었다.

검색광고이다. 주요 포털들은 메일과 검색과 전자상거래를 하나로 통합하는 경향 속에서 경쟁적으로 가입자 수를 늘이기 위한 무료 메일 계정을 공급하고 있다. 표준화와 시장 선범을 통하여 방문자 수를 늘리고 광고수익을 독점하려는 전략이다.

키워드 광고는 이미 확실한 광고매체로 자리 잡았다. 오버추어 사는 실시간 경매시스템을 도입하여 수익원을 창출하고 있다. 인터넷 배너 수준을 벗어나 실시간 유저의 반응을 점검할 수 있는 기법을 개발했다. 현실과 가상 사이에 경계가 허물어지고 있기에 그 철학적 의미와 존재론적 함의를 천착할 수 있어야 할 것이다.

모바일 광고다. 첨단 디지털 기법이 개발되면서 개인휴대폰 시장이 확립되었다. 모바일 기기는 이제 이동식 1인 미디어로서 첨단 인터넷 사용이 가능해져서 광고회사의 적응성을 검사받고 있다. DMB, 텔레매틱스, 멀티미디어 등으로 진화하여 아날로그 시대의 낡은 사고로는 생존할 수 없게 되었다. 위치기반 시스템인 GPS 기술을 활용한 휴대폰으로 상점 앞에서 할인 쿠폰을 전송받고 할인 혜택을 받을 수 있는 세상이 되었다. 와이브로를 중심으로 한 휴대폰 기능의 진보는 매체의 역동성에 맞는 광고 기법을 요구받고 있다.

동영상 광고와 문자, 전자상거래와 쇼핑정보를 제공하는 **데이터 광고**와 각종 음악, 미술, 게임을 즐길 때 사용되는 **콘텐츠 광고**, 간접광고의 매체 변형이 일반화되고 있다. 매체의 다양화와 디지털 기술의 진보에 맞춘 광고형태의 변화에 주목해야 할 것이다. 이제 매체가 곧 크리에이티브다.

광고 크리에이티브의 변화 가운데 또 획기적인 것은 광고시간 제한의 철폐일 것이다. 몇 초에서 몇 시간까지 가능한 다양한 테마와 스토리텔링으로 디지털 유목민의 취향과 감성을 따라잡아야 한다.

가장 진보된 T 커머스가 가능한 기법도 창안해야 한다. 전통적인 시선잡기도 실제 사용 경험과 착용감을 느낄 수 있는 방법으로 진화가 필요하다. 디지털 스토리텔링의 특색을 살려야 하며, 화면구성과 제품표현과 카메라 앵글의 영상 기술도 함께 달라져야 할 것이다. 광고회사는 디지털 기술을 원용하여 언제any time 어디서나any where 어떤 기기any device로도 가능한 개인 휴대성 광고를 개발할 준비를 해야 할 것이다.

방송과 통신의 융합으로 인한 쌍방향 TV는 동시화면을 전개하여 멀티태스킹을 가능하게 한다. 시공간을 전술적으로 사용하여 시리즈로 만들고 등장인물의 변신을 이용할 수도 있을 것이다. 위성 DMB 채널의 보급은 이동통신과 방송의 통합이라는 퓨전 영역을 거척하고 있다. 갈수록 예측불가능성과 불확정성이 커지고 있는 첨단 디지털 기술의 변화에 민감한 크리에이티브를 제공할 수 있어야 할 것이다.

최근엔 개인 동영상 UCC 사이트 유투브Youtube와 사회연결망 세컨드 라이프second life와 트위터twitter가 대세로 디지털 세대를 견인하고

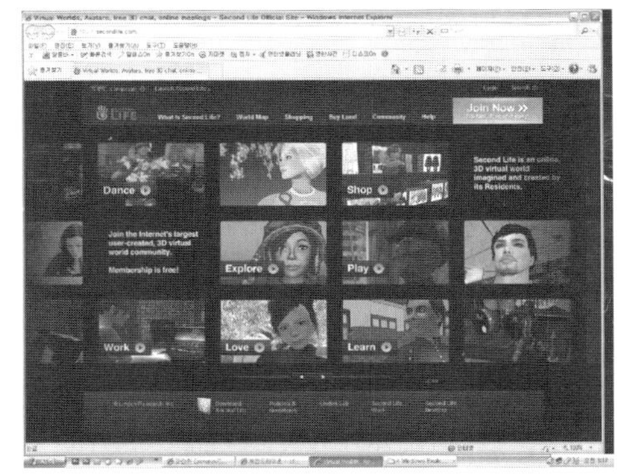

있다. 프로슈머로서 생산자와 소비자의 경계를 파괴한 의식혁명을 실현하고 있다. 가상공간과 현실공간의 구별을 파괴하여 잃어버린 정체성을 여행하게 만들어 위안을 주기도 한다. 이는 실제 상거래와 아바타의 생활상을 진화시키고 '두 번째 생활'을 만들어 주어 큰 호응을 얻고 있다. 세계적인 기업들이 가상공간에 입점하는 추세를 광고회사는 선도할 수 있어야 한다. 여기에 더하여 게임의 논리와 재미를 반영한 기법도 부각시켜야 할 것이다. 앞서 가는 광고회사들은 이미 **인터액티브**interactive 사업본부를 두고 올드미디어 영역에서 탈피하여 뉴미디어 영역으로 경영의 중심축을 이동시키고 있다.

디지털 융합사고와 정체성의 문제

정보의 노하우know how가 아니라 **노웨어**know where 시대에 정보의 은신처를 밝혀내고 새로운 가공과 재해석으로 제안해야 할 것이다. 디지털 기술이 전개하는 파노라마를 따라서 첨단 매체가 개발되고 신 광고기법이 창안될 것이다. 생활의 변화와 기술의 변화는 필연적으로 광고회사의 변신을 초래하게 된다.

이에 부응하기 위한 디지털 융합사고가 필요한 시대다. 유비쿼터스 시대에 광고회사의 변화는 '생각의 속도'만큼이나 예측불가능성에 가깝다. 몇 가지 단초를 확인해 보자. 첫째, 경계의 파괴이다. 통합 융합 퓨전 크로스오버의 **뉴 폼**^{new form} 만들기이다.

둘째, 시뮬레이션의 시대이다. 하이퍼 리얼리티의 세계다. 실재와 허구의 구분이 소멸되는 시대다. 실제가 중요하지 않고 표상이 중요하다. 리얼리티보다 이미지가 중요하다. 사이보그는 공상영화에 나오는 미래의 과제가 아니라 우리 생활 속에 침윤된 현재의 문제다. 인간과 기계는 물론 인간과 미디어 경계도 파괴되고 있다. 적어도 인식의 벽은 허물어졌다. 맥루한이 말했듯, 미디어의 확장은 인간감각의 확장이다. 수용자의 확장은 매체의 확장을 앞서가기도 한다.

그래도 정체성의 문제는 분명해진다. 사이버 세계와 실제세계의 파괴와 혼재, 그 해석과 수용의 문제, 인간의 영역과 아바타의 영역 사이에는 광고회사가 문제해결사로서 천착해야 할 이슈가 산재해 있다. 인터넷 디지털 라이프의 숙제는 모든 정보가 기록으로 남는다는 점이다. 어떤 사이트에 접속했는지, 어떤 사람과 통화했는지, 어떤 상품을 샀는지 모든 개인정보가 저장된다는 취약점이 있다. 소위 '빅 브라더^{big brother}'의 횡행이다. 이것을 자신의 의지와 관계없이 새나가는 개인정보, 즉 **디지털 그림자**^{digital shadow}라고 한다. 이는 해킹처럼 정보보안회사의 과제가 아니라 기본 방향과 정책에 대한 대비와 신규 사업진출 같은 비즈니스 모델을 광고회사는 제안할 수 있어야 한다는 것이다.

이런 디지털 멀티미디어 환경과 국제화에서도 인간은 인류의 보편적 감성과 원형을 유지할 것이다. 인문학의 도움으로 그 기저에 깔린 정서를 꿰뚫어보고 대안을 모색하는 역할을 광고회사는 수행해야만 할 것이다. 리얼리티와 동물 관련 프로그램이나 단순히 재미만 좇는 드라마에서 벗어나 인간성 회복이라는 역발상으로 접근할 수도 있을 것이다.

'매체가 메시지'라는 주장이 '메시지가 미디어'라는 잠언과 함께 다시 한 번 부활하여 이 디지털 시대를 풍미하길 기대한다. 현대 디지털 사회에서는 '기술'이 '기교'로 남지 않고, '기초'가 되고 있기 때문이다.

제15강

미디어 환경 변화는 트랜스포머, 미디어 크리에이티브는 무한도전

광고 산업의 현장을 위협하는 담론들은 많았다. 광고는 '마케팅 반란'에서 홍보에 기죽고, **'광고의 미래'**에서는 존폐의 위기에 흔들리기도 했다. 전통 매체 사이의 경쟁에서 살아남기 위해서 기발한 아이디어가 힘겨루기도 했다. 소위 '변형광고'라고 하여 매체 아이디어로 주목받았던 시절이 있었다. TV CM은 15초를 5초 단위로 쪼개서 사용하고, 신문광고에서는 변형 지면광고로 시선을 잡으려고 했지만, 정론지를 자랑하는 매체사의 품격을 떨어뜨린다는 눈총을 받아야만 했다. 드라마에서는 PPL 기법을 개발하여 광고효과를 보려고도 했다. 10년 전에 나온 시보광고는 참신함에도 불구하고 광고의 월권이라는 비난도 감수허야만 했다. TV 중간광고는 프로그램과 광고의 혼재로 논란거리로 남아 있다. 이렇게 아날로그 시대에서 매체의 특성을 활용한 광고는 이제 새로운 디지털 기술로 그 내용과 형식에서 그 본질이 혁명적으로 변하고 있다. 바야흐로 올드미디어 시대는 가고 뉴미디어 시대가 도래했다. 디지털 시대의 미디어 환경의 변화는 글자 그대로 혁명이다. 전통 4대 매체의 비중도 줄어들고 있다. 인터넷 광고의 비중이 라디오 광고 매치비를 추월했고 인쇄매체 비용을 추월할 날도 얼마 남지 않았다고 전망하고 있다.

미디어 환경의 변화는 미디어 개념의 혁신으로 시작된다

디지털 기술의 발달로 인한 방송통신의 융합은 정책과 산업과 미디어와 생활의 혁신을 선도하게 된다. 미디어의 변화는 생활방식의 변화를 기반으로 사회트렌드와의 상호작용에 의한 반영이라고 봐야 할 것이다. 수용자가 받아들이지 않으면 광고든 뉴미디어든 아무 의미가 없다고 할 수 있기 때문이다. 그래서 먼저 거시적인 안목으로 현대사회의 특징을 요약할 필요가 있다. **마이크로트렌드**로 현대사회의 다양함을 읽어내야 한다. 현대사회는 몇 개의 거대 트렌드가 지배하는 사회가 아니지만 기술과 연계하여 방향성을 잡아야 한다. 그리고 디지털 기술로 대중—분중—개중으로 개인별 맞춤형 서비스가 가능한 사회에 대한 성찰이 필요하게 된다. 소수자와 환경과 여성과 사회적 약자에 대한 배려가 이슈로 등장하면서 마이크로트렌드에 대한 천착이 중요해졌다. 마이크로트렌드 사회란 서로가 매우 다른 삶의 양식에 기반하고 있지만, 모두를 함께 잘 살게 할 수 있으며 공정성과 개방성이 특징이라고 한다. 웰빙이 개인적이라면 로하스는 사회적인 운동으로 승화된 공공성이 강하다고 본다. 미국에서 흑인과 여성 대통령이 나올 수 있는 확률이 높아진 것도 이런 세대의 반영이라고 할 수 있다.

　　롱테일 마케팅long tail marketing에 의하면, 디지털 기술혁명으로 경제 패러다임과 마케팅 전략과 시장의 논리와 광고문법이 바뀌어야 한다. 인터넷 시대에는 소수의 히트상품이나 스타가 지배한다는 비즈니스의 황금률인 **파레토 법칙**$^{80:20}$이 이제 더 이상 통하지 않는다는 것이다. 부익부 빈익빈이나 **승자독식**이 지배이데올로기가 될 수 없다는 것이다. 변방의 다수가 새로운 틈새niche시장을 개척하여 더 큰 가치를 창출한다는 새로운 디지털경제 이론이다. 이런 롱테일 경제학의 원동력은 소프트웨어와 디지털 카메라 등의 제작도구의 대중화, 네트워크 접속과 유통의 대중화, 시장 참여의 자유화에서 찾고 있다. 인터넷 오픈 마켓의 성공이 증명하고 있다. 인터넷 민주주의의 실현으로 롱테일이 가능해진 것이다. 프로와 아마추어, 생산자와 소비자, 공급자와 수요자의 경계가 허물어지고 자율과 경쟁으로 누구에게나 기회가 주어지는 세상이 디지털 사회다. 온·오프라인의 경계파괴, 현실과 가상의 경계파괴, 마크로와 마이크로의 경계파괴는 더 이상 이슈가 아니게 되었다.

미디어 크리에이티브는 테크놀로지다

디지털 미디어 환경은 하드웨어 측면과 소프트웨어 측면으로 나눌 수 있다. 디지털 기기와 콘텐츠와 포털 사이트의 전략적 속성과 역할과 비즈니스 모델business model로 구분될 뿐이다.

디지털 기기에서 촉발된 **컨버전스** 현상은 이제는 통신 서비스에서 뿐만 아니라 미래 생활의 트렌드로 자리 잡고 있다. 통신 간 컨버전스는 인터넷 전화, 유무선 통합, 풀 브라우징 등이고, 타 산업 간의 컨버전스는 방통융합인 IP TV, 텔레메틱스, 홈 네트워크 등이다. 이런 변화 속에 게임 룰도 바뀔 것이다. 기존 통신 시장이 네트워크 역량경쟁, 대규모 마케팅을 통한 가입자 확보 경쟁이었다면, 컨버전스 시대에는 서비스 구현의 원가경쟁력 경쟁, 가치 있는 충성고객 확보 경쟁, 신개념 부가 서비스 사업화 경쟁으로 바뀌고 있다. 여기서 광고는 무엇을 할 수 있을지 크리에이티브 역량을 발휘해야 할 것이다.

카페로 대변되는 온라인 커뮤니티의 활성화, 개인 블로그와 미니 홈피의 **1인 미디어**가 대유행이었다. 광고 마케팅에서도 전략적으로 전문 브랜드 카페나 클럽을 만들고 온라인 커뮤니티를 활성화시켜 브랜드

인지도를 높이고 있다. 이런 인터넷 기반이 고정형에서 휴대형으로 바뀌고 있는 현상도 알 수 있다. 디지털 미디어 시대에 다양한 삶의 이야기들과 즐거움의 공유로 끝나지 않고, 그 내포의미를 인식하여 생활문화로서 진보해야 하기에 광고에서는 다원적이고 입체적인 사고가 요구된다고 하겠다.

UCC는 사용자 콘텐츠로 각광받으면서 전 세계적인 유행을 만들었다. 소비자와 구분되지 않는 현대사회의 속성과 디지털 기술의 변화가 초래한 미디어다. PCC로 진화되면서 프로와 아마추어의 경계까지 파괴하여 지식정보의 비대칭구조를 파괴했으며 의식혁명으로 이어지고 있다. 이런 변화를 이용한 광고기법이 화제작이 되고 **광고 실험**^{ad. lab}이요 작법^{adturgy}으로 각광받았다.

요즘 스크린골프가 성황이다. 골퍼가 공을 쳐서 날리면 컴퓨터가 공의 속도와 각도와 바람의 방향까지 계산하여 필드에 떨어진 공의 비거리 알 수 있게 한 게임이다. 이 스크린 골프를 가능하게 만들어 준 기술은 **가상현실**^{virtual reality} 기술이다. 실제로 존재하지 않거나 실제상황에서 체험하기 어려운 상황을 디지털 기술로 재현한 것이다. 흔히 항공사의 시뮬레이션으로 활용되는 기술이다. 참여자가 인위적으로 조성된 가상환경에서 자신이 바로 그곳에 있는 것처럼 착각하게 만든다. 입체영상과 촉감 구현기술을 이용하면 가상 자동차에 앉아 승차감을 체득할 수도 있다. 가상현실 공간은 단순한 엔터테인먼트^{entertainment} 기능인 오락만을 보여 주는 게 아니라, 아파트 분양과 공장의 제품 설계에서 문화재 복원과 소비자 품평회까지 폭넓게 도입되고 있다. 이런 가상공간^{cyber space}은 전 세계 800만 이상의 회원이 가입한 세컨드라이프^{second life}가 압도하고 있다. 가입자를 대신하여 컴퓨터 캐릭터인 아바타가 인터넷 가상공간에서 다른 사람들과 교류하고 실제 기업이 입점하여 가상 화폐를 거래하는 다양한 커머스^{commerce}와 커뮤니티를 생성하고 있다.

가상광고는 방송 프로그램 영상 속에 가상의 이미지를 삽입하여 마치 실제로 영상물이 있는 것처럼 시청자의 착시효과를 얻으려는 광고이다. 가령, 가상 월드컵^{FIFA} 경기에서 축구장에 특정 기업의 로고를 펜스와 그라운드에 표출시켜 내보내는 기법이다. 시청자가 가상공간을 현실공간으로 착각하게 만드는 기만행위라고 비난받을 수 있는 광고이다. 프로그램을 시청하는 소비자에게 시청의 품질을 훼손하는 광고가 될 수도 있다. 하지만 새로운 기술로 표현된 가상광고는 소비자에게 새로운 크리에이티브의 영역을 펼칠 수 있어 효과가 아주 높으리라 생각된다.

게임은 영상과 이야기와 음악이 잘 조화되어야 성공할 수 있는 집단 창작물이다. 구성원 각자의 창의력을 바탕으로 팀원 간의 협업^{collaboration}이 아주 중요하다. 게임은 '거대한 가상세계를 만드는 종합예술'이라고 한다. 탄탄한 이야기 구조와 게이머들의 눈을 잡을 수 있는 장면과 음향 디자인^{sound design}이 삼위일체가 되어야 한다. 덧붙여 재미로 게이머들의 욕구를 해결해 줘야 한다. 여기에도 광고적인 크리에이티브를 가미할 가능성이 커진다. 할리우드의 블록버스터 영화처럼 폭발적인 장면연출도 중요하고, 정교한 동영상 캐릭터에게 인공지능을 입히는 것도 중요하지만, 광고적인 발상력이 개입할 때 수용자의 공감은 더욱 커질 것이다. 캐릭터 간의 상호작용^{interaction}과 수용자와의 상호작용을 연계할 수 있기 때문이다. 우선 기본적인 교감생성의 기법을 담고 난 뒤에 전쟁과 공격이 재미있어지기 때문이다.

e스포츠는 한국인 즐겨보는 스포츠 중계방송의 2위에 올랐다. 한국e스포츠협회가 전국 13~39세 남녀 800명을 온라인을 통해 설문조사한 결과다. e스포츠^{33%}가 축구^{57%}에 이어 2위였다. 그만큼 대중적으로 인기 있는 콘텐츠로 자리매김했다는 것이다. 총 조사자 가운데 e스포츠

종목을 해본 경험이 있는 사람은 무려 82%였다고 한다. 이런 뉴미디어에 광고는 경기의 타이틀스폰서가 되고 상품 PPL 기법을 담아내야 할 것이다.

휴대폰이 인터넷 머신

모바일 폰의 핵심기능이 음성통신에서 카메라 기능과 음악과 게임 등 멀티미디어 기능을 확대되었다. 이제 휴대폰은 모바일 인터넷 기반의 'connected world'의 가치를 요구하고 있다. 단순 통화에서 인터넷과 연결된 데이터 통신으로, 독자적인 멀티미디어 중심에서 온라인 형태의 연결된 멀티미디어로 변화하고 있다. 하드웨어 중심의 휴대폰 자체 기능보다는 콘텐츠와 서비스를 보다 즐겁게 사용할 수 있는 서비스의 최적화와 유저 인터페이스interface가 중요하다, 애플 아이폰은 멀티 터치에 의한 화면 크기 조정과 선택, 근접센서 및 각 속도 센서에 의해 사용메뉴가 자동적으로 적합하게 설정되게 한 것이 히트의 이유였다고 한다정성천.

'**휴대폰이 인터넷 머신이다**'는 일본의 소프트뱅크 회장인 손정의가 지난 2월 스페인에서 열린 세계 최대 이동통신 전시회인 모바일월드콩그레스[2008]에서 강조한 말이다. 모바일인터넷을 음성통화 매출의 정체를 극복할 수 있는 서비스로 보고 있다. 이런 미래 성장동력 산업을 선점하기 위해 세계 유수의 휴대폰 제조업체와 포털들이 주도권 경쟁을 벌이고 있다. 2004년 일본의 NTT 도코모가 풀 브라우징이라는 브랜드로 시작한 사업이 최근 구글과 노키아까지 참여를 선언함으로써 디지털 미디어 환경의 트렌드를 확정지은 것 같은 판세가 되었다. 인터넷 검색이 가능한 휴대폰이 시장에 나오면 캐시 카우$^{cash\ cow}$나 스타상품의 반열에 오를 확률이 높아진 것이다.

최근 보도에 의하면, 어느 이동통신회사는 무선인터넷을 소비자와 콘텐츠 제공업체에 전면 개방했다. 무선인터넷 이용자들은 지금처럼 통신회사의 초기화면에 접속할 필요가 없게 되는 것이다. PC로 인터넷을 검색하듯이 휴대폰으로 인터넷에 접속하여 웹 사이트를 검색할 수 있는 것이다. 음성통화와 데이터 송수신이 전부였다면 이제는 영상통화와 무선인터넷 서비스가 자유로워지는 셈이다. 언제$^{any\ time}$ 어디서나$^{any\ where}$ 어떤 기기$^{any\ device}$나 **유비쿼터스 환경**을 구축하여 이용자의 범위와 편의성이 높아지는 것이다. 쌍방향 상거래^{commerce}와 공동체^{community}가 휴대폰이라는 이동성 1인 미디어로 가능해지는 것이다.

또한, 세계 신문업계가 온라인 리모델링의 열풍이라고 한다. 마이크로 소프트 사와 어도비 사 같은 세계적인 소프트웨어 업체가 온라인 화면 표시 기술을 선보여 **스크린신문** 시대를 열었다는 것이다. 전통 아날로그 종이신문과 첨단 디지털 인터넷 기술의 융합이다. 스크린 신문 시대가 열리는 데에는 RIA$^{rich\ internet\ application}$라는 화면디스플레이 기술의 발전 때문이다. 인터넷 상에서 자유롭게 화면구성을 바꾸고 조작하는 기술이다. 이 기술을 활용하면 사용자는 정보를 단순히 읽을 뿐만 아니라, 다양한 조작이 가능하다. 구글 어스google earth처럼 사용자는 직접 마우스로 지구를 클릭해 돌리고 줌인할 수 있는 것이다. 스크린 신문은 실제상황처럼 신문을 한 면씩 넘기면서 볼 수 있고, 특정 기사를 확대해서 볼 수도 있다. 이런 기술은 인터넷 시대에도 종이신문의 건재를 보증할 것이며, 새로운 목표고객 광고target Ad.를 통해 수익모델business model을 만들어 내고 다른 매체와의 경쟁력을 지니게 된다. 수년전 종이 **신문에 인쇄된 바코드**를 인식하면 소리를 들을 수 있는 기술이 화제가 되었던 시절에 비하면 격세지감이 있다.

미디어 크리에이티브는 수용자다

디지털 미디어의 변화도 아날로그 미디어 시대처럼 수용자에게 달렸다. 수용자가 참여하고 공유하고 개방된 **인터액션**interaction이 없다면 미디어 크리에이티브는 의미가 없다. 디지털 영상 특수효과VFX의 기술도 관객과 제작자의 행동에 의해 실시간으로 변형되는 '리얼타임 인터액티브 애니메이션'으로 변모했기 때문에, 전통적인 예술창작물뿐만 아니라, 공연 인터넷 콘텐츠에서도 활용도가 높아지는 것이다. 문자에서 그림을 거쳐 동영상 인터액션으로 진화하는 커뮤니케이션 기법의 하나인 리얼타임 애니메이션 테크닉은 다양한 응용력을 보여 주고 있다. 실시간 얼굴표정 생성 아바타avatar의 구현방법으로 어플리케이션 되고 있다.

디지털 스토리텔링digital storytelling은 발달된 디지털 기술을 환경으로 삼거나 표현 수단으로 활용하여 이루어지는 스토리텔링을 말한다. 디지털 기술은 복제가 용이하며, 네트워크성, 복잡성, 상호 작용성을 통해 작품과 사용자가 서로 영향을 줄 수 있는 길을 터놓았다. 디지털 기술과 스토리텔링이라는 두 속성이 융합하여 새로운 장르를 만든 셈이다.

게임과 모바일 영화, 인터액티브 드라마, 웹 광고, 웹 에듀테인먼트, 웹 브랜드 아이덴티티, 인터액티브 논픽션 등이 있다. 이들은 소설 같은 전통적 스토리텔링과 확연히 구분되며, 장치 면에서도 컴퓨터, 모바일, 인터액티브 텔레비전이라는 별도의 첨단 매체를 사용하게 된다.

$E = mC^2$

아인쉬타인의 상대성원리의 공식으로 널리 알려진 $E=mC^2$이다. 질량과 가속도의 제곱에 비례한다는 방정식이다. 앞 강의에서 언급했지만, 다시 한 번 이를 광고적인 발상인 크리에이티브 라이선스로 바꿔 본다면 광고효과effect는 매체 양 곱하기 크리에이티브의 제곱이라고 할 수 있을 것이다. 광고효과E의 두 축은 매체와 창의력이라고 할 수 있기 때문이다. 즉 $E=mC^2$에서 'm=media', 'C=creative'로 바꿀 수 있지 않을까? 광고효과는 매체에 노출되는 회수하고 할 수 있는 매체비용의 정량적인 부문과 강도impact라고 할 수 있는 정성적인 부문인 창의력에 비중을 두어 제곱에 비례한다고 할 수 있기 때문이다. 물론 디지털 미디어 시대의 광고에서는 창의력creative은 'contents, community'로 변신할 수도 있을 것이다. 디지털 미디어의 변화에 중심을 잃어서는 안 된다. 미디어의 양과 질은 중요하지만, 그 미디어에 실리는 콘텐츠와 수용자에게 리더십을 발휘할 수 있는 것은 오직 크리에이티브다. 더구나 제곱에 비례한다고 볼 수 있다. 디지털 미디어 혁명이 진행될스록 오직 혁명적인 광고 크리에이티브의 기법을 정립할 실험Ad. lab과 작컵adturgy에 대한 재인식이 요구된다고 하겠다. 미디어 환경 변화에 대응책은 경계파괴형 크리에이티브의 일상화뿐이다.

제16강

광고인의 육성과 채용, 그 문제점과 대안

광고는 '사람에 의한, 사람을 위한, 사람의 크리에이티브'다.

광고회사의 핵심역량이 변하고 있다

근본적으로 국내 시장의 협소하고 해외의존도가 80%가 되고 FTA 체결로 세계 무역시장의 개방화가 가속화되고 있다. 해외진출 기업을 지원하기 위한 광고 마케팅 업무가 이제는 현지채용인력을 중심으로 현지기업의 광고마케팅 활동업무를 개발해 내는 차원으로 강화되고 있다. 업무 총괄을 주도하는 **슈퍼바이저**^{supervisor}로서 역할이 업그레이드되고 있다. 제일기획의 경우 총 매출액에서 해외부문이 절반을 넘었다고 한다. 이런 현상은 다른 광고회사에게도 곧 적용될 것이다. 아니 적용되어야 한다. 인바운드, 아웃바운드의 구분이 없어질 정도로 '세계는 평평해지고' 있다. 그러므로 광고회사는 글로벌스탠더드를 갖춘 광고인재를 양성하고 발굴해야만 한다. 다국적 광고인력을 채용하고 완벽하게 운용하기 위해서라도 본사^{headquarter}의 인력이 그 이상의 능력과 자질을 갖추어야 한다. 외국어로 무장하고 현지 문화를 이해하며 새로운 크리에이티브까지 제안할 수 있는 인재는 쉽게 양성되지 않을 것이다. 어카운트 플래너[AP]는 경영대학원 출신이나 국제대학원 출신을 재교육시키고 OJT를 통해 양성할 수 있겠다. 같은 경영 컨설팅 업무이고 전략과 기획의 고유업무로 볼 수 있는 유사성이 강하기 때문이다.

광고회사의 변화는 역할의 발전단계를 보면 더욱 확실해진다. 처음에는 순수한 광고대행사였었다. 매체 판매를 위한 중개인이었었다. 차츰 품질균일화로 마케팅이 필요해져 마케팅회사를 지향했다. 유명광고회사는 '마케팅 엔지니어링'이라는 슬로건을 쓰기도 있다. 지식정보사회로 진입하면서 1990년대에 커뮤니케이션 회사로 진보한다. 일본의 덴츠電通 사는 '커뮤니케이션 엑설런트'라는 슬로건을 사용했었다. 컴퓨터 회사는 'C & C'를 슬로건을 쓰면서 컴퓨터와 커뮤니케이션을 간결하게 주창했었다. 2000년대에는 이런 광고회사의 역량을 크리에이티브로 총합하여 사용하게 되었고, **크리에이티브 엑설런스**라는 슬로건을 제일기획은 사용했다. 이제 이런 핵심역량은 컨설팅이나 아이디어 창출이라는 본질적인 경쟁력을 강조하게 된다. 광고주가 확보하기 어려운 크리에이티브가 기업의 모든 분야에서 기본능력으로 부각됨으로써 광고회사의 절대우위력과 존재감은 더욱 강화되게 된 것이다.

매체도 변하고 있다

디지털 시대에는 크리에이티브 생산과 소비와 유통 방법이 확연히 달라진다. 4대 매체 중심에 BTL 부문을 추가하는 프리젠테이션으로 만족했지만, 이제는 복합매체에 멀티미디어 전략은 물론 인터넷에 모바일 광고까지 새로운 패러다임의 복합 IMC 전략을 제안하지 않으면 경쟁력을 잃게 된다. 뉴미디어 환경에서는 소위 승자독식勝者獨食 시대이다. 전략적 발상이 달라지고 아이디어 발상도 혁신해야 하며 매체 집행과 기획도 관행을 타파해야만 성과를 낼 수 있는 시대가 되었다. 15초 중심의 올드미디어 광고로는 해결이 불가능해진다. 모바일 광고는 5초 승부여야 하고 시리즈 광고에도 MPR이 강화되지 않으면 소비자의 호응을 얻기 힘들게 된다. UCC에서 PCC로 진보하고 세컨드 라이프의 등장은 가상현실과 실생활의 혼재로 가히 의식혁명을 초래하고 있다. 참여 개방 공유의 웹 2.0 정신으로 선정된 인터넷 얼짱 시대는 벌써 5년이 지나고 있고, 유투브의 성공은 불확실성을 더욱 강화하면서 뉴미디어 세계를 장악하고 있다. 인터넷 전자상거래 시장은 오프라인 시장규모를 따라잡을 것이다. 구글의 검색광고는 세계 1등 기업으로 만든 원동력이 되었다. 선발기업이었던 야후는 인수합병의 대상으로 전락하는 수모를 당하고 있다. **IP TV**에 무선인터넷 통신과 방송통신의 융합은 거의 전 세계적으로 사업 일정이 확정되었고 첨단 디지털 기술로 텔레프레전스telepresence가 일상화되고 있다. 이렇게 변화가 소용돌이치는 디지털 시대엔 1등만이 살아남고 2등은 파레토의 법칙 속으로 묻혀버리는 운명을 얻게 된다. 1등은 매출과 이익을 80% 차지하게 된다.

광고회사의 자산은 사람이라고 한다

이 사람이 하는 일이 크리에이티브로 수렴된다. 광고는 사람에 의한 사람을 위한 사람의 크리에이티브다. 크리에이티브를 소비하고 생산하고 판매하는 모든 행위가 사람이다. 인적자원인 광고회사는 이 사람을 목표고객으로 채택하고 기획자planner를 채용하며 제작자creator를 어떻게 육성하느냐에 따라 경쟁력이 생긴다. 문화산업의 태동 이후, 현대사회는 '**기획시대**'로 명명되며 창의적인 기획자creative producer의 역량이 경쟁우위점의 필수로 간주되고 있다. 또한 '생각의 속도'만큼 빠른 디지털 환경에 미래 불확실성을 헤쳐 나갈 인재의 수요가 폭증하고 있는 것이다.

요즘 광고회사는 신입사원을 뽑아 인재로 길러내는 전통적인 인재 육성 방안을 포기하고 있다. 교육비도 줄이고 흔히 '바로 써먹을 수 있는' 대리급과 차장급의 경력사원을 원한다. 경제여건이 급속히 악화되고 '고용의 유연성'을 확보하려는 기업의지가 일치해서 생기는 현상이기도 하다. 특히 대기업 계열의 광고회사들도 중소회사에서 경력을 쌓고 검증된 인재를 연봉 10~20% 올려주면서 입도선매식으로 빼간다고 한다. 독자적인 프로젝트 수행능력을 갖추고 있기에 투자에 비해 얻는 수익이 크기에 기업의 수익구조에 맞다는 논리다. 능력 있는 당사자도 대기업 광고회사에서 큰 프로젝트를 수행할 기회를 얻고 연봉인상 효과도 얻을 수 있기에 서로 윈윈win-win하는 성과를 얻을 수 있는 것이다. 프로화 시대에 광고인도 평생직장보다는 평생직업으로서 인식전환이 이루어졌기에 과거와 같은 동료애보다는 업무 중심의 프로의식 때문이라고 본다.

양어장의 미꾸라지들이 맛깔스런 육질을 갖게 만들기 위해 천적을 방류하면 살아남기 위해 미꾸라지들의 활동성이 배가된다는 **메기론**으로 볼 수 있다. 경력자 선호주의는 이런 효과를 얻기 위해 전체 구성원의 경쟁력을 제고하려는 인사관리 기법으로 간주할 수도 있다. 하지만 '**살아남은 자의 증후군**survivor's syndrome'처럼 형식적으로 팀의 체질이 강화되었지만 안으로는 무사안일하고 복지부동하는 분위기를 낳게 된다. 외부 인력을 수혈함으로써 얻는 이득과 내부 인력의 자발적 동기유발 효과를 창안하는 제도를 병행해서 실시해야 한다는 점을 간과해서는 안 된다. 경력사원의 채용은 기존사원의 퇴직을 유도하는 순환구조를 갖게 된다. 창조적 긴장을 조성하고 이종교배로 우성형질만 잔류시키겠다는 진화론적 경영관은 소프트 창조 세계에서는 유일한 정답이 될 수 없을 것이다. 광고회사는 건강한 조직체가 되기 위해서 강한 주인의식을 가진 구성원이 필요하다. 단순히 인센티브에 따라 이직하는 인력만 있다면 전체 팀워크와 장기 프로젝트에 대한 몰입도는 떨어지고 적당주의와 기회주의만 양산할 것이다. 조직의 창의성 제고에는 금전적인 외적 만족도밖에도 심리적인 내적 만족도가 더 중요할 수 있기 때문이다.

경영자는 인적자원으로만 보지 말고 인적자질을 봐야 한다

광고회사는 이런 인력을 자원으로 간주하여 수익창출의 도구로만 봐야 할 것인가? 겉으로 드러난 경쟁 프리젠테이션 성공률에 현혹되거나 립서비스의 화려한 수사학으로 단기적인 승률이 높은 인재를 국가대표 선수로 보고 채용하려고 한다면 착시현상일 수 있다는 것이다. 마치 거액을 들여 스카웃했다는 홍보효과를 전하려는 최고경영자의 **역선택**逆選擇일 수도 있다는 점이다. 이는 **집단창작**이라는 광고의 그유 속성을 외면하려는 것이다. 셀 조직이든 페어 시스템이든 카피와 아트의 결합에 기획의 선도라는 상호작용을 피하려는 의도라고 할 수 있다. 물론 스타선수를 길러 깃발화하는 경영기법이지만 이것이 과도하게 사용될 때는 전체 크리에이티브 분위기를 해치는 독소조항이 될 스 있다.

광고회사는 인적네트워크의 아우라가 있어야 한다. 팀 분위기가 창의력을 중시하면서 그것의 사회적 영향력이 무엇이고 왜 크리에이티브를 해야 하는지에 대한 공감대가 충만한 광고회사일수록 인적자원의 강화empowerment가 이루어진다. 만약에 성과가 없다면 언제든지 폐기처분될 수 있는 소모품이라면 진정한 협업은 불가능할 것이다. 이런 관행은 인재도 상품처럼 가치를 높이고 유통기한을 늘이기 위해 방부제를 섞고 색소를 넣어 맛있게 보이게 하는 상술과 다름 아니다.

아무나 크리에이터가 될 수는 없다

경영전략과 예술창작이라는 이원구조를 넘나들어야 하는 크리에이티브 담당자는 한 차원 더 숙성된 훈련이 없으면 실무투입에 한계가 있다. 언어소통 문제와 문화 몰이해 문제는 수년간 현지 생활을 하지 않으면 전혀 불가능하다. 일상생활이 아니고 광고 크리에이티브로 전환하여야 한다면 더 깊은 숙성이 필요하고 커뮤니케이션 완성도를 높여야 할 것이다. 더구나 **추종자**^{follower}로서 우리 기업의 현지 진출을 지원하는 개념이 아니라, **선도자**^{leader}로서 새로운 전략을 개진하고 현지기업을 광고주로 유치하려는 적극적인 비즈니스를 수행하려면 문화를 이해해야만 가능하다. 더구나 국내 인력이 직접 크리에이티브 디렉터로 임무를 완수하려면 국제경험과 비즈니스 마인드를 동시에 해결해야만 가능할 것이다. 그래야 광고업무에서 리더십을 발휘하고 차별화된 크리에이티브 창출이 쉬워질 것이다. 이런 전략적 인재육성 프로그램을 개발해야 할 것이다.

광고산업은 이제 CT 산업으로 진화하고 있다. 크리에이티브라는 핵심역량을 인접산업으로 확장하고 **가치사슬**^{value chain}을 연장하며 전후방 산업의 확산이라는 거시적인 관점에서 크리에이티브를 바라봐야 할 것이다. 총제적인 문화이론을 바탕으로 그 **원형**^{archetype}을 크리에이티브라는 자질로 보고 광고전략을 기획하고 제작해야 할 것이다. '렉서스와 올리브 나무'의 문화장치를 가역반응^{可逆反應}시키고 커뮤니케이션의 촉매로 활용하는 신개념의 크리에이티브 능력을 길러야 한다.

'맛과 영양이 풍부하고', '오래가는' 인재를 육성하기 위해서는 인적자질을 중시해야 한다

광고 크리에이티브 일이란 게 얼마나 복잡하고 다양한가? 겉으로는 쉬워 보여도 속으로는 깊고 의미가 크다. 이런 다양성 스펙트럼을 소화해

내기 위해서는 한두 사람의 힘으로 완성하기에는 벅찰 때가 많다. 아무리 광고가 사람이라고 하지만 이때 사람은 팀워크다. 이 팀워크를 강화하는 인재는 인적자질에서 나온다. 이성과 감성의 순환구조이고 과학과 예술의 융합이며 기획과 제작의 행복한 결혼을 하기 위해서 필요한 것은 최우선순위에 인적자질을 두어야 한다. 주관과 객관이 소통하고 논리와 설득이 간섭하며 수익과 감성이 교차하는 인터체인지이다. 크리에이티브를 담당할 크리에이터는 3P$^{planner+producer+presenter}$를 수행해야 하는 사람이다. 특정 직종과 직위로서의 크리에이터가 아니라, 광고회사의 구성원은 모두 이런 크리에이티브 마인드를 가져야 한다는 뜻이다. 앞으로 광고회사는 이런 구조 속에서 보이지 않는 손으로 작동해야 성공률이 높아지는 소프트 마케팅 컨설팅업임을 잘 이해해야 할 것이다.

소비자 변화와 기술혁명의 수용도가 빠른 광고계와 광고학과에 맞춤형 인재 육성 프로그램 계발과 지원이 절실하다

또한, 광고회사의 경력사원 모집과 핵심역량 변화에 대안의 하나는 산학협동이다. 대학은 산학협동 프로그램과 기업에서 요구하는 맞춤형 인재 양성으로 교과과정과 교육방법론을 획기적으로 바꾸고 있다. 대학은 실험과 도전정신으로 크리에이티브의 세계를 창출하는 블랙박스요 산실이다. 특히 광고회사의 현장에서 필요한 업무와 솔루션을 사전에 학습시키고 훈련시키는 인재 양성소다. 프로슈머 시대에 잠재적 생활자요 소비자인 학생들의 의식과 취향과 코드를 확보하여 자원화하는 적극적인 투자가 필요하다.

대학생들이 매년 배낭여행족으로 전 세계를 누비고 다닌다. 이런 직접 문화체험은 예비광고인의 자질과 능력을 배가시키는 '보이지 않는 재산'이 되고 있다. '집 나가면 개고생'인 줄 알면서 이국정취를 맛보고 이국 학생들과 교류하면서 소통하는 커뮤니케이션 능력은 압권이다. 이런 경험을 인터넷 소통으로 확산하고 재강화하는 습관은 국제인으로 승화하는 기회가 되고 있다. 아날로그 시대와 다른 디지털 시대의 학생자원을 활용할 제도적 장치가 시급하다고 본다. 그 하나로 공모전을 들고 싶다.

공모전은 일회용이고 반짝하는 아이디어 중심의 경연대회라 그 가치가 폄하되고 있다. 대학사회는 과거 주입식 교육에서 거의 완전히 탈피하고 있다. 과제 수행형 프로젝트 중심의 솔루션 훈련을 배우고 학습하기에 대학생들의 업무 수행능력은 비교할 수 없을 정도 향상되고 있다. 수업 진행 방식도 이론부터 사례까지 턴키 베이스로 기획하고 제작하는 시스템 방식을 따르고 있다. 이는 광고회사 경력으로 미루어 보건대 프로 광고인들이 수행하는 업무 해결방식과 흡사하다. 이런 방식을 공모전을 통해 재확인하고 경쟁하면서 스스로 SWOT 분석을 다 한다. 치열한 공모전은 그 자체가 사전 입사경쟁과 같다. 1단계 과정을 생략하는 효과를 대학 스스로가 행하는 것이라고 할 수 있다. 기업의 입장으로 본다면 그 만큼 경비절감 효과를 볼 수 있는 셈이다. 하루빨리 전국규모의 공모전은 입사와 채용의 기회로 인정해 주는 광고회사의 인식 전환이 필요하다고 본다. 신뢰성과 객관성을 확보하는 장치만 마련한다면 '**경력 있는 신입사원**'을 채용하는 결실을 얻을 수 있다고 본다. 공개 채용 인력이 갖고 있는 주인의식과 몰입도가 강해 '사람에 의한 사람을 위한 사람의 크리에이티브'를 창출하는 데 크게 기여할 것이다.

참고문헌

김동규(2003), 카피라이팅론, 나남출판.

김완석(2003), 광고 심리학, 학지사.

김용수(2006), 영화에서의 몽타주이론, 열화당.

김홍규(2008), Q방법론－과학철학, 이론, 분석 그리고 적용, 커뮤니케이션북스.

돈 탭스콧(2009), 디지털 네이티브, 비즈니스북스.

마리타 스터르큰 외 저, 윤태진 역(2008), 영상문화의 이해, 커뮤니케이션북스.

박인기 외(2000), 국어교육과 미디어 텍스트, 삼지원.

백승국(2004), 문화기호학과 문화 콘텐츠, 다할미디어.

소피 킨셀라 저, 노은정 역(2005), 쇼퍼홀릭, 황금부엉이.

이어령(2006), 디지로그, 생각의나무.

오창일(2004), 카피발 비주얼착, 북코리아.

______(2005), 광고 크리에이터 필독서, 북코리아.

엄창호(2004), 광고의 레토릭, 한울아카테미.

유종숙(2008), 광고기획의 기술, 커뮤니케이션북스.

이은미 외(2003), 디지털 수용자, 커뮤니케이션북스.

이인화 외(2003), 디지털 스토리텔링, 황금가지.

이현우(1998), 광고와 언어, 커뮤니케이션북스.

존 피스크 저, 강태완 외 역(2005), 커뮤니케이션학이란 무엇인가, 커뮤니케이
    션북스.

주디스 윌리엄슨 저, 박정순 역(2007), 광고의 기호학, 커뮤니케이션북스.

토마스 L. 프리드만(2002), 렉서스와 올리브 나무, 창해.

한국기호학회(1997), 삶과 기호, 문학과 지성사.

Langwost, Ralf(2005), *How to Catch The Big Idea*, John Wiley & Sons Inc.

하이마트 홈페이지

MBC 문화방송 홈페이지

게재 잡지 : 광고계 동향, LG사보, 광고정보 등